先秦諸子繫年（下）

錢穆作品精萃

錢穆

東大圖書公司

先秦諸子繫年（下）

目次

下冊

卷三

通表

卷三

七三　商鞅考　附甘龍　杜摯

商鞅，衛人，與吳起同邦土，其仕魏，事公叔痤，而痤又甚賢起。起之為治，大倣李克。鞅入秦相孝公，考其行事，則李克吳起之遺教為多。史稱鞅先說孝公以比德殷周，是鞅受儒業之明證也。其變法，令民什伍相收司連坐，此受之於李克之網經也。通典引吳起教戰法，亦有「鄉里相比，什伍相保」之文。立木南門，此吳起僨表之故智也。此容齋隨筆四、困學紀聞十均言之。桓譚新論：「魏三月上祀，農官讀法。」其法亦「督農事，盡地力」之意，其制殆亦始於李悝，則吳起商鞅之立木僨表，其先亦師李氏讀法之意也。今周官有讀法之制，其書出當在後，蓋亦三晉之士所為。開阡陌封疆，此李克盡地力之教也。參讀朱子開阡陌辨。鞅傳：衛鞅變法，甘龍杜摯爭之。孟子論井田引龍子，謂「莫善於助，莫不善於貢」。助有公田，乃井田舊制，貢則使民盡地力而稅之，疑龍子即甘龍。又秦策三王稽杜摯同伐趙，年世不相接，豈別一杜摯耶？今按：史文本諸商君書更法篇，而此篇多襲趙策「武靈王胡服」章。趙策云：「武靈王平晝閒居。」而商君書譌為「孝公平晝」，是其證。然則恐杜摯非有二人，而甘龍亦不必與商君同時。

遷議令者邊城，此吳起令貴人實廣虛之地之意也。漢志神農二十篇，班注：「六國時諸子，疾時怠於農業，道耕農事，託之神農。」師古曰：「劉向別錄云：『疑李悝及商君所說。』」今按：重農政，李悝吳起商君一也。顧劉氏獨不及吳起。重法律，亦李悝吳起商君一也。桓譚新論稱商君受李悝法經以相秦，亦不及吳起。漢志「兵家」有李子十篇，沈欽韓曰：「疑李悝。」又有公孫鞅二十七篇，荀子議兵篇：「秦之衛鞅，世俗所謂善用兵者也。」是重兵事，又李悝吳起商鞅三人所同也。後人視起僅為一善用兵者，而獨不及李克商鞅。其誤蓋始於史記孫吳列傳，以起與孫武孫臏並列，不知兵家亦有李子公孫鞅。當時從政者率主兵，乃時代使然，豈得徒以兵家目之。鞅之為政，宗室貴戚怨之，不獲其死，亦類吳起。人盡誇道鞅政，顧不知皆受之於李吳。人盡謂法家原於道德，顧不知實淵源於儒者。其守法奉公，即孔子正名復禮之精神，隨時勢而一轉移耳。道家乃從其後而加之誹議，豈得謂其同條貫者耶？漢初學術，非道德即刑名。而史公當武帝時已尊儒，故升孔子為世家，而以老莊申韓同傳，自據當時立論。老子韓非，同出戰國晚世，思想自有相通處。至李吳商鞅，乃戰國初期法家，不得與韓非並論。

史記鞅傳：「鞅初事魏相公叔痤，痤卒，惠王弗能用，鞅遂入秦。」考惠王九年，公叔痤為將，敗韓趙於澮。是年即為秦所虜，呂氏大事記謂秦虜痤復歸之，而終於相位，則在明年，為秦孝公元。秦本紀鞅入秦見孝公在元年，是也。孝公三年，鞅說孝公變法。六年，拜左庶長。秦策：「孝公行商君法十八年，疾且不起。」自七年至二十四年，孝公卒，適十八年。蓋自七年以後，商君始見信任也。十年為大良造，本傳稱「行之十年」，「於是以鞅為大良造」者誤。又本傳稱商君相秦十年，然本紀、列傳、年表記鞅在秦爵位升遷甚備，獨無為相事。年表：「孝公二十二年封大良造商鞅。」水經濁漳水注在惠成王三十年，較年表前一年。史公據秦紀言鞅事宜不誤，或魏史用夏正，尚在今年之末，而秦用周曆，已改歲，則在明年之端也。又濁漳水注：「衡水北逕鄔縣故城東，竹書紀年梁惠成王三十年，秦封衛鞅於鄔，改名曰商，即此是也。故王莽改曰『秦聚』也。」今按：史記集解，徐廣曰：「弘農商縣。」索隱謂：「於、商，二縣名。」正義：「於商在鄧州內鄉縣東七里，古於邑。商洛縣在商州東八十九里，本商邑。」是謂於商與商乃兩地。今按：史記他處皆言商於，不言於商，則「封於商」，乃專指商洛，不兼於言。考秦在當時，尚未得河西地，更不得遠封商君達於漳衛之域。且史記明稱「封之於商十五邑」，趙良亦謂「何不歸十五都，灌園於鄙」，此證酈說之不足信。惟不知紀年說究何自。或鄔即指於商之於，合言之，則曰於商，或商於。單言之，亦可曰商，或曰於，即鄔。要之不在衡漳附近，則斷可定也。則商君至封列侯，仍為大良造，非別有為相一級也。其後惠文王五年，本紀、年表均書陰晉人犀首為大良造，魏人因獻陰晉。疑其時秦之大良造即當相職，非別有相位一級也。至惠文王十年，張儀相，秦官始有相稱。以後例前，故稱商鞅為秦相耳。又按：趙良之說商君曰：「相秦不以百姓為事，而大築冀闕。」築冀闕在鞅為大良造後二年，知為大良造即為秦相矣。然自此下至孝公卒尚十五年，則史所稱「相秦十年」者，亦復非也。本傳又云：「築冀闕宮庭於咸陽，自雍徙都之。後四年，公子虔復犯約，劓之。」今按：趙良說商鞅：「公子虔杜門不出，已八年矣。」趙良進說後五月，孝公卒。今姑定趙良之說在孝公卒前一年，其前八年，為孝公之十六年，適當秦遷都行新法後四年。則公子虔之劓，斷在是年。然本傳又云：「鞅為左庶長，定變法之令，於是太子犯法，鞅曰：『太子，君嗣也，不可施刑，刑其傅公子虔。』」鞅為左庶長在孝公六年，其時尚位微，何能遽刑及於太子之傅？且孝公是年不過二十七歲，太子尚幼，不能犯法，鞅亦何不稱太子幼弱，而云君嗣不可刑？知太子非幼弱矣。然則刑公子虔自在十六年，而史公誤為在前，遂稱公子虔復犯約耳。二十二年，封於商，二十四年，見誅。鹽鐵論非鞅第七，謂商君入秦，「期年而相之」，亦誤。

今姑定商君入秦年三十，則其生年應與孟子相先後，其壽殆過五十，而未及六十也。呂氏春秋無義篇：「公孫鞅以其私屬與母歸魏，襄庇不受。」是鞅敗時其母尚在，知鞅非高壽。

漢書藝文志「法家」商君二十九篇，「兵權謀家」公孫鞅二十七篇，今傳二十六篇，亡其二，實二十四篇。然全書開首更法第一，稱「孝公平畫」，即已舉孝公之謚，其書非出鞅手，明明甚顯。其他如弱民篇襲荀子，靳令篇同韓非，錯法有烏獲，乃秦武王時人。知其書之成頗晚。而徠民篇且云：「今三晉之不勝秦四世矣。自魏襄以來，小大之戰，三晉之所亡於秦者不可勝數。若此而不服，秦能取其地，不能奪其民也。夫秦之所患者，興兵而伐則國家貧，安居而農則敵得休息，此王所不能兩成也。故三世戰勝而天下不服。今以故秦事敵，而使新民作本兵，雖百宿於外，境內不失須臾之時，此富強兩成之效也。」又曰：「周軍之勝，華軍之勝，長平之勝，秦之所亡民者幾何？」此其文明出長平戰後，而所以為秦謀者亦至精。其意欲乘屢勝之鋒，而使戰敗者不得休息，故有徠三晉民使耕於內，而秦民專戰於外之畫。若在孝公變法時，方務開阡陌，盡地力。內力未充，其出而戰也，亦闚機抵隙，因便乘勢，非能亟戰而操必勝之權也。參讀考辨第九五。無論秦之聲威未震，關東之民不肯襁負而至。即至矣，亦祇以擾秦而亡之，欲求國內一日之安，將不可得，更何論於亡三晉而一天下哉！史公序商鞅變法，條理悉備。其一民於耕戰則有之矣；徠三晉民耕於內，驅秦民戰於外，史公無此說也。後世言商君變法，往往以開阡陌徠民並稱，失之遠矣。商鞅徠民，其說始於杜佑，蓋本之商君書。

七四　齊威王在位三十八年非三十六年辨

紀年：「梁惠王後元十五年，齊威王薨。」其年為周慎靚王元年。林氏戰國紀年，雷氏竹書考訂，據此謂威王卒於周顯王四十八年，誤也。自梁惠王十四年，即威王元年，至是，則威王之三十八年也。史記年表威王凡三十六年，蓋誤。今考史記所以誤者，滑稽列傳載：「淳于髡說威王以隱，曰：『國中有大鳥，止王之庭，三年不蜚又不鳴，王知此鳥何也？』王曰：『此鳥不飛則已，一飛沖天；不鳴則已，一鳴驚人。』乃奮兵而出，諸侯振驚，還齊侵地，威行三十六年。」史記此文，當出戰國雜說，史公採之，遂誤認威王在位三十六年也。不知此文所云「三十六年」，乃指其威行天下之年，不得以諸侯並伐之年并入計算。雖淳于髡以隱進諫之事，或未可盡信，然當時為此說者，固明謂威王在位三十九年，故以不治之三年，加威行之三十六年，而足成其數。今謂威王凡三十八年者，自其即位之明年改稱元年計也。田齊世家謂：「威王初即位，不治，九年後，乃奮發。」與三年之說不同。淮南氾論訓：「齊威王設大鼎於庭中，數無鹽令而烹之，齊以此三十二歲道路不拾遺。」此即烹阿大夫之別傳。惟稱三十二歲，則未可據。即如國策所載鄒忌諷諫威王，詳其辭氣，正在威王奮發中興之前。而史記稱鄒忌以鼓琴干威王，已在威王之二十一年。凡此皆史公博採舊說，疏略致誤。其實威王特始懈終勵，一時傳說紛紛，極言其中興之驟，奮發之奇，乃有三年、九年之語，與淳于髡進隱及一日而封即墨、烹阿大夫之說。以余觀之，似國策鄒忌事最為雅淨可取。且若依紀年，則今史表鄒忌以鼓琴見威王之歲，正值威王初立之年。則威王在位年數，正可援紀年與滑稽列傳所採雜說，及年表三端參合而定，斷斷然無可移也。

七五　稷下通考

扶植戰國學術，使臻昌隆盛遂之境者，初推魏文，既則齊之稷下。稷下者，史記田齊世家集解引劉向別錄云：「齊有稷門，城門也。談說之士，期會於稷下也。」太平寰宇記卷十八，益都下，引別錄云：「齊有稷門，齊之城西門也。外有學堂，即齊宣王立學所也，故稱為『稷下之學』。又莒子如齊，盟于稷門。又史記云：『談說之士，會于稷下。』皆此地也。」索隱：「齊地記云：『齊城西門側系水左右有講室趾，往往存焉。』蓋因側系水，故曰稷門。古『側』、『稷』音相近爾。又虞喜曰：『齊有稷山，立館其下，以待游士。』亦異說也。」按：魯亦有稷門，為正南門。又左傳定八年：「公斂處父帥成人自上東門入，與陽氏戰于南門之內，弗勝，又戰於棘下。」杜注：「棘下，城內地名。」疑棘下即稷下，因地近稷門而名。魯南城有三門，正南曰稷門，南城西門曰雩門，其東門曰鹿門。齊城亦有鹿門，則齊之稷門，自與魯同，並不以側系水，亦並不以稷山稱為稷下。以雩門之例推之，當以社祭得名。而談說之士，期會於此門附近，故稱稷下，仍以別錄之說為允。又水經淄水注：「系水流逕陽門西，水次有故封處，所謂齊之稷下也。」陽門乃齊西門，然則稷下在西門，自不誤。又太平寰宇記卷十八亦謂：「棘下，齊城內地名。」亦與魯棘下同。徐幹中論亡國篇：「齊桓公立稷下之宮，設大夫之號，招致賢人而尊寵之，孟軻之徒皆遊於齊。」是稷下始於田午也。按：此說極少見，中論以外無言者。然田桓公之時，田氏得齊未久，又身行篡奪，正魏文禮賢之風方衰，繼而為此，攬賢士，收名聲以自固位，恐有之耳。新序：「騶忌既為齊相，稷下先生淳于髡之屬七十二人，皆輕騶忌，相與往見。」是威王時已有稷下先生之稱也。田齊世家：「宣王喜文學游說之士，自如騶衍淳于髡田駢接子慎到環淵之徒七十六人，皆賜列第為上大夫，不治而議論。齊稷下學士復盛，且數百千人。」是至宣王時而稷下大興也。世家敘此於宣王十八年，殆因宣王十九年而卒，而此事無確年可繫，故書於其卒前耳。狄子奇孟子編年遂謂：「宣王十八年興稷下。」大誤。周季編略誤亦同。鹽鐵論：「及湣王奮二世之餘烈，南舉楚淮北，并巨宋，苞十二國。西摧三晉，卻強秦，五國賓從。鄒魯之君，泗上諸侯，皆入臣。矜功不休，百姓不堪，諸儒分散。慎到接子亡去，田駢如薛，而孫卿適楚。」是稷下先生散於湣王之末世也。孟荀列傳：「田駢之屬皆已死，齊襄王時，而荀卿最為老師。齊尚修列大夫之缺，而荀卿三為祭酒。」是至襄王時而稷下復興也。至王建之世則無聞。然史稱鄒衍鄒奭皆稷下先生，是其制猶存也。蓋齊之稷下，始自桓公，歷威宣湣襄，前後五世，垂及王建，終齊之亡，逾百年外，可謂盛矣。新序又云：「齊稷下先生喜議政事。」此稷下之學風也，上自淳于髡，下至荀卿，莫不皆然。田齊世家云：「稷下學士不治而議論。」不治者，田駢設不宦之義，而淳于髡以終身不仕見稱，此稷下之行誼也。故遊稷下者稱學士，其前輩稱先生，尤尊推老師。淳于髡遊梁，惠王稱淳于先生。齊人譏田駢，亦呼先生。孟子遇宋牼於石丘，曰：「先生將何之？」荀卿之來稷下，初稱遊學，後為老師。宋牼尹文之言曰：「先生恐不得飽，弟子雖饑，不忘天下。」皆是也。齊策有先生王斗，殆亦稷下先生也。列子書稱尹文先生，新序稱田巴先生。隋書經籍志：「魯連，齊人，不仕，稱為先生。」疑亦列稷下。而稷下復有講室，此稷下之組織也。言其祿養，孟荀列傳有云：「自如淳于髡以下，皆命曰列大夫，為開第康莊之衢，高門大屋尊寵之。」齊策或人譏田駢曰：「貲養千鍾，徒百人。」齊宣王之於孟子曰：「將中國授室，養弟子以萬鍾。」此稷下之生活也。遊稷下者，既得優遊祿養，而無政事之勞，故相率以著書講學為事。孟荀列傳所謂：「各著書言治亂之事以干世主，豈可勝道。」劉向荀子目錄所謂「咸作書刺世」者也。此則稷下之事業也。其姓名顯著者，有淳于髡慎到田駢環淵接子宋鈃尹文騶衍騶奭荀卿，既各分篇考辨其年世行事，爰綜述其前後興衰之大要焉。五經異義云：「戰國時齊置博士之官。」今按：博士始於魯，魏亦有之，齊稷下本追魯繆魏文禮賢之制。蓋博士即稷下之先生也。參讀考辨第四八。

稷下學士名表

姓名	國籍	年世					考辨
(一)淳于髡	齊	威	宣				一一八
(二)孟軻（?）	鄒	威	宣				七六
(三)彭蒙	齊（?）	威（?）	宣				一三九
(四)宋鈃	宋		宣	湣			一三三
(五)尹文	齊		宣	湣			一二四
(六)慎到	趙		宣	湣			一三七
(七)接子	齊		宣	湣			一三八
(八)季真（?）	齊（?）		宣				一三八
(九)田駢	齊		宣	湣			一三九
(十)環淵	楚（?）		宣	湣	襄（?）		七二、一四六
(十一)王斗	齊		宣	湣（?）			七五、一三九

(十二)兒說（？）	宋		宣、湣			一三〇
(十三)荀況	趙		宣、湣	襄		一四三、一六三
(十四)鄒衍	齊			襄	王建	一四四、一五二
(十五)鄒奭	齊			襄（？）	王建	一四四
(十六)田巴	齊				王建	一五五
(十七)魯仲連	齊				王建	一五五

七六　孟子不列稷下考

孟子遊齊，歷威宣二世，參讀考辨第九八。正當稷下盛時，而孟子則似不伍於稷下。鹽鐵論論儒篇：「齊宣王褒儒尊學，孟軻淳于髡之徒，受上大夫之祿，不任職而論國事。蓋齊稷下先生千有餘人。」是以孟軻淳于髡同為稷下儕偶也。余考其說似頗誤。徐幹中論亡國篇：「齊桓公立稷下之宮，孟軻之徒皆遊齊。」亦與鹽鐵論同。桓公之卒，孟子年不過三十，謂其已遊齊，亦恐不然。雖史記與孟子書均無明文以證其非，而可推跡以求者。史記孟荀傳云：「自如淳于髡以下，皆命曰列大夫，為開第康莊之衢，高門大屋尊寵之。」不數孟子，而云淳于髡以下，此孟子不列稷下之證一也。田齊世家亦云：「宣王喜文學游說之士，自如騶衍淳于髡田駢接子慎到環淵之徒七十六人，皆賜列第為上大夫，不治而議論。」列舉稷下聞人，獨無孟子，此孟子不列稷下之證二也。孟子書載與淳于髡辯難凡兩番，閻若璩四書釋地又續謂：「一在去齊之後，一似相值於梁惠王朝。」今按：淳于詰孟子天下溺而不援，閻氏定為在梁相值之言。蓋以其時孟子不仕而臆定。然安知不在齊威王時，兩人固同在齊。孟子雖不仕，而好言仕義。淳于之言，非以為勸，乃以為譏也。淳于為稷下先生，不治而議論，此以不仕為名高者也。孟子則曰：「士不托於諸侯，抱關擊柝者，皆有常職，以食於上。無常職而賜於上者，為不恭。」又曰：「庶人不傳質為臣，不敢見於諸侯。」又曰：「仕非為貧，而有時乎為貧。」又曰：「孔子三月無君，則皇皇如也，出疆必載質。」曰：「士之仕也，猶農夫之耕。」而所惡則曰：「處士橫議。」所願學則在孔子。曰：「可以仕而仕，可以止而止，可以久而久，可以速而速。」至若稷下諸先生，不治而議論，此孟子所謂處士之橫議，庶人不為臣，無常職，而托於諸侯，皆孟子所深斥也。故孟子在齊為卿，有官爵，明不與稷下為類。致為臣而歸，則非不仕。宣王欲中國而授孟子室，養弟子以萬鍾，此史記所謂開第康莊之衢，欲以稷下之禮敬孟子。孟子曰：「是賤丈夫登壟斷罔利者。」而淳于又譏之，曰：「夫子在三卿之中，名實未加於人而去，仁者果如是乎？」凡以見其出處行誼之不同。此孟子不列稷下之證三也。當時如儀衍縱橫之徒，以妾婦之道固祿利。而許行陳仲則主並耕，不恃人食。淳于髡田駢稷下之處士，既享儀衍居官之祿，復慕許陳在野之名。惟孟子獨高談士禮，自謂本之孔子。然孔子之禮，重在君君臣臣父父子子，而孟子欲以齊王，又自稱諸侯之禮吾未之學。而孟子所謂孔子之仕止久速，當孔子時亦未嘗以此為禮，而明以告其弟子也。此亦世風之一變，余故以論稷下學士而並及焉。汪中經義知新記云：「孟子書載孟子為卿於齊，而其自言曰：『我無官守，我無言責。』趙氏注「孟子將朝王」云：「孟子雖仕於齊，處師賓之位，以道見敬，諸侯上大夫，卿也，通謂之卿。」是孟子亦列大夫也。劉向荀子敘云：「至齊襄王時，孫卿最為老師，齊尚修列大夫之缺，而孫卿三為祭酒焉。」史記亦云然。則荀子之稱「卿」，蓋以官著，如虞卿者歟？」是誤以孟子之卿謂即稷下之列大夫也。荀子稱卿，自為其字。劉向敘曰：「蘭陵人喜字卿，蓋法孫卿。」此荀子字卿之確證。燕有荊卿，不聞其為卿。荀子書多稱荀卿子，子者，尊美之詞，若卿已為尊美之詞，既曰卿，又曰子，則不詞矣。（參讀江瑔讀子卮言論荀子之姓氏名字篇。）列大夫者，言爵比大夫，自為稷下學士之祿，與卿大夫不同。胡元儀亦謂孟子宣王時在齊，居列大夫之中，而孟子書言為卿於齊，蓋卿即列大夫之長。皆由未能通讀孟子全書，不知孟子本不與稷下為伍也。且稷下列大夫不治而議論，今孟子言無言職，明不與列大夫為類矣。至崔述孟子事實錄云：「孟子在齊為卿，乃客卿，與居官任職者不同。蓋戰國之士，游於鄰國者多，雖不受職，有為時君所禮，亦畀以爵。戰國策所謂『魏王使客將軍新垣衍間行入邯鄲』者是也。公孫丑又稱『仕而不受祿』者，古者卿大夫之祿皆以邑。若他國之大夫居是邦者，則致餼饋牽，春秋傳所謂『秦緘與楚比齒』者是也。士之遊是邦者，則饋以粟帛，孟子所謂『君饋之則受之』者也。孟子既見宣王，知其不能行道，故不受其采邑，以為久居之計；齊王雖授以卿之位，而初無卿之職，是以朝王無定期，而孟子亦自謂『無官守，無言責』也。」今按：崔說似晰而實未是。君饋則受，與卿祿絕不同。至卿大夫祿皆以邑，乃春秋時則然，戰國亦未盡然也。惟狄子奇孟子編年謂：「孟子在齊始為賓師，但受公養之禮，不受祿。其後為卿，受粟十萬。凡言無官守、無言職者，皆在為賓師時。言當路於齊，加齊卿相者，皆在為卿時。當分別觀之。」其言似的，惟繫年有誤耳。因辨孟子不列稷下，故附辨之。

七七　申不害考

史記申不害傳：「申不害故鄭之賤臣，學術以干韓昭侯，為相十五年，國治兵強，無侵韓者。」索隱：「王劭按紀年，韓昭侯之世，兵寇屢交，異乎此言。」今按：史記韓世家，申不害相在昭侯八年，至二十二年而死。然史記於昭侯元實誤後四年，詳考辨第七一。則昭侯八年乃梁惠王十六年也。其明年，梁伐趙，圍邯鄲。考韓策：「魏之圍邯鄲也，申不害始合於韓王。然未知王之所欲，恐言而未必中。王問申子：『吾誰與而可？』申子微謂趙卓韓鼂，使各進議於王，申子微視王之所說以言之，王大悅。」正符初相情事。今史記申不害相尚在邯鄲圍後三年，則與韓策不合，知申子相韓在昭侯八年實不誤；惟當梁惠王十六年，非二十年也。王劭所謂「兵寇屢交」者，今紀年已佚，其猶可考見，如惠成王：

十六年，秦公子壯帥師伐鄭，圍焦城，不克。水經渠水注

十七年，鄭釐侯來朝中陽。水經渠水注。今按：此殆梁圍邯鄲，韓決從梁後事；參讀下考。又韓策三：「申不害與昭釐侯執珪而見梁君，申不害之計事曰：『我執珪於魏，魏君必得志外靡於天下，是魏弊矣。諸侯惡魏，必事韓。』」按：紀年：惠成王十三年與鄭釐侯盟巫沙，明年魯恭侯宋桓侯衛成侯鄭釐侯來朝，是為鄭釐侯之六年。八年申不害為相，九年朝魏於中陽。疑此所謂「執珪而見梁君」者，乃指九年朝中陽事。六年之朝，申子尚未當國也。

十八年，王以韓師敗諸侯師於襄陵。水經淮水注

二十六年，敗韓馬陵。史記魏世家索隱。按：此條誤，詳考辨一三四。

二十八年，穰疪此據今本偽紀年，一本又作穰疪。呂氏無義篇：「秦惠王疑衛鞅，鞅以其私屬與母歸魏，襄疪不受。」即此人。水經注作穰苴，誤。率師及鄭孔夜戰於梁、赫，鄭師敗逋。水經渠水注

則韓為魏弱，王氏之辨，洵不虛矣。志疑不知今本偽紀年與王劭司馬貞所見不同，妄據以駁王說，殊誤。至申不害卒，余疑實當韓昭侯二十六年，詳考辨第七一。則申子相韓前後當得十九年，史謂相韓十五年，亦誤。申子相韓距鄭滅已二十一年，依史記當二十五年。又十九年而卒，其先為鄭賤臣，姑以韓滅鄭申子年近三十計之，則其生年當在周威烈之末，安王之初，年壽在六十、七十之間。

漢書藝文志有申子六篇，今均佚。韓非之書論之曰：「申不害言術，而公孫鞅為法。術者，因任而授官，循名而責實，操殺生之柄，課群臣之能，此人主之所執。法者，憲令著於官府，刑罰必於民心，賞存乎慎法，而罰加於姦令，此人臣之所師。」又曰：「申不害，韓昭侯之佐也。韓者，晉之別國也。晉之故法未息，而韓之新法又生；先君之令未收，而後君之令又下。申不害不擅其法，不一其憲令，則姦多。故利在故法前令則道之，利在新法後令

則道之。「道」者，「姦之所道」，王先慎讀為「導」，非是。故新相反，前後相悖。則申不害雖十使昭侯用術，而姦臣猶有所譎其辭。故托萬乘之勁韓，七十年而不至於霸王者，顧廣圻曰：「七十或當作十七。」則又與史記錯二年，今未可考。雖用術於上，法不勤飾於官之患也。」若韓非之言，申子之所以為治，與商君絕異。後世顧以申商齊稱，則誤也。申子以賤臣進，其術在於微視上之所說以為言。而所以教其上者，則在使其下無以窺我之所喜悅，以為深而不可測。夫而後使群下得以各竭其誠，而在上者乃因材而器使，見功而定賞焉。韓非子：「韓昭侯使人藏弊袴，侍者曰：『君亦不仁矣，弊袴不以賜左右，而藏之。』昭侯曰：『非也。明主之愛，一嚬一笑。嚬有為嚬，而笑有為笑。吾必待有功者，故藏之，未有予也。』」此謹賞罰之說也。又曰：「韓昭侯使騎於縣，歸問何見。曰：『南門外有黃犢食苗道左。』昭侯謂使者，毋敢洩。乃下令曰：『當苗時，禁牛馬入人田中，固有令而吏不以為事，牛馬多入田中，亟舉上之。不得，將重罪。』三鄉舉而上之，昭侯曰：『未盡。』乃復得南門外黃犢。吏以昭侯為明察，皆悚懼其所，不敢為非。」此為不可測之說也。韓非書言昭侯申子遺事者尚多，要其歸在於用術以馭下，與往者商鞅吳起變法圖強之事絕不類。其所以然者，殆由游仕既漸盛，爭以投上所好，而漁權釣勢，在上者乃不得不明術以相應。而吳起商鞅以忠貞殉主之節已不可見。自此而往，乃為公孫衍張儀結軾連騎於諸侯之間，頡頏以取重，而韓昭侯黃犢之察，弊袴之守，亦無以為馭矣。故自鞅起之變而為申子，又自申子變而為儀衍，亦戰國時代升降一大節目也。太史公謂：「申子卑卑，施之於名實。」其言是矣。又謂其意原於黃老道德，此則託為黃老道德之說者，本出申子後。當申子之前，固猶無需乎虛無因應，變化無為，若黃老道德之所稱也。

七八　魏圍邯鄲考

梁自惠王十四年，魯宋衛鄭來朝，霸業已形。十七年，挾宋韓以伐趙，圍邯鄲，齊楚並起而救，秦亦乘機攫利，此梁惠霸業成敗一大關鍵也。顧自胡梅磵顧亭林梁曜北諸人均疑焉。

今按：此事甚信，無可疑者。請舉八證明之：

宋策：「梁王伐邯鄲而徵師於宋。」此魏伐邯鄲之證一也。時宋脅於梁威，舉兵圍趙境一城，而不肯深入。及齊救至，宋遂折而入於齊。

韓策云：「魏之圍邯鄲，申不害始合於韓王，未知王之所欲，恐言而未必中。王問吾誰與而可，對曰：『此安危之要，國家之大事，臣請深維而苦思之。』乃激趙卓韓鼂使進議於王。申子微視王之所悅以言之，王大悅。」韓非子「七術」載此事微異。申不害相韓在魏圍邯鄲前一年，詳前考。正所謂「始合於韓王而未知王之所欲」之時也。此魏圍邯鄲之證二也。其後韓合於魏，韓策所謂：「申不害與昭釐侯執珪而見梁君。」水經注引紀年謂：「惠成王十七年，鄭釐侯來朝中陽。」又謂：「魏與韓師敗諸侯師於襄陵。」皆其證。

楚策：「邯鄲之難，昭奚恤謂楚王曰：『王不如無救趙以強魏。』景舍曰：『不如少出兵以為趙援，趙魏相弊而齊秦應楚，則魏可破。』楚因使景舍救趙。邯鄲拔，而楚取睢濊之間。」此魏拔邯鄲之證三也。

齊策五：「昔者魏王擁土千里，帶甲三十六萬，其強而「而」字疑「北」字誤。拔邯鄲，西圍定陽，又從十二諸侯朝天子以西謀秦。」此魏拔邯鄲之證四也。

魏策三：「須賈之言曰：『初時惠王伐趙，戰勝乎三梁，十萬之軍拔邯鄲，趙氏不割而邯鄲復歸。齊人攻燕殺子之，破故國，燕不割而燕國復歸。』」此魏拔邯鄲而不有之證五也。史記穰侯列傳亦載此語。

呂氏春秋不屈篇論惠施相魏無功，而曰：「圍邯鄲三年而弗能取，士民罷潞，國家空虛，天下之兵四至。注：「救邯鄲之兵，從四方來至也。」眾庶誹謗，諸侯不譽，謝于翟翦而更聽其謀，社稷乃存。」此魏拔邯鄲而弗能有之證六也。

又士容篇記：「唐尚羞為史，及魏圍邯鄲，唐尚說惠王而解之圍。」此魏歸邯鄲之證七也。

且猶有證者：秦策：「或為六國說秦王曰：『趙嘗強矣，築剛平，衛無東野。芻牧薪采，莫敢闚東門。當是時，衛危於累卵。於是天下有稱伐邯鄲者，莫令朝行。魏伐邯鄲，因退為逢澤之遇。』」是魏伐邯鄲，乃承趙氏伐衛之後之證八也。詳秦策所言，乃指魏惠王時事。然趙築剛平，據趙世家乃在周安王二十年，趙敬侯五年，乃魏武侯時，非魏惠王也。惟水經注酸水下引紀年：「梁惠成王十六年，邯鄲伐衛，取漆富邱城之。」則在魏伐邯鄲前。秦策誤引漆富邱為剛平耳。又其時為齊威王四年，而秦策云齊太公，亦誤。其後又稱郢威王，楚威王正與齊威王同時，與齊太公則不相及也。鮑改太公為宣王，亦失之。逢澤之遇，即齊策說閔王篇所謂「從十二諸侯以朝天子」者也，秦策言之未析。又按：魏武侯趙敬侯齊太公時，別有魏襲邯鄲事。（參讀考辨第四三。）秦策蓋兩事混說也。

邯鄲之圍，其見於史記者：

一、趙世家：（成侯）二十一年，魏圍我邯鄲。二十二年，魏惠王拔我邯鄲，齊亦敗魏於桂陵。二十四年，魏歸我邯鄲，與魏盟漳水上。

二、魏世家：（惠王）十七年，圍趙邯鄲。十八年，拔邯鄲。趙請救於齊，齊使田忌孫臏救趙，敗魏桂陵。十九年，諸侯圍我襄陵。二十年，歸邯鄲，與盟漳水上。

三、田齊世家：（威王）二十六年，魏惠王圍邯鄲，趙求救於齊，齊威王使田忌南攻襄陵。十月，邯鄲拔。齊策作七月。齊因起兵擊魏，大敗之桂陵。今按：其時為威王之五年。楚趙睽隔，其勢緩；齊趙密鄰，其勢逼。故齊之救趙也誠。梁惠霸業，由此而挫。

四、孫臏傳：田忌欲引兵之趙，孫子曰：「君不若引兵疾走大梁，彼必釋趙而自救。」田忌從之，魏果去邯鄲，與齊戰於桂陵，大破梁軍。

據此諸說，則魏之圍邯鄲，斷在惠王之十七年。齊興師救趙時，邯鄲猶未拔。逮齊圍襄陵不利，（水經注引紀年「魏以韓師敗諸侯師於襄陵」是也。）而魏亦拔邯鄲，則在十八年。魏遂分兵反鬪，齊亦濟師迎擊，為桂陵之役。梁軍雖破，邯鄲猶在其手，趙魏仍相持於邯鄲之下，兵連禍結。諸侯救趙不力，坐自漁利。（秦降安邑，楚取睢濊之間，皆其時事。）直至惠王二十年，魏既力竭，乃歸邯鄲，與趙言和。此事記述昭昭，絕不容疑。考之紀年，有如下之諸條：

齊田期伐我東鄙，戰於桂陽，我師敗逋。（水經濟水注）

宋景敾、衛公孫倉會齊師圍我襄陵。（水經淮水注。觀宋策，梁徵師於宋，宋本徘徊持兩端，不利梁之滅趙，故至是乃折入於齊。衛亦附齊，梁勢大孤。）

此皆在惠王十七年。又：

王以韓師敗諸侯師於襄陵，齊侯使楚景舍來求成。（水經淮水注）

王會齊宋之圍。（水經淮水注）

趙敗魏桂陵。（史記魏世家索隱）

在惠王十八年。陳逢衡氏集證釋之云：「齊田忌救趙，戰于桂陽，雖勝魏，而魏圍邯鄲如故。

故齊又合宋衛二國之師以圍襄陵。既而惠王又以魏師敗諸侯之師，遂破邯鄲。齊又擊破魏軍於桂陵。田完世家所謂『威王使田忌南攻襄陵』，又云『十月邯鄲拔，齊因起兵擊魏，大敗之桂陵』是也。蓋桂陽之戰在邯鄲被圍之時，而桂陵之戰在邯鄲已破之日。年表於魏惠王十八書邯鄲降，齊敗我桂陵，於圍襄陵前一年，誤矣。」今本紀年作「邯鄲之師敗我於桂陵」，蓋是魏史原文。索隱所引，已為改易。陳氏說之曰：「此諸侯之師敗魏於桂陵也。曰『邯鄲之師』者，諸國之師俱為救邯鄲而來，故曰邯鄲也。」

又孫吳列傳索隱：「王劭案紀年，梁惠王十七年，齊田忌敗我桂陵。」十七年，戰在桂陽，而王劭作桂陵者，雷氏義證云：「因水經濟水注謂此即桂陵之戰，故誤從其說。桂陵在曹州濮水之北，桂與陽為二地，在長垣縣濮水之南，相去幾二百里。水經濟水注謂濮渠之側有漆城，即邯鄲伐衛所取。又有桂城，即田期戰處。又引五年景賈戰於陽，謂即大陵城，此後始謂濮渠，又東徑蒲城北，蒲即今長垣西北之蒲城，古為衛邑。據此是漆桂陽蒲四邑，皆在濮之上游，蓋轉戰也。趙世家正義引括地志云桂陵城『在曹州乘氏縣東北二十一里』，此方是明年齊師敗於桂陵處，此在濮水之下游矣。」今按：陳雷兩氏所辨，均極明晰，亦證紀年、史記足相符會。而顧氏梁氏猶疑：「邯鄲為趙都，其君在焉，魏安得拔之？若果拔之，則未歸邯鄲之前，首尾幾及二年，此二年中，趙侯徙居何地？揆諸情勢，深所難信。」不知在六國時人，如須賈輩，固自以魏拔邯鄲與燕取臨淄等觀。燕可以取臨淄，魏豈必不能拔邯鄲？特燕齊之事在後，記載較詳；魏趙之事在前，記載較略。趙侯徙居何地，今已不可考，然不能以記載之闕，遂并疑其猶存者。且齊亦先得燕都而弗能有，何獨以邯鄲之事而疑之？胡三省疑此事，謂：「趙都邯鄲，何以魏克其國都而不亡。」因疑徙都乃肅侯，非敬侯，見通鑑注卷一。觀於須賈之言，則所疑亦非也。

又按：趙世家：「敬侯元年，趙始都邯鄲。」春秋地名考略引竹書：「周安王十六年，趙敬侯始都邯鄲。」校其年正合。今本紀年無其文。王國維古本竹書紀年輯校亦未及。黃氏逸書考有之。

七九　季梁考

附　季真

列子力命篇言：「楊朱之友季梁病。」仲尼篇言：「季梁死，楊朱望其門而歌。」則季梁先楊朱卒，梁之與朱，殆如惠施之於莊周矣。魏策云：「魏王欲攻邯鄲，季梁聞之，中道而反，衣焦不申，頭塵不去，而諫梁王。」是惠王圍邯鄲之歲，梁尚在也。鮑注云：「季梁，魏人，非列子所稱。」不知楊朱亦與梁惠王同時，則烏見季梁之非一人哉？荀子成相篇：「慎墨季惠百家之說誠不祥。」楊注：「或曰季即莊子曰『季真之莫為者』也。又曰『季子聞而恥之』，按：此均見則陽篇。則是梁惠王犀首同時人也。韓侍郎云：『或曰季梁也。』」今按：魏策：「公孫衍為魏將，與其相田需不善，季子為衍謂梁王」云云。田需之相，在惠施去相後，當魏襄王之世；則季子惠子莊子同時。季梁死楊朱前，不能至魏昭王時猶存。莊子書稱季子，皆季真，非季梁；荀子以季惠並稱，殆亦指季真，非季梁，韓說非也。韓非外儲說左上：「故李、惠、宋、墨皆畫策也。」顧廣圻識誤：「李當作季，季梁也；惠，惠施；宋，宋鈃；墨，墨翟。」今按：顧氏改「李」為「季」，是也。然亦季真，非季梁。又按：莊子天地篇有季徹，似魯人；釋文云：「蓋季氏之族。」馬氏義證謂：「季徹疑即季真，古讀照、紐、歸、透皆舌音。」未知信否。

八〇　楊朱考

自孟子書言楊墨，曰：「楊墨之言盈天下。」又曰：「今天下不之楊，則之墨，能言距楊墨者，聖人之徒。」後世盡人讀孟子書，因莫勿知有楊墨。墨為先秦顯學，顧無論矣，至於楊朱，其事少可考見；先秦諸子無其徒，後世六家九流之說無其宗，漢志無其書，人表無其名。（梁氏人表考，梁者疑五等離朱乃楊朱字譌，謂等次時代皆相近。其實楊朱與梁惠王同時，今人表離朱在公輸般下，尚出墨子前，與吳王夫差相次，決非楊朱字譌可知。）則又烏見其為盈天下者？（莊子天下篇，荀子非十二子、天論、解蔽諸篇，歷辨諸家，亦無楊朱。）惟劉向說苑稱楊朱見梁王而論治，（政理篇）列子書言楊朱友季梁，季梁先楊朱死；而季梁之死，在梁圍邯鄲後。（詳考辨第七九。）則楊朱輩行較孟軻惠施略同時而稍前，（淮南氾論訓：「歌舞以為樂，揖讓以為禮，厚葬久喪以送死，孔子之所立，而墨子非之。兼愛尚賢，右鬼非命，墨子之所立，而楊子非之。全性保真，不以物累形，楊子之所立，而孟子非之。」亦謂楊子在墨後孟前。果使其言盈天下，則當時文運已興，又勝孔墨之世，其文字言說，何至放失而無存，不又可疑之甚耶？余故知儒墨之為顯學，先秦之公言也。楊墨之相抗衡，則孟子一人之言，非當時之情實也。孟子又曰：「楊氏為我，是無君也；墨氏兼愛，是無父也。子莫執中，執中無權，猶執一也。」子莫之名尤不聞，並世無稱，後世無傳，不足以自表見，則亦一曲之士，而孟子以與楊墨並稱，此非孟子之尊子莫，乃其輕楊墨；則楊墨之並稱，非孟子之尊楊，乃其所以輕墨也。孟子既輕楊墨，何以又謂其言盈天下？曰：孟子謂墨氏無父，今未見其果無父也；則謂楊氏之言盈天下，又安見其果為盈天下哉？且孟子之言則別有指。孟子以謂墨氏之言過於仁，楊氏之言不及於義，故曰楊墨肆行，充塞仁義。蓋人之常情，非自私自利，則又務外為人，皆不足以合於仁義之道。凡天下之務外為人者，皆孟子之所謂墨氏之言，而未見其果為墨也；凡天下之自私自利者，皆孟子之所謂楊氏之言，而未見其果為楊也。則孟子所謂「楊墨之言盈天下」者，亦其充類至極之義，非當時學術分野之真相也。莊子書每以黃帝形堯舜，老聃形孔子，正如孟子之以楊朱形墨翟耳。後人遂疑黃帝與堯舜於政治史上有同等之地位，然老聃與孔子於學術史上有同等之影響，則亦如謂楊墨在當時思想界有同等之勢力，陷於一例之誤。

則莊子亦何以言楊墨？曰：莊子衡量並世學術，備見於內篇齊物論，獨稱儒墨，不言楊墨也。言楊墨者，在其外雜諸篇，固不足盡憑，且其言曰：「騈於辯者，纍瓦結繩竄句遊心於堅白同異之間，而敝跬譽無用之言，非乎，而楊墨是已。」夫堅白同異之辯，此自後相謂別墨者乃有之，非楊朱墨翟之辯也，又非楊之徒與墨之徒之辯也。猶其言曾史之擢德塞性，以收名聲，使天下簧鼓以奉不及之法也。夫以此言曾子，猶之可也；以此言史鰌，則違之遠矣。今乃據此言春秋時學術，謂有曾參史鰌一派，則人笑之矣。楊墨之言，夫亦猶此。特其書出孟子後，襲用楊墨之名，非確指楊墨之實也。莊子又云：「削曾史之行，鉗楊墨之口。」亦與此同例。荀子書言史鰌陳仲，又言鄧析惠施，所重只在陳仲惠施，不在史鰌鄧析。先秦書此例極多，會通觀之，可勿拘也。又按：文選潘岳西征賦注，陳琳為袁紹檄豫州注，引莊子皆作「鉗墨翟之口」，劉峻廣絕交論注引，則作「鉗楊墨之口」，知古人於此等處，本自不拘。又稱莊子之語惠施曰：「儒墨楊秉四，與夫子而五。」此尤不足據。何則？夫秉為公孫龍字，則不得為學派之稱；且公孫龍在惠施後，亦不能並世稱雄，則無來有五也。然則楊墨固不當並稱乎？曰：非也。昔荀子曾言之，曰：「慎墨季惠百家之言。」成相篇 夫墨子最顯矣，惠施則遜焉，慎到又遜之。季真之名，若存若亡。韓非言之曰：「儒分為八，墨分為三：有子張氏之儒，有子思氏之儒，有顏氏之儒，有孟氏之儒，有漆雕氏之儒，有仲良氏之儒，有孫氏之儒，有樂正氏之儒。有相里氏之墨，有相夫氏之墨，有鄧陵氏之墨。」三墨既皆不傳，後之言儒者，不聞以仲良氏與孟子並稱，又不聞以樂正氏與孫氏齊舉也。今必據韓非之言，謂仲良氏、樂正氏，其學力之所至，風尚之所靡，與孟軻孫卿等量，則惑矣。必據荀卿之言，謂季真之在當時，與墨翟齊名，則愚矣。必據孟子而謂楊朱之在當時，與墨道相抗衡，平分天下學徒，又何異於此哉？然必謂楊朱不得與墨翟齊稱，亦妄也。有一人之言，有一時之言，有舉世之言，有歷久之言。夫以儒墨為顯學，此舉世之言也，亦歷久之言也。或言楊墨，或言慎墨季惠，或言八儒三墨，則皆一人一時之言也。後人不曉此，據一人一時之言，以評量上世之學術，又安所得其真？

又按：莊子應帝王：「陽子居見老聃。」寓言篇：「陽子居南之沛，遇老子。」釋文：「陽子居，姓陽名朱，字子居。」又山木篇：「陽子之宋。」釋文：「司馬云：『陽朱也。』」字皆作「陽」；而駢拇、胠篋、天地稱楊墨，徐无鬼稱儒墨楊秉四，皆作「楊」。孟子盡心：「楊子取為我。」取猶「異取以為高」之「取」。上言「取為我」，下言「執中執一」，取與執略同義，墨子書有小取、大取，皆此義也。呂氏春秋不二則曰：「陽生貴己。」莊子山木篇作陽子，韓非說林作楊子。古書陽、楊通叚，則陽子即楊子也。惟莊子書本作陽子，孟子書則作楊子。今莊子書中作楊字，以楊墨並稱者，其文盡出孟子後。蓋莊子書非出一手，非成於一時，此亦其證。而莊子著書並不稱楊墨，亦可見。近人馬氏莊子義證疑陽子為老子弟子，非楊墨之楊，謂有陽楊二子，其說大誤。山木「陽子之宋」，寓言「陽子居南之沛」，兩文均見於列子黃帝篇，均作楊朱，可證馬說之誤矣。

八一　子莫考

孟子稱楊墨，因及子莫，曰：「子莫執中，執中無權，猶執一也。」趙岐注：「子莫，魯之賢人也。」金仁山曰：「莊子謂儒墨楊秉四，疑即子莫。」黃鶴四書異同商辨之云：「紀聞注以秉為公孫龍，則非子莫矣。荀子載公孟子高見顓孫子莫而問禮，豈子莫姓顓孫耶？」

孫詒讓籀高述林子莫學說考疑子莫即魏公子牟，謂牟、莫聲類同。（俞樾茶香室經說卷十六亦有此說。）近人羅根澤又辨之，（見清華國學論叢第四期。）曰：「魏牟乃魏國公子名牟者，或曰公子牟，（莊子秋水篇，趙策，漢書藝文志）或曰魏公子牟，（說苑敬慎篇）或曰中山公子牟，（莊子讓王，呂氏審為，淮南道應）無名之子牟者。惟高誘呂氏春秋訓解曰：『子牟，魏公子也。』信如所云，何解於衹書公子牟哉？名衛公子鞅曰子鞅，燕太子丹曰子丹，其可乎？孫氏以子莫即子牟之異文，子牟既非其名字，何能有子莫之異文哉？」因謂：「子莫乃說苑修文篇所謂顓孫子莫者。其文曰：『公孟子高見顓孫子莫，曰：「敢問君子之禮何如？」顓孫子莫曰：「去爾外厲，與爾內色勝，而心自取之，去三者斯可矣。」公孟子高不知，以告曾子。曾子曰：「大哉言乎！無外厲者必內折，色勝而心自取者必為人役。是故君子德成而容不知，聞識博而辭不爭，知慮微達而能不愚。」』（按：本節似有誤字。）規規焉拘謹已極，與孟子『執一無權』之說相脗合矣。」又引錢大昕云：「春秋傳陳公子完與顓孫奔齊，顓孫自齊來奔。子張當是顓孫之後，以字為氏，故史記以子張為陳人，而呂氏春秋尊師篇云：『子張魯之鄙家也。』而其子申祥為魯繆公臣，則居於魯非一世矣。」（按：錢氏無此語，殆係崔述之誤。）因謂「說苑雖未明載顓孫子莫為魯人，然顓孫得氏日淺，戰國之初當未散居各國；即顓孫子莫於時已徙居他邦，而顓孫既出於魯，謂之魯人亦不為過。孟子所稱子莫，趙氏謂魯之賢者，不得謂之無據，而與顓孫子莫要為一人矣」。余考魏牟年代，當出孟子後，與楊墨不相及。執中之學，亦近儒家，與魏牟立說不同，孫氏之說自誤。羅氏以顓孫子莫當之，與黃鶴氏之說合。趙年世既符，其人又儒者，殆或是也。又按：公孟子高即公明高，孟子有公明高長息問答。趙岐曰：「公明高，曾子弟子；長息，公明高弟子。」今公明高問於子莫，而曾子大其言，則子莫輩行，蓋在曾子公明高之間。核其年世，疑即子張之子申詳其人也。「莫」者疑辭，莊子人間世：「妄則其信之也莫。」注：「莫然疑之。」「詳」者審察之辭，詩牆有茨：「不可詳也。」傳：「詳，審也。」書呂刑：「度作詳刑，以詰四方。」鄭注：「審，審察之也。」詳字子莫，正符古人名、字相反為訓之例。鄭注檀弓：「申祥，子張子，孟子申詳，檀弓作申祥；「詳」本字，「祥」段字。太史公傳曰：『子張姓顓孫。』今曰申祥，周秦之聲二者相近，未聞孰是。」梁玉繩人表考云：「鄭說似非。父氏顓孫，子氏申，父子別氏，古多有之，不足異也。」今按：顓孫合言為申，二者聲近，故鄭云然。梁氏以父子別氏說之，誤矣。顓孫之與申，猶田之與陳也，故田仲子亦稱陳仲子，猶申詳稱顓孫子莫也。據此則子莫年世，當魯繆公時，與子思相當，猶前於楊朱矣。參讀考辨第四八。

八二 白圭考

附 趙武靈胡服考

梁玉繩漢書古今人表考：「戰國時前後有兩白圭。史貨殖傳，白圭當魏文侯時。原注：「史述其言有商鞅行法語，乃後人潤飾之。」韓非內儲說下：『白圭相魏。』史鄒陽傳：『白圭戰亡六城，為魏取中山。』『顯於中山，中山人惡之魏文侯。』此周人白圭也，圭其名。呂覽聽言、先識、不屈、應言、舉難、知分等篇，稱白圭與惠施孟嘗君問答。韓子喻老『白圭之行堤』，塞其穴，無水難。魏策載白圭二事，在魏昭王時，蓋爾時猶存，此魏人白圭也，丹名，圭字，表列於孟子魏惠王之間，則為魏白圭無疑；閻氏四書釋地續曾辨之，惟趙岐誤注周人，國策鮑注指其誤，而高誘注呂覽亦曰周人，凡三見，並錯合為一人。法言曰：『子之治產，不如丹圭。』已先錯矣。」今按：白圭非有兩人也。高誘趙岐皆以為周人，何以知其非？鮑以其人在魏策中，而即以為魏人，亦未見可據。（此吳師道已辨之。）魏文滅中山，為將者乃樂羊吳起，無白圭。樂羊有謗書三篋，不聞惡白圭於魏文者。白圭至中山，據呂覽先識，乃當後中山亡於趙事。鄒陽獄中上書乃誤以樂羊為白圭，其說不足據。至韓非書：「白圭相魏，暴譴相韓，白圭謂暴譴曰：『子以韓輔我於魏，我以魏待子於韓。臣長用魏，子長用韓。』」此未可定為在魏文侯時。文侯一朝賢者，約略見世家「卜相」一節，（參讀考辨第四八。）未見有白圭為相；其與暴譴相結，亦戰國中晚風氣，當文侯世不宜有此。惟貨殖傳以與李克連稱，自是史公文法疏處，亦不足據謂白圭乃文侯時人也。（吳師道國策注云：「史白圭傳首云：『當魏文侯時，李克務盡地力，而白圭樂觀時變。』後復引圭之言曰：『吾治生產如孫吳用兵，商鞅行法。』則其人在鞅後。首句特與李克對論，非言其世也。」孫吳指孫臏，亦與白圭同時，參讀考辨第八二。）又考呂覽不屈篇：「惠施遊梁，見白圭，說之以彊。白圭無以應。惠子出，白圭告人曰：『新婦至，宜安矜，煙視媚行。今惠子遇我尚新，其說我有太甚者。』」據此似惠施初遊梁，白圭已先達。史記六國表：「梁惠王二十七年，『丹封名會』。丹，魏大臣也。」志疑：「『丹封名會』四字難曉，注家皆闕。疑『名會』乃『於澮』之譌。

澮為魏地，丹封於澮，猶齊封田嬰於薛耳。」余謂丹殆即白圭名，是年即與齊戰馬陵而敗。後惠施遊梁，漸見信重，故呂覽應言篇有白圭短惠子於梁王之事。至孟子之來，白圭雖不用事，猶以故相大臣見尊崇，觀其與孟子語「吾欲二十而稅一，何如」之問，知其在梁之地位矣。又曰：「丹之治水也愈於禹。」蓋亦自誇其往昔之政績也。其後曾遊中山，遊齊，而識其必亡。中山亡於趙惠文王三年，又後十二年，齊湣王敗死，白圭之遊，必在兩國敗亡之前，而不必親見其亡。吳師道謂：「武靈王二十五年中山已亡，不待惠文三年。」白圭遊中山，亦當在武靈二十五年前。遊齊則稍後。魏策，「白圭謂新城君曰」云云，新城君即秦芈戎。吳師道曰：「秦昭王初年，魏冉已用事，則芈戎之貴已久。又按燕策，白圭逃於秦，則嘗仕秦。新序孟嘗君問白圭，恐亦此時。」此先見呂氏春秋舉難。今按：秦紀，昭襄王七年拔新城。年表作襄城。芈戎初號華陽君，其為新城君，當在昭襄王七年後。田文入相秦，在昭王八年，其時為齊湣王二年。白圭仕秦，當在其時。惟白圭既遊齊，而謂孟嘗之問亦在秦，則無以見其必然耳。又魏策：「成陽君欲以韓魏聽秦，魏王勿利。白圭謂魏王不如使人說成陽君弗入秦。」史記秦本紀，昭襄王十七年，城陽君朝秦，其與魏策所載果為一時事否，今不可知。（周季編略徑以白圭之說定在城陽朝秦之年，亦疏。）其時在中山亡後六年，上溯梁惠王封丹已五十五年。若白圭以三十受封，即謂至是猶存，可也。統觀諸書所載，見白圭不為兩人。前人不詳考，而輕為之說，因謂前後有兩白圭耳。

又按年表，趙武靈王初胡服在十九年，攻中山在二十五年。世家十九、二十、二十一、二十三年皆略地中山，中山獻四邑以和。二十三年，（此據表。）二十五年，（此據世家。）復攻中山。二十六年攻中山，攘地北至燕代，西至雲中九原。（此據世家。）吳師道謂：「攘地時中山已定。」（見齊策。）而水經注引紀年：「魏今王十七年，邯鄲命吏大夫奴遷于九原，又命將軍、大夫、適子、戍吏（呂氏大事記引作「代吏」。）皆貂服。」呂東萊大事記謂：「此即胡服事，特年與史記不同。」今考是年乃武靈王二十四年，而翌年，武靈王二十五年，世家載使周袑胡服傅王子何。（趙策亦記其事。）趙人胡服，本非一時徧及全國也。又趙策：「王破原陽以為騎邑。」吳師道曰：「破者，破卒散兵以為騎。」呂氏大事記謂：「武靈王胡服騎射，蓋始教一邑，然後遍行之於竟內。」然原陽屬雲中，（高誘注。）乃武靈王二十五、六年，滅中山，攘地始得。非胡服騎射先於此邑，明矣。今據紀年趙策原陽條，及史世家周紹事，則趙之胡服騎射，其大行乃在武靈晚年。至史表「武靈十九年初胡服」，蓋指其最先言之，與紀年並不背。

八三 逢澤之會乃梁惠王非秦孝公在梁惠王二十七年非周顯王二十七年辨

秦策：「魏伐邯鄲，因退為逢澤之遇。乘夏車，稱夏王，朝天子。天下皆從。齊太公（當作威王。）聞之，舉兵伐魏。梁王身抱質執璧，請為陳侯臣。天下乃釋梁。郢威王聞之，帥天下百姓以與申縛遇於泗水之上，而大敗申縛。」齊策亦云：「昔者魏王拔邯鄲，西圍定陽，又從十二諸侯朝天子以西謀秦。衛鞅見魏王，勸以先行王服。魏王悅，故身廣公宮，制丹衣柱，建九斿，從七星之旟。此天子之位也，而魏王處之。於是齊人伐魏，殺其太子，覆其十萬之軍。魏王跣行按兵於國，而東次於齊。秦王垂拱而受西河之外。」秦策又云：「梁王伐楚勝

八三　逢澤之會乃梁惠王非秦孝公在梁惠王二十七年非周顯王二十七年辨

齊，制韓趙之兵，驅十二諸侯以朝天子於孟津。後子死，身布冠而拘於秦。」今按：三（當作齊。）說皆謂梁惠王稱王會諸侯而朝天子，而其語皆有誤。吳師道曰：「伐邯鄲乃魏惠十八年事。逢澤之遇，秦為之，非魏也。齊伐魏在會逢澤後，則指馬陵之役，而伐邯鄲後乃敗於桂陵。魏既克邯鄲，即為齊楚所襲，天下未嘗皆從。」是謂會諸侯於逢澤者，乃秦孝公，非梁惠王也。徐文靖竹書統箋則云：「秦孝公會諸侯於逢澤，即秦策魏拔邯鄲而退為逢澤之遇之地。」是謂秦魏先後均會諸侯於逢澤也。余嘗參稽以考，而知逢澤之遇，實在馬陵戰前，與伐趙邯鄲、戰桂陵無涉。又會逢澤者，乃梁惠成王，與秦孝公無涉。其事在梁惠王二十七年，今史表誤係之周顯王之二十七年，而又誤屬之秦孝公耳。何以言之？據齊策：「魏王從十二諸侯朝天子，以西謀秦，衛鞅勸以先行王服，而齊人伐魏，敗於馬陵。」齊伐魏在二十七年十二月，魏敗在二十八年，故知逢澤之遇，實為梁惠王之二十七年也。秦自孝公以前，中國諸侯夷翟遇之，擯不得與朝盟。孝公用商鞅，變法圖治，稍侵魏疆，猶不為中國諸侯所重，何來有會諸侯而朝天子之事？魏既敗於馬陵，其後二年，商鞅虜魏公子卬，以功得封邑。若其前已能會諸侯，朝天子，鞅之功烈大矣，不待至此始封。且馬陵一役以前，魏尚為中國霸主，秦人何得遠涉其地，而會諸侯？國策三言魏會諸侯而不及秦，知此會乃魏惠王，非秦孝公矣。余讀秦紀：「孝公二十年，秦使公子少官率師會諸侯逢澤，朝天子。」然後知秦特應魏之徵而赴會，故使一公子往。若秦自會諸侯朝天子，此何等事，孝公商君皆不蒞會，而使一公子主之耶？史公僅見秦紀，未能詳考，遂謂秦自會諸侯而朝天子焉。此何異夫徒讀魯頌，不證之於左傳，而謂魯僖公乃張撻伐於蠻荊哉？此事既誤，知天子致伯，諸侯畢賀之說皆虛，或亦自梁而誤也。後漢書西羌傳：「孝公雄強，威服羌戎，因使太子率戎狄九十二國朝周顯王。」此僅言秦率戎狄而赴，並不言其主盟而會諸侯。

又按：年表：「秦孝公二十年，諸侯畢賀，會諸侯于澤，朝天子。」集解徐廣曰：「紀年作逢澤。」此僅引紀年所會在逢澤，不言會諸侯者為孝公也。水經渠水注：「徐廣史記音義曰：『秦孝公會諸侯于逢澤陂。』陂，汲郡墓竹書紀年作逢澤，斯其處也。」此亦僅據徐廣引紀年作逢澤，亦不謂紀年有秦孝公會諸侯之事也。今本紀年乃誤於周顯王二十三年有秦孝公會諸侯于逢澤之文，而戴東原校水經，亦誤改為：「徐廣音義曰：『秦使公子少官率師會諸侯逢澤。』汲郡墓竹書紀年作秦孝公會諸侯于逢澤」云云，實與今年表之文遠為不符。而秦孝公會諸侯於逢澤一語，一若早見於紀年，而為可信之事者。朱謀瑋、趙一清本，皆無「秦孝公會諸侯于」七字。而戴校顧謂之脫，豈不大誤？按：此條楊守敬水經注疏要刪亦有辨，而未能得其要領。

漢書地理志注引紀年：「惠王發逢忌之藪以賜民。」左傳哀公十一年疏引，亦同。雷氏義證云：「逢忌之藪，一名逢澤，乃圃田之餘波，被於梁城東北者，非宋之逢澤矣。秦本紀集解引徐廣音義云：『開封東北有逢澤。』正義引括地志云：『逢澤亦名逢池，在汴州浚儀縣東南十四里。』愚按：漢志河南郡開封縣注云：『逢澤在東北。』傳瓚謂今浚儀有逢陂忌澤，即惠王所發以賜民者。考浚儀故城在今開封西北，逢池則在今開封府北，即阮籍所謂『徘徊逢池上，還顧望大梁』者是也。水經渠水注謂百尺陂即古之逢澤，故傅氏謂之逢陂。戰國時藪澤皆有厲禁，惠王徙都於此，故弛其禁以加惠於民。」此考逢澤地望極晰，亦可見會逢澤者決為梁，非秦也。惟雷氏雖知周顯王二十五年為梁惠王會諸侯朝天子之年，而又謂：「魏敗於秦，獻洛西之地，故顯王致伯於秦，諸侯畢賀，秦乃使少師會諸侯於魏郊，朝王於逢忌之藪。」分諸侯、朝王為兩事，一在顯王二十五年，主其事者為梁；一在顯王二十七年，主其事者為秦，則亦牽於舊說，仍襲史文之誤也。史屢書周賀秦，頗多誤。楚世家：「宣王六年，周天子賀秦獻公，秦始復彊，而魏惠王齊威王尤彊。威王六年，周顯王致文武胙於秦惠王。」按：楚威六年，適齊、梁徐州相王之歲，所謂「魏惠王齊威王尤彊」，移此始合。疑周在此年賀齊梁，史公誤為賀秦，又誤移於楚宣六年，而成兩事。六國表亦依此誤。

韓策：「魏王為九里之盟，且復天子。房喜謂韓王曰」云云，韓非子說林作「魏惠王為臼里之盟，彭喜謂鄭君曰。」黃丕烈云：「九、臼，彭、房皆聲之轉，鄭君、韓王同。此魏王依彼知為惠王。」金正煒國策補釋云：「周書作雒篇：『俘殷獻民，遷於九里。』注：『九里，成周之地，近王化也。』」今按：此亦魏惠會諸侯而尊周之一證。今周書九里作九畢，證以策文，知「畢」乃字誤。又按：程恩澤國策地名考云：「周本紀正義引括地志：『故王城一名河南城，本郟鄏，周公新築，在洛州河南縣北九里苑內東北隅。』」是九里乃苑名。

又按：趙世家：「肅侯四年，朝天子。七年，公子刻攻魏首垣。十一年，秦孝公使商君伐魏，虜其將公子卬。」竊疑「朝天子」者，即魏會諸侯逢澤，而趙亦應召赴會也，其事應在肅侯六年。明年，齊敗魏馬陵。又明年，齊秦趙三面攻魏。紀年：「惠成王二十九年十月，邯鄲伐我北鄙。」疑即趙世家公子刻攻魏首垣事，則應在肅侯八年。商君虜魏公子卬，據軼傳亦同在此年。至肅侯十一年，秦魏戰岸門，虜魏錯，非公子卬。

呂覽報更篇：「張儀西遊秦，東周昭文君資之至秦，惠王相之。張儀德昭文君，令秦惠王師之。逢澤之會，魏王嘗為御，韓王為右，名號至今不忘。」此說尤誤。逢澤之會，與秦惠何涉？呂氏賓客，尚在先秦，言戰國時事，其疏失轉有甚於史記者，則甚矣考古之難也！又謂魏王乃為東周昭文君御，則朝天子似不指獻王，亦不足信。惟謂張儀西遊，乃東周君資之，與蘇秦無涉，似較史記為勝。

又按：秦本紀：「孝公七年，與魏惠王會杜平。」年表亦云：「與魏王會杜平。」時為魏惠王十六年。韓世家：「懿侯五年，與魏惠王會宅陽。」據表，會宅陽在惠王五年。然史公於韓系實有誤，則宅陽之會的在何年尚待考。惟梁之稱王，遠在徐州相會之前，則此又一證也。

八四 齊魏戰馬陵在梁惠王二十八年非周顯王二十八年辨

史記孫吳列傳：「魏齊戰於桂陵，大破梁軍。後十五年，魏齊戰馬陵。」索隱：「王劭按紀年：『梁惠王十七年，齊田忌敗梁桂陵。』按：桂陵之戰，據史記趙魏田齊世家，均在惠王十八年。魏世家索隱引紀年亦在十八年。水經濟水注引紀年：「惠成王十七年，戰于桂陽，我師敗逋。」今本紀年亦分戰桂陽在十七年，桂陵在十八年；王劭此條謂十七年，則戰桂陽也。而水經注又云：「桂陽亦曰桂陵。」故王劭為所誤。參讀考辨第七八。至二十七年十二月，齊田朌敗梁馬陵。』計相去無十三歲也。」札記：「十三歲各本作十五年，今依索隱本。」考異云：「當作十三。」今按：索隱既作十三，則史記原文亦當作十三可知。史記云「其後十三年」，而索隱乃云「相去無十三年」，此謂針鋒相對；否則一云「後十五年」，而一云「相去無十三年」，為不倫矣。考史記年表梁惠王十八年敗桂陵，至三十年敗馬陵，自十八至三十，前後適得十三年。故知史記自作「後十三年」，非「十五年」矣。今王劭引紀年，自十七年至二十七年，則為前後相去十一年，故云「無十三歲」也。又田敬仲世家索隱引紀年：「齊威王十四年，田肦伐梁馬陵。」考紀年：「惠成王十三年，齊桓公卒，威王立。」威王之十四年，正當惠成王二十七年。而魏世家索隱引紀年：「惠王二十八年與齊田肦戰於馬陵。」則又何也？竊疑齊伐魏，在惠成王二十七年之冬，而魏敗則在二十八年。田敬仲世家索隱及王劭引紀年，自計齊人伐梁之年，魏世家索隱則舉魏敗之歲也。參讀考辨第一三四。今史記誤在惠王三十年者，蓋是年為周顯王之二十八年，史公誤以梁惠王為周顯王耳。雷氏考訂定其事在梁惠王二十八年十二月，齊威王十四年，謂：「王劭云二十七年，乃二十八年之訛。」由雷氏不得齊威王年，故說如此。

秦本紀：「孝公二十年，秦使公子少官率師會諸侯逢澤，朝天子。二十一年，齊敗魏馬陵。二十二年，衛鞅擊魏，虜公子卬。」余考會逢澤在梁惠王二十七年，見考辨第八三。明年，敗於馬陵，則為二十八年。又明年，衛鞅擊魏，則二十九年矣。商君列傳索隱引紀年：「梁惠王二十九年，秦衛鞅伐梁西鄙。」此其事在二十九年之證。今史表亦誤在周顯王二十九年，故為秦孝公二十二年，其實則孝公之二十年也。以秦本紀推之，亦可證馬陵之敗，實在惠成王二十八年矣。

又考田敬仲世家，馬陵之戰，其先魏伐韓，韓請救於齊。齊聽孫臏計，許其請而故緩其救。韓恃魏救，五戰不勝，東委國於齊，齊因起兵。水經渠水注引紀年：「梁惠成王二十八年，穰苴當作穰疪，見考辨第七七。帥師及鄭孔夜戰于梁、赫，鄭師敗逋。」即所謂五戰不勝者。雷氏義證：「梁即南梁，赫即霍。春秋哀公四年，左傳云：『為一昔之期，襲梁及霍。』即此梁、赫也。杜注：『梁，河南梁縣西南故城也。梁有霍陽山。』服虔注云：『梁霍，周南鄙也。』以戰國策文證之，即齊策所謂南梁之難矣。」高誘注曰：「南梁，韓邑。大梁在北，故曰南梁，在今汝州西南。」齊以去年冬即出師救韓，至是乃真與梁遇，戰於馬陵，則亦在惠王之二十八年也。否則魏軍敗於去年之冬，太子被虜，將軍見殺，今年無力復勝韓矣。今偽紀年兩事亦同歲，梁、赫之勝在前，而馬陵之敗在後，皆在周顯王二十六年，則正梁惠王之二十八年也。

魏世家索隱引紀年：「梁惠王二十九年五月，齊田朌伐我東鄙。九月，秦衛鞅伐我西鄙。十月，邯鄲伐我北鄙。王攻衛鞅，我師敗績。」衛鞅之事已列前論。齊趙事並見史表。周顯王二十九年，齊與趙會伐魏。魏世家：「惠王三十一年，秦趙齊共伐我。」其事皆在馬陵戰後一年。以史記、紀年互校，益證馬陵之敗在梁惠王二十八年矣。

雷氏義證云：「惠王之敗於齊秦，此盛衰一轉關也。顯王二十五年，魏最強。敗齊，勝燕，拔趙，致魯衛宋鄭之君而朝之。且率泗上十二諸侯，朝天子於孟津，以西謀秦。為臼里之盟，欲復興周室，豈不盛哉！及彭喜言於鄭君，以敗其盟，而惠王亦侈然自放，乘夏車而稱夏王，此所以動天下之兵，而子申子卬遂皆糜於鋒刃矣。自是而齊威奮於東夏，秦孝起於西陲，東帝西帝之勢，即成於此日矣。」今按：雷氏論梁勢盛衰轉變之迹極晰。惟分梁朝天子在孟津，秦朝天子在逢澤，謂梁孟津之會在前，秦逢澤之會在後，則實為秦策及史文所誤，已詳考辨第八三。

附 毛氏本索隱異文校

余既考齊、魏馬陵之戰在梁惠王二十八年，嗣檢毛氏汲古閣重刻北宋祕省史記索隱三十卷，田敬仲世家，謂：「紀年梁惠王十二年，當齊桓公十八年，後威王始見，則桓公十九年而卒」云云，與今本索隱惠王十三年當桓公之十八年者，相差一年。（清光緒十九年，粵刻廣雅叢書重刊毛本亦同。）若毛本為是，則梁惠王二十八年，正齊威王之十四年也。惟明正德間慎獨齋翻刻元中統二年段子成本，及淩稚隆史記評林本，並作十三年，則未必毛本定是。誠依毛本，惠王十二年當桓公十八年，於余考齊威王各節均亦可通，尚無窒礙。而其前索隱所引紀年，如「齊康公五年田侯午生。二十二年田侯剡立。後十年齊田午弒其君及孺子喜而為公」諸條，與桓公十八年乃惠王十二年之說殊不相符，無可溝通。恐毛氏此本實係誤字，未足據。要之一年之差，與余書前後比論大體不相妨。讀余書者，通前後而觀之可以知。又余著此書，初恨未見雷氏學淇竹書紀年考訂，嗣讀其介庵經說，亦定桓公十八年當梁惠王之十二年，似與毛氏文合；而檢其戰國年表，則仍繫桓公十八年於梁惠王十三年下，又引田世家索隱云：「梁惠王十三年，當齊桓公十八年。」則經說所引作十二年者，亦係字誤。然雷氏年表，於桓公十八年即書威王立，而下年仍為桓公十九年，再下始為威王元年，則寧有前王未卒，後王已立？亦寧有新王已立，而仍以前王紀年之理？蓋雷氏勉強排比，欲定威王二十四年，當梁惠王二十八年，遂有此誤。又仍定威王三十六年，及移前齊宣王年，皆未是。後乃得見雷氏考訂、義證兩書，於此亦無所辨明。於毛本十二年之說，終難符合。因姑誌其異文焉。

又按：洪頤煊校紀年，作梁惠王十三年，當齊桓公十八年。而趙紹祖校補紀年則為梁惠十二年，當齊桓十八年。惟趙氏謂：「桓公卒于顯王十一年，威王立于十二年。」而洪本則於顯王十一年書威王立。蓋是年始立，明年稱元，洪趙所定皆是。陳逢衡疑為晉桓公十八年，則大誤。

八五 田忌鄒忌孫臏考

附 司馬穰苴

史記田齊世家：「威王三十五年，田忌出奔楚。」梁玉繩志疑辨之云：「田忌出奔在宣王二年戰馬陵之後，不在威王三十五年。忌之戰功可見者，桂陵馬陵二役。若威王時已出奔，則安得馬陵之勝？」世家又云：「宣王召田忌復故位。」吳師道國策注云：「忌之出奔，在戰馬陵後、宣王世，史載其奔在前，故謂召復位。忌既襲齊，豈得再復？成侯又在，豈宜並列？而馬陵後忌無可書之事，知其必有誤。」志疑謂：「吳注有以矛刺盾之妙。」今據紀年，馬陵之戰本在威王十五年。見前考。則田忌奔楚，雖在馬陵戰後，無害為威王時。齊策：「成侯鄒忌為齊相，田忌為將，不相悅。公孫閈謂鄒忌說王，使田忌伐魏。田忌三戰三勝，公孫閈使人卜於市，曰：『我田忌之人也，三戰三勝，欲為大事，亦吉否？』因捕卜者，驗其辭於王。田忌遂走。」又云：「田忌勝梁，孫子勸之為大事，田忌不聽，果不入齊。」則田忌出奔，即在馬陵勝後，為威王之十五年。史公既誤前威王之年，疑其過早不合，乃移後二十年，為威王三十五年也。索隱云：「按：戰國策，田忌前敗魏於馬陵，因被購不得入齊，歷十年乃出奔。」按：史記繫田忌出奔於桂陵一役後，適及十年。索隱引馬陵以見異同，而未能考定其是非。其謂「歷十年乃出奔」，自據史記，未可信。其後宣王伐燕，據齊策亦田忌之謀。按：美國斐勒德斐亞大學博物館藏戰國銅器陳旻壺，文曰：「隹王五年，□□陳旻再立事歲。」陳夢家考釋：「陳旻即陳具，即田忌。」是田忌再召即在宣王五年伐燕之歲也。又詳考辨第一二〇。蓋田忌自以威王時出奔，至宣王時復召。吳梁二氏之疑，皆考之未詳也。

又世家：「宣王召田忌復故位。韓氏請救於齊，宣王召大臣而謀。鄒忌曰：『不如勿救。』田忌曰：『不如早救。』」索隱：「紀年，威王十四年，田肦伐梁，戰馬陵。戰國策云，南梁之難，有張田對云札記單本：「『田』各本作『丏』，與今本國策合。」『早救之』。此云鄒忌者，王劭云：『此時鄒忌已死四年。又齊威此時未稱王，故戰國策謂之田侯。今此以田侯為宣王，又橫稱鄒忌者，蓋此說皆誤爾。』」今按：索隱此條，語有含混，當分別以觀者。其謂「戰馬陵在威王十四年」，又「齊威此時未稱王，故戰國策謂之田侯」，是也。然鄒忌之死，決不在馬陵戰前，而引王劭云「此時鄒忌已死四年」者，一則索隱此語，自據史記此事在宣王二年計之，則鄒忌之死，在宣王立前二年，即威王之卒前一年也；一說則王劭此語，實本宣王五年韓氏請救，田忌曰不如伐燕一事而論。史記既誤以馬陵之戰謂在宣王時，而索隱於紀年、史記得失，未能明定，遂率引王劭此語而未加剖辨。則鄒忌之死，應在宣王五年前之四年，即宣王即位之元年也。王劭亦及見紀年原本，其語當有來歷。今國策有「鄒忌事宣王，仕人眾，宣王不悅」之說，蓋宣王初立，而鄒忌以先朝老臣，擅權用事，則鄒忌卒年，自當在宣王元年，而田忌復召，自在其後。知世家繫諸宣王二年，固自不誤。吳師道所謂「成侯復在豈宜並列」之疑，亦可以釋然矣。至襲臨淄事，孟嘗君列傳謂「襲齊邊邑」，策言：「孫臏勸忌無解兵入齊而忌不聽。」則或無其事，尤不足深辨。

又年表：鄒忌以鼓琴見威王在二十一年，封成侯在二十二年。今以紀年推之，二十一年正威王初立之歲，二十二年則威王之元年也。威王四年，魏伐趙邯鄲，趙求救於齊，威王召大臣而謀，鄒忌主勿救，段干朋主救之。則忌為威王朝大臣，蓋自威王初政已然。年表忌以鼓琴見威王，適威王新立，其年實不誤，特誤為威王之二十一年耳。齊策有鄒忌「朝窺鏡諷諫齊王」事，蓋亦威王初政，與淳于髡「大鳥之隱」，同為齊威初年奮發之一種傳說，參讀考辨第七四。若定是年忌年近三十，則忌生當在田剡初立之際，至宣王元年卒，壽將及七十也。

史記孫吳列傳：「孫臏以智敗龐涓於馬陵，以此名顯天下。世傳其兵法。」又云：「孫子臏腳，兵法修列。」今按：漢書藝文志兵家吳孫子兵法八十二篇，齊孫子兵法八十九篇。吳孫子、齊孫子分別甚明。余既辨吳孫子無其人，（考辨第七）又疑凡吳孫子之傳說，皆自齊孫子而來。史記本傳吳孫子本齊人，而齊孫子為其後世子孫。又「孫臏」之稱，以其臏腳而無名，則武殆即臏名耳。（日人齋藤謙亦有此疑，見史記會注考證。）孫臏從田忌勝魏馬陵，遂勸忌無解兵入齊，忌不聽。後忌終奔楚。孫子既斷其兩足，為廢人，常客田忌所，疑當與忌同奔。後杜赫為鄒忌說楚王封田忌於江南，（見齊策。）則孫子亦隨至江南矣。及田忌復返齊，孫子同返與否不可知。據越絕書：「吳縣巫門外大冢，孫武冢也，去縣十里。」則武殆先忌之返而卒於吳者歟？其著兵法，或即在晚年居吳時。（戰國策孫臏曰：「兵法：百里而趨利者蹶上將，五十里者軍半至。」今見孫子軍事篇。又「攻其懈怠，出其不意」，今見計篇，曰：「攻其無備，出其不意。」是今孫子兵法即臏之證也。故書中論用兵地形皆切適於中原，未見其為其吳越水國之事也。）吳人炫其事，遂謂曾見闔廬而勝楚焉。後人說兵法者，遞相坿益，均托之孫子。或曰吳，或曰齊，世遂莫能辨，而史公亦誤分以為二人也。呂覽不二篇高注：「孫臏，楚人，為齊臣。」梁伯子云：「史、漢皆以孫臏為齊人，此獨以為楚人，當別有據。」今按：潛夫論賢難篇：「孫臏修能於楚，龐涓自魏變色，誘以刖之。」亦謂孫臏楚人。孫臏固曾從田忌奔楚，至於本為楚人齊人，則無可詳論矣。又考通典一四九兵二引孫臏曰：「用騎有十利，夫騎者能離能合，能散能集，百里為期，千里而赴，出入無間，故名離合之兵也。」顧亭林日知錄，以趙公子成之徒，諫胡服不諫騎射，謂騎射之法必先武靈而有。然疑當孫臏世，尚不能有騎戰。觀史記敘臏之戰績，亦不見有用騎之徵，則漢志齊孫子八十九篇，多出後人依託，亦一證矣。

史記言齊人著兵法，尚有田穰苴。穰苴之事，昔人已辨之。蘇子由古史曰：「太史公為司馬穰苴傳，世皆信之。余以春秋左氏考之，未有燕晉伐齊者也。而戰國策稱司馬穰苴執政者也，湣王殺之。意者穰苴嘗為湣王卻燕晉，而戰國雜說遂以為景公時耶？」葉水心習學記言曰：「左氏前後載齊事甚詳，使有穰苴，不應遺落。況伐阿鄄，侵河上，皆景公時所無。大司馬亦非齊官。蓋作書之人夸大其詞，而遷信之爾。」余讀其文，疑亦田忌之誤傳也，故曰：「穰苴者，田完之苗裔。」田忌為田氏，一似也。穰苴傳云：「晉伐阿甄，燕侵河上。」而田忌勝馬陵，正義引虞喜志林曰：「馬陵在濮州甄城縣東北六十里，有陵，澗谷深峻，可以置伏。」鄄甄為一地，二似也。其勝敵而歸也，「未至國，釋兵旅，解約束，誓盟而後入邑」。史稱田忌勝馬陵，孫臏勸之無解兵入齊，忌不聽，三似也。「已而大夫鮑氏、高國之屬害之，譖之於景公，景公退穰苴」，與田忌之見搆於成侯，四似也。「齊威王用兵行法，大放穰苴之法，而諸侯朝齊」，此與田忌勝馬陵，而三晉之王皆因田嬰朝齊王於博望，見田敬仲世家。五似也。「齊威王使大夫追論古者司馬兵法，而附穰苴於其中，因號曰司馬穰苴兵法」，與田忌之時正合。若穰苴為景公時人，則與司馬兵法同為追論，而威王又何為捨其本朝之近臣，而遠論景公時之一將？此六似也。穰苴殺齊王之寵臣，與孫武殺吳王之寵姬，事極相類。孫武既為孫臏之誤傳，則穰苴為田忌之誤傳，理亦有之。七似也。故知史公之言穰苴，皆自田忌而誤也。然何以誤及於春秋時之景公？曰：馬陵之戰，田忌與田嬰同將。見田齊世家，及孟嘗君列傳。田嬰者，孟嘗君田文之父靖郭君也。或者司馬兵法言及嬰子，而史公不深曉，遂誤以為晏嬰，故設為晏嬰薦之齊景公歟！晏子春秋內篇第五，及說苑正諫篇，亦有穰苴諫景公事，然二書益多謬誤，不足據。然則史公又何以誤及於湣王時之穰苴？曰：其書或本出於司馬穰苴之徒，故曰司馬穰苴兵法。史公以湣王敗亡之君，不知穰苴之為湣王將，因上移其人於景公時，而又誤涉田忌之事以為說也。其書又稱司馬兵法者，惠士奇禮說云：「司馬穰苴兵法，因號司馬法。戰國策，齊閔王時，司馬穰苴為政，閔王殺之，大臣不親，則穰苴乃閔王之將。以故齊南破楚，西屈秦，用韓魏燕趙之眾猶鞭策者，蓋穰苴之力居多。

及穰苴死，而閔王亡矣。」此以司馬法為穰苴書也。余考趙策有云：「將非田單司馬之慮也。」司馬正指穰苴。其為知兵，信矣。然則穰苴實有其人，其人實有兵法之書，史公特誤其時，又誤其事耳。

八六　梁惠王二十八年乃齊威王稱王之年非齊威王卒年辨

魏世家：「梁惠王二十八年，齊威王卒。」今按：是年齊敗梁馬陵，非威王卒年，疑乃威王始稱王之年也。田齊世家云：「齊擊魏，大敗之桂陵，於是齊最強於諸侯，自稱為王，以令天下。」此史公誤以桂陵為馬陵，故云然。又云：「齊擊魏，大敗之馬陵。其後三晉之王，皆因田嬰朝齊王於博望。」是則齊威勝馬陵而稱王之證矣。威王既以馬陵勝後稱王，而史公見其前稱侯，後稱王，疑為兩人，故於是年謂威王卒，宣王立。此如梁惠稱王改元，亦誤為襄王之元年也。蓋梁惠會諸侯於逢澤，朝天子，先自稱王，乃齊魏有馬陵之戰。齊勝於馬陵，魏則自貶，而齊則繼魏而稱王。魏用惠施謀，與齊會徐州而相王焉，乃楚齊有徐州之戰。此齊魏稱王之史實也。齊魏會徐州前，均已稱王。徐州之會，特國際之相承許。其先大夫稱侯，尚乞周室賜命。今稱王，則與周為敵體，更不須周命矣。而列強相互間有認有不認，會盟征伐由此起。其後齊秦稱帝形勢亦然。

八七　屈原生卒考

離騷：「攝提貞於孟陬兮，惟庚寅吾以降。」此屈子自道其生辰也。王逸楚辭章句：「太歲在寅曰攝提格。孟，始也。正月為陬。庚寅，日也。言己以太歲在寅，正月始春，庚寅之日，下母之體而生。」後朱子楚辭辨證疑其說，謂：「月日雖寅，而歲則未必寅。其曰攝提貞於孟陬，乃謂斗柄正指寅位之月耳，非太歲在寅之名也。」顧炎武日知錄卷二十重申王說，曰：「古人必以日月繫年。攝提，歲也。孟陬，月也。庚寅，日也。豈有自述世系生辰，乃不言年而止言月日者？」陳瑒屈子生卒年月考，云：「以甄鸞五經算術所載，周曆法，自楚懷王以前上推威王九年庚寅，及宣王十五年丙寅。此二年中建寅之月，皆無庚寅之日。惟宣王二十七年戊寅，建寅之月己巳朔，庚寅為月之二十二日，屈子殆以是年生。」劉師培古曆管窺云：「以夏曆推之，楚宣王二十七年戊寅，距入乙卯蔀四十九年，積月六百零六，閏餘一，積日一萬七千八百九十五，小餘六百五十四，大餘十五，得庚午為正月朔，庚寅為巳月二十一日，屈子之生當在是年。」相繼推定屈子生年在楚宣王二十七年。按之史記，於屈原事迹，大概符合。據世家：懷王十六年，張儀至楚。十七年，秦敗屈丐。其時屈原已先絀，屈復楚辭新注謂：「史記被疏，止是不與議國事，未嘗奪其左徒之位。奪其位當在此年。」林雲銘楚辭燈謂：「在前張儀至楚之年。」計其年壽為三十二歲，則為左徒用事時，年三十左右也。屈復定屈子為左徒在懷王十一年時，因是年楚為從約長，惜往日篇所謂「奉先功以照下，國富強而法立」是也。今按：屈說亦無據。惟屈原為左徒用事，則大致在此，或稍後也。十八年張儀重至楚，屈原使從齊來，諫何不殺張儀，是歲屈原年三十三。其後十二年，懷王入秦不返。頃襄王元年，屈原若在，年當四十六。以子蘭之讒而遷，遂沉汨羅以死。其年無考，要當在五十左右。洪興祖說悲回風「施黃棘之枉策」云：「懷王二十五年入秦，與昭王盟于黃棘，後為秦欺，客死於秦。頃襄七年迎婦於秦，是欲復施黃棘之枉策。」今按：黃棘屬懷王時事，不得牽并襄王為說。朱子楚辭辯證並不認黃棘為地名，則屈原之卒，是否在頃襄七年後，實無證。東方朔七諫怨世篇：「年既已過太半兮。」是或屈子年逾五十之證。此屈子年世之略可考者也。

王船山楚辭通釋以哀郢為頃襄遷陳，屈原不欲，讒人以沮國大計為原罪，遂重見竄逐而作。考遷陳在頃襄二十一年，屈原若在，年應六十六歲，疑不若是之壽。蔣驥山帶閣注楚辭，謂：「襄王徙陳，其時長沙曾為秦取，原尚得晏然安身其地乎？」又引韓非曰：「秦與荊戰，大破荊，襲郢，取洞庭、五渚、江南，則是時屈子自沉之長沙亦入秦矣。」實則洞庭、五渚、江南，並非指今長沙一帶而言。（參讀考辨第一二七。）惟謂屈原卒在襄王遷陳前，則是。又鄒叔績遺書有屈子生卒年月日考，亦定屈子生年在周顯王二十六年，即楚宣王二十七年，並據殷曆推定為正月二十一日，已先劉說。而謂卒在秦昭王三十年，屈子年六十七，自云論證詳讀書偶識。今偶識已佚，不可見，或與王說同據哀郢也。鄒氏應湘潭王氏聘，校船山遺書，均錄其序跋，附以案語，仿朱竹垞經義考，直齋書錄題解之例，勒為目錄三卷，則於船山論屈子事，必見無疑。今讀屈子諸篇，其忠君愛國之情，鬱勃既盛，感傷彌切。苟頃襄初政，原又被讒南遷，當時即無久理，不得又抑塞流徙，至於二十二年之久，乃始沉湘而去。哀郢年代參讀考辨第一三〇，鄒叔績又論離騷年代，參讀考辨第一二一。

抑前人論屈子卒年，猶有異說。則謂屈子之卒，尚在懷王入秦前，並不及襄王時。此王白田草堂存稿主之，其說曰：「離騷之作，未嘗及放逐之云。與九歌、九章等篇，自非一時之語。而卜居言既放三年，哀郢言九年不復，一返無時，則初無召用再放事。原之被放在十六年，以九年計之，其自沉當在二十四、五年間。而諫懷王入秦者，據楚世家，乃昭睢，非原也。夫原諫王不聽，而卒被留以至客死，此忠臣之至痛，而原諸篇無一語及之。至悲回風、惜往日，臨絕之言，憤懣伉激，略無所諱。而亦祇反復於隱蔽障壅之害，孤臣放子之冤。其於國家，則但言其委銜勒，棄舟楫，將卒於亂亡，而不云禍殃之已至是也。是誘會被留，乃原所不及見。而頃襄之立，則原之自沉久矣。」又曰：「史所載，得於傳聞，而楚辭，原所自作，固不得據彼以疑此。原所著惟九章敘事最為明晰。其所述先見信，後被讒，與史所記懷王時相合。至於仲春南遷，甲之朝以行，發郢都，過夏首，上洞庭，下江湘，時日道里之細，無不詳載，而於懷王入秦諸大事，乃不一及，原必不若是之顛倒也。懷王客死，君父之讎，襄王不能以復，宗社危亡將朝夕，此宜呼天號泣，以發其冤憤不平之氣，而乃徒歎息於讒諛嫉妒之害，而終之曰：『不畢辭而赴淵兮，恐壅君之不識。』則原之反復流連，纏綿晉亂，僅為一身之故。而忠君愛國之意，亦少衰矣。」草堂存稿卷三，書楚辭後。今按：王氏此論，多據哀郢，哀郢非屈原作。悲回風、惜往日，皆非屈子自道之辭。王氏所據，皆未愜當。然楚辭二十五篇，絕不及懷王入秦事，則誠如王氏之論。史公原傳「頃襄王怒遷屈原」一節，文氣斷續，本頗可疑。則屈原之卒，固在頃襄之世與否，誠未可專據史文為斷。余考屈原放居，地在漢北。楚辭所歌，洞庭沅澧諸水，皆在江北。（詳考辨第一二七。）則原遷江南，事無顯證。屈原之卒，或早在懷王入秦前，固有可信之理。惟屈子被讒，困居漢北，既已多歷年所，而一旦沉淵以去，則慮必有甚深刺激，益其悲憤。或者正由懷王之入秦，或者則由頃襄之賜謫，憂傷憤懣之既甚，而不暇見之辭，則今楚辭之無其文，仍不害當時之有其事也。然則屈原之卒，正當在懷王入秦不反之數年間乎？

又按：又有疑屈原之卒，未必自沉者。袁枚隨園隨筆引黃石牧云：「屈子曰：『吾將從彭咸之所居。』又曰：『願依彭咸之遺則。』又曰：『寧赴湘流，葬江魚之腹中。』」皆寃忿寓言，非實事也。太史公因賈生一弔，遂信為真，不知宋玉招魂之作，上天下地，東西南北，無所不招，而獨不及水。何也？惟亂曰：「湛湛江水上有楓，魂兮歸來哀江南。」則其善終於汨羅可知。若楚辭注、招魂作於屈子生時，則豫凶非禮，宋玉不應詛其師矣。今按：魯仲連義不帝秦，亦謂惟有蹈東海。屈子云云，發於憤激，其果自沉與否，誠亦無可確證也。

余疑屈原之卒，當在懷襄之交，決不及襄王遷陳時，既具如上論。然哀郢則自是遷陳後作，故曰：「哀故都之日遠。」又曰：「民離散而相失，遵江夏以流亡。」又曰：「曾不知夏之為丘兮，孰兩東門之可蕪。」此明為國破民流之辭，非孤臣之被讒見逐矣。然則哀郢非屈原作，而作哀郢者別自有人也。其人為誰，則絕無可說。惟篇中有云：「當陵陽之焉至兮，淼南渡之焉如。」楚策：「莊辛諫襄王，不聽，去之趙。留五月，疑當作「五年」，參讀考辨第一四五。秦舉鄢郢，襄王復徵莊辛，授之為陽陵君。」顧觀光七國地理考疑陽陵即陵陽。今按：魏書穆崇傳：「崇為陽陵侯。」北史崇傳作「陵陽」，則顧說容可信。或哀郢陵陽本作陽陵，涉上文「陵陽侯之氾濫」句而誤。按：漢志，陵陽屬丹陽，「桑欽言淮水出東南，北入大江」，則陵陽在江南也。楚策：「授之為陽陵君，與淮北之地。」則陽陵應在淮北，與漢志陵陽自別。哀郢其殆莊辛之辭乎？辛，楚人，擅辭賦。值襄王時，目擊郢都之危，諫君不悟。流掩城陽，乃始見召。危言聳聽，因得封賞。而讒謗間之，賦此自悼。較之謂屈大夫之辭，固稍近情焉。余考莊周書說劍篇，亦莊辛作，參讀考辨第一四五。否則乃宋玉景差之徒為之也。

八八　莊周生卒考

史記老莊列傳：「楚威王聘莊子為相，莊子卻之。」莊子秋水篇亦云：「莊子釣於濮水，楚王使二大夫往。」釋文司馬曰：「威王也。」事雖不必信，黃氏日鈔云：「楚聘莊周為相，史無其事。凡方外橫議之士，多自誇時君聘我為相而逃之，其為寓言未可知。又時君尚攻戰權術，未必有禮聘之事，雖孟子於梁齊，亦聞其好士而往說之，非聘也。縱其聘之，何至預名為相而聘之？」余考御覽四七四引韓詩外傳：「楚襄王遣使聘莊子為相。莊子曰：獨不見太廟之牲乎？」云云，莊周晚歲可與楚襄相值，然此莊子或指莊辛。周辛二人事相混，可參讀考辨第一四五、一三一。然可以證莊子與楚威王同時。焦竑老子翼附錄：「周顯王三十年，楚聘莊周為相。」即楚威王元年，然此特以意定之耳。又徐无鬼篇：「莊子送葬，過惠子之墓。」惠施卒在魏襄王九年前，參讀考辨第一二五。若威王末年莊子年三十，則至是年四十九。若威王元年莊子年三十，則至是年六十。以此上推，莊子生年當在周顯王元年、十年間，若以得壽八十計，則其卒在周赧王二十六年至三十六年間也。又考徐无鬼，莊子送葬，述及宋元君。宋元君乃偃王太子，其為君當國，當在魏襄王二十年時。參讀考辨第一三〇。惠施已死十年外矣。莊子是時年在六十、七十間，其卒年尚當在此後十年、二十年間也。史記又云：「周與梁惠王、齊宣王同時。」以余推定，周蓋歷齊威、宣，梁惠、襄，晚年及齊湣、魏昭耳。陸德明釋文序引李頤云：「莊子與愍王同時。」蓋指其晚年言。朱子語錄：「問孟子與莊子同時否？曰：『莊子後得幾年，然亦不爭多。』」並為得之。古今樂錄：「莊周，齊人，湣王聘以相位，莊周謝。」亦言湣王時。而謂齊人，則異說也。

史又云：「莊子，蒙人，嘗為蒙漆園吏。」索隱引劉向別錄云：「宋之蒙人也。」按：

漢志「蒙屬梁國」，在今歸德城北四十里。劉向謂「宋之蒙人」，特據初屬宋而言。至戰國蒙地是否屬宋，固已可疑。（參讀考辨第九九。）逍遙遊：「惠子謂莊子曰：『魏王貽我大瓠之種。』」是莊惠交遊在惠施仕魏之際也。又秋水篇：「惠子相梁，莊子往見之，惠子大搜國中三日。」姚姬傳謂：「記此語者，莊徒之陋。」然其事信否可勿論，要之記此者，亦謂莊惠之交在惠施相魏時也。然則史稱蒙人，未必即宋人矣。淮南齊俗訓：「惠子從車百乘，以過孟諸，莊子見之，棄其餘魚。」此亦猶腐鼠之說也。孟諸澤在商丘東北，此亦謂莊惠交遊，在惠施在梁得意用事時。惟莊子列禦寇兩節，言莊子居宋。蓋莊子居邑，本在梁宋間，其遊蹤所及，應亦以兩國為多耳。（志疑按：「釋文作梁漆園吏，蓋以蒙屬梁國。而潛丘箚記則謂漆園有云在曹縣，在曹州者，二曹皆春秋之曹國。宋景公滅曹於魯哀公八年，地故為宋有。莊周亦宋之官，竊以史記蒙漆園吏，蒙當作宋。注以漆園本屬蒙邑，不知一在歸德，一在兗州，相距頗遠。」今按：日人中井積德謂：「蒙有漆園，周為之吏，督漆事也。」疑漆園本非地名，後人附會，亦如濠梁之類耳。）余考惠施以馬陵戰後至魏，及其見逐，先後幾及二十年。其晚年又至魏。莊惠年事相當，交遊頗密，往復辨難，屢見於莊書。雖兩人議論有異同，要其思想上之相涉者，實不少也。

又按：水經汳水注，汳水「東逕蒙縣故城北」，即莊周之本邑也。「郭景純所謂漆園有傲吏者也，悼惠施之沒，杜門於此邑矣」。是莊子乃終老於蒙者。

八九　子華子考

呂氏春秋貴生篇：「韓魏相與爭侵地，子華子見昭釐侯，曰：『兩臂重於天下，身又重於兩臂。韓之輕於天下遠，今所爭輕於韓又遠。奈何愁身傷生以憂之？』」梁玉繩云：「昭釐侯史作昭侯，乃懿侯子。此事又見莊子讓王，釋文司馬云：『子華子，魏人也。』」今按：韓魏爭侵地，的在何年，已無可考。莊子則陽篇又稱：「魏罃與田侯牟約，田侯背之，犀首請伐齊，華子聞而醜之，惠施乃見戴晉人。」「牟」乃「午」字之誤。其時在惠王早年，犀首惠施均未仕魏，莊子蓋寓言無實。參讀考辨第七〇。大約子華子與韓昭侯魏惠王同時，乃可信也。呂氏貴生篇又引子華子曰：「全生為上，虧生次之，死次之，迫生為下。」其言論實承楊朱一派，為後來道家宗。故高誘注呂覽，以為古體道人也。誣徒、知度、審為皆引子華子言，或是秦前原有其書。漢志無著錄，則劉向時書已亡。今本係宋人偽作，謂子華子即程本，亦非是。韓詩外傳九：「戴晉生敝衣冠見梁王，辭而去」云云。晉生即晉人。相其議論為人，亦華子一路。此等皆在楊朱後、莊周前，俱道家思想展衍中人物也。

又呂氏去宥篇：「荊威王學書於沈尹華，昭釐惡之。」沈尹華疑即子華子。如匡章稱章子，田肦稱肦子，田文稱文子也。沈尹為楚姓。左傳宣公十二年「沈尹將中軍」，墨子所染篇「楚莊染於孫叔沈尹」，沈尹華當其後人。又楚策有莫敖子華，疑亦一人也。

又按：楚威王元，已值韓昭侯二十四年。其後六年，昭侯卒。又五年，威王卒。今姑定威王元，華子年四十，則其生在楚肅王之初年。相其年代，當較楊朱季梁稍後，較惠施莊周稍前，而皆為並世。

九〇 尸佼考 附 公羊女子及北宮子沈子

漢志「雜家」尸子二十篇，班注：「名佼，魯人，秦相商君師之。鞅死，佼逃入蜀。」

史記孟荀列傳：「楚有尸子長盧。」集解云：「劉向別錄：『楚有尸子，疑謂其在蜀。今按尸子書，晉人也，名佼，秦相衛鞅客也。鞅謀事畫計，立法理民，未嘗不與佼規也。商君被刑，佼恐并誅，乃亡逃入蜀。自為造此二十篇書，凡六萬餘言。卒，因葬蜀。』」宋翔鳳以為「晉乃魯之誤」。今按：劉向云：「疑謂其在蜀。」知非魯人故稱楚矣，則尸子實晉人。其時晉已不國，而魏沿晉稱，尸佼殆為魏人耶？穀梁兩引其語，（隱五年，桓九年。）則亦治春秋，正名以治，為法家師，如吳起之流矣。（阮元穀梁傳注疏校勘記序，謂：「佼為秦相商鞅客，鞅被刑後，遂逃亡入蜀。而預為徵引，必無其事。或傳中所言，非尸佼也。」阮氏疑穀梁成書定在尸佼亡逃入蜀之前，故有「預為徵引」之辨。今知尸佼既為先秦學人稱說，而穀梁成書未必甚早，則阮疑殊亦無據。）然近人輯尸子書，絕不見其為晉人與鞅謀事及亡逃入蜀之事。又後漢書注「佼作書二十篇，內十九篇陳道德仁義之紀，內一篇言九州險阻水泉所起」，與劉向所謂「尸子非先王之法，不循孔氏之術」，（見荀子敘錄。）而為商君師者不類，蓋亦各言其一端。如漢志儒家有李克，法家有李子，而劉氏亦以李悝與尸佼並列，皆稱為「非先王之法，不循孔子之術」也。爾雅疏引尸子廣澤云：「皇子貴衷，田子貴均，其學之相非，數世而不已。」田子貴均乃田駢，為齊稷下先生，在尸子後。山海經注、史記集解諸書引尸子，稱述徐偃王，亦後尸子。則所謂尸子二十篇者，在當時固已非出尸子自為，今則亡逸已多，並不足以見尸子為學之大綱也。今姑據同時學風以為推測，則尸子之學，固當與李悝吳起商鞅為一脈耳。

又按：公羊傳引子女子；（閔公一。）春秋時晉有女叔寬、女叔齊；魏武侯臣有女商，見莊子徐无鬼，自稱：「所以說君者，橫說之則以詩、書、禮、樂，縱說之則以金版、六弢，奉事而大有功者，不可為數。」豈女商亦儒者耶？公羊所引或即其人。（釋文李云「无鬼女商並魏幸臣」，不可信。）左氏既與吳起有關，公穀皆引尸子，又公羊女子，其姓氏亦惟見於魏，則三傳之學，固頗有出於晉者。（又莊子有南伯子葵問女偊，子葵即子綦也。）

公羊又稱子北宮子；（哀公四。）左傳昭二十年，衛有北宮喜；莊子山木有北宮奢，亦衛靈公臣；孟子稱北宮錡問班爵祿，趙岐云：「衛人。」則北宮氏在衛，亦與吳起商鞅同邦土，宜聞三傳之緒。公羊之北宮子，其殆問班爵祿之錡其人耶？（沈欽韓漢書疏證亦云然。）此皆未可確指，姑因尸佼而及之，見三傳之學之固多流行於晉人焉。

公羊又引樂正子春，（昭十九。）則魯人。又子沈子，（公羊隱十一，莊十，宣一。又穀梁定一。）孟子書有沈猶行，與樂正子春同為曾子弟子，殆亦魯人。又屢引魯子，（莊三，又二十三，僖五，又二十四，又二十八。）郝敬謂是曾子字誤。今考說春秋如樂正子沈子公明子，（見考辨第三〇。）既多曾子弟子，又吳起初亦出曾氏之門。春秋繁露俞序篇言春秋義，有曾子，則郝氏說殆是也。然則春秋之義，淵源固自孔門，惟晚起傳統之說，或不可盡信耳。

又公羊昭三十一年有公扈子，其人又見說苑建本篇：「公扈子曰：『有國者不可以不學春秋。』」殆亦春秋師。沈欽韓云：「疑即孟子之公都子。」列子湯問篇有魯公扈，則公扈氏亦魯人也。（春秋繁露俞序篇有公肩子，「肩」疑「扈」字譌。）

又公羊文四年引高子；孟子書有高子論小弁之詩；韓詩外傳二「高子問於孟子，衛女何以編於詩」云云；經典序錄：「子夏授高行子。」周頌絲衣序：「繹賓尸也。高子曰：『靈星之尸也。』」陳奐疑高子即高行子，與孟子論詩者。則高子治詩與孟子同時，雖孟子稱之曰叟，然不得謂係子夏所授。凡漢以來言古經傳統，未必無其人，而世次淵源往往不可據。若公羊高子即治詩之高子，則亦與公都子略同時，俱與孟子相先後也。梁玉繩人表考謂孟子書中高子係二人，一孟子弟子，一年長於孟子，然要之年世相接也。

九一　宋君偃元年乃周顯王三十一年非四十一年乃幼年嗣位非弒兄自立辨

余考宋桓侯元在周安王二十二年，立四十一年而見廢於剔成，為周顯王之二十九年。剔成即以廢君自立之年稱元，三年而剔成卒，為周顯王三十一年。詳考辨第六九。是年宋君偃嗣立。世家云：「君偃十一年自立為王。」則為周顯王四十一年。年表於是年載宋君偃元年。蓋宋偃亦如梁惠成秦惠文之例，於稱王之翌年更元，而史遂誤以稱王之元為始立之元也。又年表王偃滅在周赧王二十九年，前後在位當得五十三年，今年表作四十三年者誤。世家云四十七年，亦誤。王偃在位既久，又死於逃亡，非其天年，計初立不能甚長。宋策：「或謂大尹曰：『君日長矣，自知政，則公無事。不如令楚賀君之孝，則君不奪太后之事矣。則公常用宋矣。』韓非說林下亦云：「白圭謂大尹曰：『君少主也，而務名。令荊賀君之孝，則君不奪公位，而敬重公，公常用宋矣。』」白圭時宋君乃偃，初立年少，故太后大尹主政用事。而偃已務名，長而好行仁政，有以也。大尹者，高注：「大尹，宋卿也，太后，尹母也，與后共為政。」則大尹殆宋君之庶兄？孟子至宋，謂戴不勝曰：「子欲子之王之善歟？我明告子。子以薛居州，善士也，使之居於王所。一薛居州，其如宋王何？」時王年尚幼，故不勝為之進賢傅，孟子亦以幼子學語為譬。又孟子在宋，與其臣如戴不勝戴盈之皆有問答交際，論語邢疏：「戴盈之即不勝。」閻氏說同。黃鶴四書商云：「按：左傳記人，一篇中前既稱名，後又稱字者，以人數甚多，必曰名某字某，不勝煩瑣，創為是例，欲互相見也。孟子書王驩一人，『使滕』章由王使則名之；『樂正子』章本同等則字之；『公行子』章人之有右師而不知是王驩，則書其爵。若不勝盈之果一人，一章名，一章字，是何義例？存疑可也。」又漢書人表有「鄭戴勝之」，梁考云：「鄭乃宋之誤。不勝字盈之，故此稱為勝之。惟列魯哀公時，太先。」今按：不勝字盈之，亦不當稱勝之，仍當闕疑。獨不見與宋王語。萬章之問亦曰：「宋小國也，今將行王政。」不明指宋偃為說。知其時偃尚幼，殆未親政。然其時王偃在位已十年，或始立僅逾十齡，或尚不足，則至此纔弱冠，猶少主也。逮及國亡身死，亦不過六十之老耳。呂氏壅塞篇記宋亡事曰：「此戴氏之所以絕也。」則宋偃亦戴公後，與不勝同氏。不勝豈即宋策之大尹乎？荀子解蔽篇：「唐鞅蔽於欲權而逐載子。」楊倞注：「載讀為『戴』，戴不勝使薛居州傅王者。」不勝蓋賢臣，助偃行王政，偃終信讒而逐之，則其晚節非無可議矣。世家：「剔成四十一年，弟偃攻襲剔成而自立。」偃之立時尚少，故乃太后大尹主政，豈為弒兄自立之主哉？蓋前史及王偃事多誣。子夏曰：「桀紂之無道，不若是甚，居下流而眾惡歸之。」今王偃行仁政而招眾惡，號之桀宋，尚非下流之比矣。參讀考辨第六九，第九九。

九二　齊魏會徐州相王乃魏惠王後元元年非魏襄王元年乃齊威王二十四年非齊宣王九年辨

魏世家集解：「荀勗曰：『和嶠云：「紀年起自黃帝，終於魏之今王。」今王者，魏惠成王子。案太史公書，惠成王但言惠王，惠王子曰襄王，襄王子曰哀王。惠王三十六年卒，

九二　齊魏會徐州相王乃魏惠王後元元年非魏襄王元年乃齊威王二十四年非齊宣王九年辨

子襄王立，十六年卒，并惠襄為五十二年。今按古文，惠成王立三十六年改元稱一年，改元後十七年卒，太史公書為誤分惠成之世以為二王之年數也。世本惠王生襄王而無哀王，然則今王者，魏襄王也。』」今按：齊魏會徐州，相約僭稱王，因稱王而改元，故不稱三十七年而改稱元年。其後秦惠文王於十三年稱王，乃亦改十四年為元年，與此正類。惠王與孟子言：「西喪地於秦七百里，南辱於楚。」考惠王後五年予秦河西地，後七年盡入上郡於秦，後十二年楚敗魏襄陵。惠王之言指此。倘以為在襄王之世，烏容出自惠王之口哉？秦策四：「楚魏戰於陘山，魏許秦以上洛。魏戰勝，效上洛於秦。」高誘注：「魏惠王也。」今按：楚魏陘山之役，年表在魏襄王六年，誤。高注云惠王，是也。「效上洛」即獻西河之外也。蘇代之說燕王曰：「西河之外，上雒之地。」是也。其時犀首為魏將，張儀在秦，事又見秦策一、韓策二。據策則魏效地在勝楚後，而史列勝楚前，亦相歧。此事為史家一爭案。自杜預氏左傳後序，裴氏史記集解，司馬氏通鑑，王氏困學紀聞，顧氏日知錄，崔氏東壁遺書，梁氏志疑，皆據紀年糾史記，而辨論紛紜，尚未定於一是。則以紀年原書既佚，未能博觀會通，而史記傳習既久，人性樂舊安常，憚於紛更也。今既剖別紀年、史記得失，凡二十餘事，自魏文侯田莊子以下齊魏兩家世系年代，逐一辨訂糾正，又旁推之於史記、國策以及先秦諸子書。合之大勢而通，比之小節而符。首尾條貫，竟體朗然。庶可以解千古之紛矣。此齊魏徐州相王為魏惠王後元元年，非魏襄王元年之說也。

余又謂是歲乃齊威王二十四年，非齊宣王元年者，齊之稱王始於威王，不始於宣王，人盡知之。而威王之稱王，則肇始於馬陵之勝，見考辨第八六。而大定於與魏會徐州之歲。其後十五年威王薨，宣王始立。史記以徐州相王為宣王之九年者亦非也。不然，使威王先已稱王於數十年前，宣王何事會魏於徐州而後乃相王哉？田完世家敘威王稱王於二十六年後，與今考威王稱王在二十四年者相差兩年。余定齊威王三十八年，史記只三十六，亦差二年也。蓋威王初即位，不治政，諸侯竝伐，據世家。參讀考辨第七四。其時固猶稱侯。故齊策「邯鄲之難」稱田侯。及敗魏馬陵，魏用惠施策，折節朝齊，乃會徐州而相王。據魏策三。國策稱韓魏之君北面朝齊，亦在戰馬陵後。而世家誤以威王稱王在桂陵之後者，由其誤以徐州之會為宣王故也。時七國稱王者惟楚，故楚聞齊王而大怒，遂有圍齊徐州之舉。蓋齊魏相王一事，當是魏故屈下尊齊為王，觀魏策，及呂氏春秋愛類。而齊亦未敢獨承，乃亦尊魏為王，實開當時未有之新局。無緣齊威於數十年前便已稱王也。梁惠王二十七年從諸侯朝周天子，其時梁始稱王，而齊威王

九二　齊魏會徐州相王乃魏惠王後元元年非魏襄王元年乃齊威王二十四年非齊宣王九年辨

舉兵伐梁。其後八年，魏齊始相王，而楚威王舉兵伐齊。然其後又六年而宋亦稱王，又三年而秦亦稱王，韓亦稱王，又二年而燕中山亦稱王。趙世家：「武靈王八年，五國相王，趙獨否，曰：『無其實，敢處其名乎！』令國人謂己曰『君』。」則趙之稱王猶在後。然至是而各國稱王之局卒大定。觀於當時相王之不易，益可證其前二十餘年，不容有齊威獨王之事。觀以後齊秦稱帝之難，又可證齊之稱王乃為與魏俱，而猶遭楚人之怒。故徐州一會，實當時諸侯稱王之初步，戰國驚人一大事。若威王先已稱王於二十餘年前，則此一段史實全無情味矣。

以紀年推之，則徐州之會乃在齊威之二十四年。田齊世家：「威王二十四年，與魏王會，田於郊而論寶。」殆即徐州一會中佚事也。　秦本紀：「惠文王四年，齊魏為王。」索隱云：「齊威王魏惠王。」斯得之矣。又考史記孟嘗君列傳齊魏「會徐州相王」，正義引紀年云：「梁惠王三十年，下邳遷於薛，改名徐州。」　齊策一：「楚威王戰勝於徐州。」徐，鮑本作「徐」。吳氏補曰：「徐，詞余反。正義引紀年：『下邳遷於薛，改名徐州。』徐，左氏作『舒』，說文作『䣄』。」據此，則正義引紀年本作「徐」，而今亦誤為「徐」也。徐州宋地，與此徐州不同。顧氏日知錄卷三十一徐州條亦辨此。互詳考辨第一一〇。

雷氏考訂：「左傳後序引紀年，謂惠王三十六年改元，從一年始，至十六年，稱惠王卒。」史記魏世家集解引荀勗稱和嶠云：『紀年謂惠成王三十六年改元稱一年，改元後十七年卒。』

司馬氏資治通鑑從後序說，通鑑考異及朱子通鑑綱目從荀和說。淇案杜與荀和同時，得見竹書，不應言有同異。後序「十六年」，「六」字，自是「七」字之訛，乃鈔錄鈐刻者有誤也。魏世家索隱引紀年曰：『惠成王三十六年改元稱一年。』孟嘗君列傳索隱引紀年曰：『三十六年改為後元。』觀此知梁之改元與秦惠文之以十四年為元年事同。非若後世改元，先下詔書，以明年為元年也。」今按：雷氏此辨殊精密，然實未是。何者？齊魏相王，實在會於徐州之歲。而據六國表、魏齊兩世家，及秦本紀、孟嘗君列傳諸篇，會徐州實在惠王三十七年。惠王以是年始稱王，不得於三十六年先改元，其理甚顯。又考魏世家，惠王三十六年復與齊王會甄，是歲惠王卒。索隱引紀年云：「惠王三十六年改元稱一年，未卒也。」索隱於此條，惟辨惠王未卒，而甄會實不在此年，則索隱未之及。余考甄會在平阿會後，皆在惠王後元，索隱亦辨之，語詳孟嘗君列傳。參讀考辨第一〇四。則惠王三十六年齊魏本無會，即不得有相王事。惠王亦自不於此年改元，尤明甚。又田齊世家：「宣王七年，與魏王會平阿南，明年復會甄，魏惠王卒。」索隱按紀年：「梁惠王乃是齊湣王為東帝、秦昭王為西帝時，此時梁惠王改元

九二　齊魏會徐州相王乃魏惠王後元元年非魏襄王元年乃齊威王二十四年非齊宣王九年辨

稱一年，未卒也。而系家及其後即為魏襄王之年，又以此文當齊宣王時，實所不能詳考。」索隱此條語有誤衍。要之索隱辨惠王未卒，遂謂其改元稱一年；而改元稱一年實在明年，不在今年。索隱此條，及魏世家一條，皆下語未析。孟嘗君傳索隱云：「惠王至三十一年改為後元年。」顯有字訛。惟魏世家索隱又一條云：「紀年說惠成王三十六年又稱後元一，十七年卒。」則與荀勗和嶠為一致，然竊疑其說終不可信。何者？若惠成王於三十六年改稱後元一年，又十七年而卒，則惠成王當得三十五年，又十七年也。史記雖誤，亦有其所以誤。彼特誤以惠成王後元之年為襄王年耳。若惠成王前三十五年，改元後十七年，史記何以又奪改元第一年歸之惠成，而別以其後十六年分為襄王？此實難解。又考今本偽紀年於周顯王三十四年稱：「魏惠成王三十六年，改元稱一年。」又云：「王與諸侯會於徐州。」徐州會事較史記亦前一年。雷氏義證說之云：「史記六國年表於顯王三十五年書『魏會諸侯於徐州以相王』，又曰『齊與魏會徐州，諸侯相王』，即此事。較竹書差一年者，夏正、周正之異。會在是年仲冬後也。」今按：梁惠稱王改元，定在與齊會徐州之後。若會徐州如雷說，在惠成王三十六年仲冬之後，其時周正已為顯王三十五年，惠王歸國稱元，其亦必為三十七年之新歲決矣。且雷氏辨梁惠稱王改元以秦惠王為例，不知秦惠王正以十三年四月稱王，而於十四年改稱元年；則梁惠王之改稱元年，定在三十七年，更無疑也。故知杜氏謂：「惠王三十六年改元後從一年始，至十六年而稱惠成王卒。」其言最信。吳萊曰：「自古未嘗有改元。秦惠文王立十三年矣，十四年乃稱王，而秦史改元。惠王立三十六年矣，三十七年乃稱王，而汲冢竹書亦改元，又十六年而後惠王卒。非改元也，直史官紀述之常體耳。」其說亦是。云「三十六年改元」者，因會徐州在是年歲底也；云「從一年始至十六年而稱惠成王卒」者，因惠成王會齊徐州已在三十六年仲冬之後，及歸國改元年稱王，其制定於今年之歲底，而實稱元年則為明年之歲首也。荀勗和嶠諸人，殆見竹書原本，有在惠成王三十六年記稱王改元之文，故率以此年即為惠成王元年。雷氏依之，未能深考徐州一會與稱王之先後，故加信據，遂與史記乖舛。又索隱稱惠成王三十六年改元，雖遵荀和之說，而其引惠成王，改元年後年數，則實自三十七年為元年起算；如：「十三年四月，齊威王封田嬰於薛，十月齊城薛。」「十四年薛子嬰來朝。」「十五年齊威王薨。」諸條，均見孟嘗君列傳。是也。余已詳於考辨第一〇九，第七四，第一一五、一一七諸篇，茲不詳論。又按：和嶠荀勗杜預引紀年，雖與史遷違異，然有一節為諸家之所同者，則惠王前後（或惠襄分算）共得五十二年是也。今有疑惠王在位五十一年者，其說無稽，殊不足信。魏源古微堂外集卷二孟子年表，以梁惠王三十六年改元稱一年，後二年會徐州始稱王，則改元在稱王前，兩事先後倒置。又惠王後元既前移一年，則索隱引紀年「齊威王卒在惠王後元十五年」者，亦遞次移前。故魏氏定孟子去梁已在齊宣王二年，即宣王即位之第三年矣，與余考孟子初見宣王正值宣王未終喪之際亦不合。參讀考辨第一一七。

九三　惠施仕魏考

魏策：「齊魏戰於馬陵，齊大勝魏，殺太子申。魏王召惠施而告之曰：『夫齊，寡人之讎也，怨之至死不忘。吾常欲悉起兵而攻之，如何？』惠子教以變服折節而朝齊。楚王大怒，自將伐齊，大敗齊於徐州。」今按：馬陵之役，在惠王二十八年。考辨第八四 後九年，齊魏會徐州相王。又後一年，楚伐齊徐州。其時惠施已用事。呂氏春秋愛類篇：「匡章謂惠施曰：『公之學去尊，今又王齊，何也？』惠子曰：『今有人於此，必擊其愛子之頭，而石可以代之。今王齊而壽黔首之命，是以石代愛子頭也。』可證魏齊相王，惠施主其謀。乃呂氏不屈篇云：「惠子之治魏，當惠王之時，五十戰而二十敗，大將愛子為禽。大術之愚，為天下笑，得舉其諱，乃請令周太史更著其名。圍邯鄲三年而弗能取，天下之兵四至，謝於翟翦，更聽其謀，社稷乃存。」則以魏惠十七年圍趙邯鄲為惠施相魏後事，細按其說，殆非也。惠子為相，年事當逾三十。下至周赧王元年，齊破燕，惠子為魏使趙，凡四十年，惠子之壽，方躋八十，未必再為魏效奔走，可疑一也。且據原篇：「惠施見白圭，白圭曰：『新婦至，宜安矜，今惠子遇我尚新，其說我有太甚者。』」則白圭蓋先惠施用事。年表：「惠王二十七年，丹封。」余疑丹即白圭，詳考辨第八二。其時尚當路。惠施不應先十年已為相，可疑二也。謂恐天下笑之，而令周太史更著其名，無此情理，可疑三也。惠子墨徒，常主偃兵。馬陵之後，勸王折節朝齊，且曰「王固先屬怨於趙」，語亦見魏策。見伐趙非出惠子，策文「趙」字，或係「韓」字之誤。吳師道已辨之，要以見惠子之不主戰。可疑四也。惠子見逐，在惠王後元十三年，詳考辨第一〇七。其至魏當在惠王二十七、八年馬陵敗後，或即在徐州會前一、二年，前後約得十五、六年，較為近情。若如呂氏書，惠施在魏用事垂三十年。魏既迭經敗衄，而惠王與相終始，尊信之不稍衰，有踰後世漢先主宋神宗遠甚，可疑五也。呂氏書成於眾手，不屈一篇盛毀惠施，因謂惠王之世五十戰而二十敗，盡以為惠施之罪，吾竊疑其誣。

九四　匡章考

附　周最

齊策：「秦假道韓魏以攻齊，齊威王使章子將而應之，齊兵大勝。秦王拜西藩之臣而謝於齊。」高誘注：「秦惠王之子武王也。」焦循云：「章子之事，未必在威王之世，威王未嘗與秦交兵。齊秦之鬬在宣王時，而伐燕之役將兵者正是章子，則恐其誤編於威王策中者。即不然，亦是威王末年。」（孟子正義）今按：焦氏謂章子之事未必在威王世者，由誤信史記威王年世移前之故。語既無證，自不足辨。威王卒於周慎靚王元年，當秦惠文王五年。則高注以秦王為惠王子武王者，亦誤也。據齊策所記，知匡章信用於齊，自此役始。其後遂為宣王將而伐燕。燕策所謂：「齊宣王令章子將五都之兵，以因北地之眾以伐燕，燕王噲死，齊大勝，子之亡。」是也。又其後，則有與魏戰於濮水之役。齊策：「濮上之事，贅子死，章子走。盼子謂齊王曰：『不如易餘糧於宋，宋王必說，梁氏不敢過宋伐齊。』」是也。六國表周赧王三年，魏哀王七年，擊齊，虜聲子於濮。與秦擊燕，即此事。魏世家徐廣引表作贅子，證以齊策，則作贅者是也。志疑轉以徐氏為誤，殆未考耳。其時猶為齊宣王之八年，又其後乃有與韓魏共攻楚而殺唐昧之役。秦本紀：「昭襄王八年，使將軍芈戎攻楚，取新市。齊使章子，魏使公孫喜，韓使暴鳶，共攻楚方城，取唐昧。」是也。志疑云：「其事在昭王之六年，誤書於八年。」今按：年表在六年，不誤。呂氏春秋處方篇亦記其事，云：「齊令章子將，與韓魏攻荊，荊令唐蔑將而應之，夾泚水而軍。章子夜奄荊人，殺唐蔑。」是也。是歲為齊宣王之十九年，宣王即以是年卒，勝楚蓋屬湣王事。此後章子事亦無考，蓋已高年，不復用於世矣。周最亦見泚水之役，詳呂氏處方。史記周本紀，周最見赧王四十五年，周聚見五十八年，周聚即周最也。上距泚水之役四十四年，則周最在泚水役時當年三十左右，而老壽及於西周之末年矣。

至章子與孟子遊，遠在威王世將兵勝秦之前。（語詳考辨第九八。）又論惠施於魏惠王（見呂氏春秋不屈篇。）曰：「螟蝗害稼，農夫得而殺之。今公行，多者數百乘，步行者數百人，少者數十乘，步者數十人，此無耕而食者，其害稼甚矣。」章子蓋與其邦人陳仲子行誼相近，故特稱仲子於孟子，而曰：「陳子豈不誠廉士哉！」孟子之稱章子，亦曰：「世俗所謂不孝者五，惰其四支，博弈好飲酒，好貨財，私妻子，從耳目之欲，好勇鬭狠，章子無一於是。」此雖不足以盡章子，亦可以知章子之律身，蓋亦聞墨學之緒論而有志焉者也。徐州之役，齊魏相王，章子責惠施曰：「公之學去尊，今又王齊，何也？」（見呂氏春秋愛類。）其事在齊威王三十三年，下距齊宣王卒歲，章子殺楚唐昧，三十四年。姑定齊魏徐州相王之歲，章子年二十五以上，三十以下，差可得其世壽矣。

年表：「秦孝公十四年，韓昭侯如秦。」黃氏編略以是年為匡章破秦之歲。其言曰：「蘇秦言秦欲深入齊，恐韓魏之議其後。策言假道於韓魏，則伐齊在韓魏既服之後。」今以匡章子生平考之，其時殆初逾十齡，何能為將？黃氏之說非也。且蘇秦言「秦欲深入齊，恐韓魏議其後」，其事尚遠在後顯王之三十六年，（此亦姑據舊說。）烏得逆證其前十六年，謂秦已以其時舉兵而加齊哉？以當時情勢論之，孝公中年，秦內力未充，外威未張，殆無遠越韓魏兵涉齊疆之理。余疑秦齊交兵，或已在秦惠文王世，亦非盛兵劇戰，今已不可確考，而齊將章子，則必章子名行向盛，稍顯於時矣。齊魏會徐州相王，章子譏惠施學行之相背，又論惠施於梁惠成王前，其時章子方壯年，而嶄然露頭角，其已為勝秦立功之後乎？年表：「秦惠王三年，拔韓宜陽。」韓世家：「昭侯卒前一年，作高門。屈宜臼曰：『往年秦拔宜陽，今年作高門，昭侯不出此門矣。』」則此年實有拔宜陽。通鑑答問謂拔而未取，恐或有之。（編略謂秦取而復歸於韓。）是時梁方怨齊，謀報馬陵之仇。秦或者以其時乘勝韓之餘威，游兵及於齊界。威王使章子應，亦本非舉國以屬，扞禦大敵之比也。明年，即齊魏會徐州相王之年。如此，差為得之。事乏明證，姑誌以待再定。（齊策又云：「秦王稱西藩之臣。」鮑云：「威王與秦獻公、孝公同時。」如余所考，則秦已是惠王，惟其時尚未稱王耳。）

九五　蘇秦考

太史公為蘇秦傳，稱：「蘇秦兄弟三人，皆游說諸侯以顯名，其術長於權變，而蘇秦被反間以死，天下共笑之，諱學其術。然世言蘇秦多異，異時事有類之者皆附之蘇秦。夫蘇秦起閭閻，連六國從親，此其智有過人者。吾故列其行事，次其時序，毋令獨蒙惡聲焉。」是史公之傳蘇秦，至慎至謹也。然余考蘇秦之年代，而疑及其行事。史公所謂「連六國從親，此其智有過人者」，以當時列強大勢論之，蓋非情實，亦後世以異時事附之也。

燕世家：「文公二十八年，蘇秦始來見，說文公，文公予車馬金帛以至趙。趙肅侯用之，因約六國為從長。二十九年，文公卒，易王初立，齊宣王因燕喪，伐取十城，蘇秦說齊，使復歸燕。十年，燕君為王，蘇秦與文公夫人私通，懼誅，乃說王使齊，為反間，欲以亂齊。易王立十二年卒，子燕噲立。燕噲既立，齊人殺蘇秦。及蘇秦死，而齊宣王復用蘇代。」今考：伐燕取十城者，乃威王，非宣王，史自誤。而蘇秦之死，則值齊威、宣之際。梁氏志疑云：「徐廣謂蘇秦為齊客卿，在燕易王之十年時，按：見秦傳集解。而張儀傳云『居二年秦死』，則其死在易王末年，當周顯王四十八年。」今據燕世家「燕噲既立」之文，周顯王四十八年，正易王卒，噲立，猶未改元之歲。明年，周慎靚元年，燕王噲稱元，而齊威王薨。蘇秦之死，早則在前年，齊威王殺之。遲則在後年，或威王，或宣王，不能定。而宣王用蘇代，則正其初立時也。秦傳：「秦兵不敢窺函谷關十五年。」函谷關之立尚在後，（考辨第七二）六國亦無十五年之從親。據六國表，蘇秦初說燕後十五年，適燕噲元年，蘇秦死。十五年之說本此。此亦蘇秦卒年一好證也。

余考策史言蘇秦事，有極可疑者：齊策五載蘇秦說齊閔王。蘇秦死，當威宣之際，豈得下及閔王？其書乃後世習老子言者所為，而假托於秦，不得以此疑閔王立，尚在蘇秦未死前也。史記蘇秦傳亦云：「蘇秦說湣王厚葬以明孝，高宮室，大苑囿以明得意，欲破敝齊而為燕。」同屬不可信。齊策三又載：「孟嘗君將入秦，蘇秦欲止之。」孟嘗君入秦在秦昭王八年，距蘇秦死已二十年，燕王噲亦死十四年，何來有蘇秦？史記改蘇代，是也。說苑正諫篇亦載此事，僅云「有客」，則亦知蘇秦之死矣。又秦策云：「秦惠王謂寒泉子曰：『蘇秦欺寡人，欲以一人之智，反復山東之君，從以欺秦。趙因負其眾，故先使蘇秦以幣帛約乎諸侯。諸侯不可一，猶連雞之不能俱止於棲，明矣。寡人忿然含怒日久，吾欲使武安子起往喻意焉。』寒泉子曰：『不可。夫攻城墮邑，請使武安子。善我國家，使諸侯，請使客卿張儀。』惠王曰：『善。』」夫武安子乃昭王時將白起，豈得上及惠王，與蘇張同世？趙有武安君李牧，乃效秦將白起封號。策又言，蘇秦於趙亦封武安君，雖趙邑有武安，而其說自可疑。其他明屬蘇秦身後事，而附會之者尚多，然皆瑣碎不足辨。其有關於戰國史實之大，而不可不辨者，莫踰於蘇秦連六國從親一事。蓋其事亦起蘇秦死後而附會之也，余請得縱辨以明之。

史記秦傳載秦說七國辭，皆本國策，其辭皆出後人飾托，非實況。如其說秦云：「西有巴蜀漢中之利，南有巫山黔中之限，東有函殽之固。」諸地入秦皆遠在後，蘇秦豈得先及？張氏釋地云：「惠文六年魏納陰晉，九年圍焦，十三年張儀取陝，後十一年樗里疾攻魏焦，拔之。陰晉東至陝，正殽函之道，自惠王六年至後十一年，始克有之。」其說韓魏云：「稱東藩，築帝宮，受冠帶，祠春秋。」時秦尚未稱王，何遽「築帝宮」？其他率類是，可疑一也。且史載蘇秦合從事，僅見於秦傳，又略見於燕世家及燕表，其他趙齊韓魏楚諸世家及年表均不具，可疑二也。又其事在燕文公二十八年，正齊梁會徐州相王之歲。自此以前，秦以僻遠，擯不預東方諸侯之會盟。孝公發憤，用商鞅變法，國勢稍振，然猶不敵東方諸國。東方諸國最強者惟梁，故惠王語孟子，自謂「晉國天下莫強」，固非虛誇。而自惠王拔趙邯鄲，齊楚起而救趙，齊敗魏於桂陵，魏不得已重歸趙邯鄲。而秦以其時坐收漁人之利，東侵降魏安邑。其後不十年，梁又率諸侯朝天子，而稱王。則梁雖前敗於齊，並不挫其霸業。梁又以是伐韓，五戰而韓五敗，幾不國。齊又掎梁之後，出師救韓，敗梁馬陵。秦趙諸國乘機漁利，而秦衛鞅又虜魏公子卬。然其時梁仍為大國，河西地仍屬梁，猶未入秦。秦人特乘虛侵略，其疆土尚未達於河，不為東方諸國所畏。而齊威王以再勝梁軍，遂得繼梁稱霸。東方大局，遂為梁齊之對峙。其會徐州相王，即徵兩國東西分霸之形也。梁齊最先王，以其國勢之最強。諸國自楚外，莫敢繼齊梁稱王者，以其國力猶未與梁齊抗衡也。然梁以屢戰之餘，外強而中乾，惠王耄年稱王，不能自振奮，國遂日衰日削，而秦之侵梁園也益急。其後梁遂獻河西地，盡入上郡，惠王所謂「西喪地於秦七百里」者。於是不久而秦亦稱王，韓亦稱王。其時韓承昭侯申不害之後，其國力蓋猶在趙燕之上，故亦先趙燕而稱王也。又其後而犀首約五國相王，乃有燕趙中山。然趙武靈猶謙讓不敢居，而其事起於魏。蓋徐州相王為六國稱王之始，實梁啟之。五國相王，為六國稱王之終，亦梁主之。梁在當時，霸國餘威，猶未全失。其時先秦韓而稱王者尚有宋，宋亦猶未為弱國。故孟子告齊宣王曰：「今天下方千里者九，以齊一天下，何異以一服八哉？」使蘇秦言合從，不當逆知宋中山之先亡，而屏此二國不及也。其後張儀與惠施爭用事於魏，惠施主合魏於齊，張儀則欲聯魏於秦。蓋其先為梁齊分霸者，至是梁日以衰，秦日以強，遂有秦魏齊三國分霸之勢。張儀既相梁，梁韓太子入朝於秦，韓魏之折而入於秦人勢力之下者，自此開其端。而秦人乃駸駸與齊對峙。梁之霸業，自文侯武侯迄於惠王之世而大盛者，及其晚節，乃為東西兩強齊秦之所平分。而齊以威宣之盛，其聲威遠出秦上。故宣王欲求其所大欲，以一天下為志。而其時蘇秦已死。當是時，東方六國固絕無合從擯秦之必需，亦絕無合從擯秦之可能。即據今史記各世家、年表所記，亦絕無六國合從擯秦之痕跡也。

且蘇秦合從，始起議在燕，主盟者為趙。秦之與趙，當其時壤地不相接，與燕則東海西海，風馬牛不相及也。燕固無事乎擯秦，亦未得越趙、魏、韓三晉而事秦。趙自成侯時，魏圍邯鄲，國幾亡。及肅侯，幸自保，未嘗敢一出兵與齊梁爭中原之霸業。而蘇秦說趙，乃謂：「當今之時，山東建國，莫強於趙。」豈不大謬？趙之強，乃在武靈王後，蘇秦張儀皆已死。若齊梁會徐州相王之歲，斷無尊趙為六國從長之理。徐州相王後六年，當趙肅侯二十二年，魏盡納上郡於秦，趙疵與秦戰敗，秦殺疵河西，取代藺、離石。是魏失河西而秦趙壤地始相接，兵爭始啟也。蘇秦既死，越四年，當趙武靈王九年，秦與趙韓戰而敗之，是為秦趙兵爭之再見。是役也，楚世家亦謂蘇秦約從六國兵攻秦，而楚懷王為從長。然與秦戰者惟趙韓，趙韓既敗，而齊乘其弊，復敗趙魏師於觀澤。時六國固無合從，且蘇秦已死，亦不得牽合為說也。據楚策「五國伐秦，魏欲和，使惠施之楚」章，似其事主者實為楚魏。或由犀首之徒害張儀之重為秦相而促成之，（可參讀衍傳。）其事起於一時，決非早有從約，為大規模之擯秦。又據楚策「五國約伐秦，昭陽謂楚王」章，則敗其事者乃楚，似此事主動實在魏，而趙韓附之。故秦本紀無楚，而田世家云攻魏，樂毅傳則云西摧三晉也。史記各篇記此事極參差，必會合觀之，情事始顯。

自此以後，秦齊東西爭霸之勢益顯。楚世家謂：「秦與齊爭長，秦欲伐齊而楚與齊從親。秦患之，乃使張儀至楚。」是張儀初至魏，乃離間魏齊之相親，使魏去齊而暱秦。及其再至楚，亦宗至魏之故智，意在離間楚齊之相親，使楚去齊而暱秦耳。秦之外交，常主折齊之羽翼，散齊之朋從，使轉而投於我。其時情勢，猶是齊為長而秦為亞。秦與齊爭則有之，秦欲進連衡之說，使山東諸侯相率西朝，尚未能也。張儀至楚之明年，秦助魏攻燕，是殆為秦兵及燕之始。而是年秦又敗楚，取漢中。明年，張儀復至楚，秦楚復和。而翌年，儀即去秦，復至魏，而卒焉。終儀之世，亦絕無六國相率事秦之痕跡也。則所謂蘇秦張儀一縱一橫，其說皆子虛，由後之好事者附會為之也。今觀張儀說齊，謂趙朝澠池，其事在昭王時，儀死及三十年，非儀語可知。其說趙齊燕三國，又謂趙割河間，齊獻魚鹽之地，燕獻恆山之尾五城，全謝山經史問答辨之，以為乃不知地理者之妄說。其實蘇張縱橫，一切皆虛，不徒不知地理，實又不知當時列國強弱之情勢也。

然則六國果無合從之事乎？曰：不然。秦勢愈強，日益東侵，山東諸國，未必絕無合從之議，亦未必絕無合從之事。而其議其事，皆在後。後之好事者，乃以上附之於蘇秦，則仍史公所謂「異時事皆附之」也。今即據當時策士虛造蘇張遊說之辭而可以推見其說所起之時者。考張儀之說趙，趙王曰：「先王之時，奉陽君專權擅勢，蔽欺先王，獨擅綰事，寡人居屬師傅，不與國謀計。先王棄群臣，寡人年幼，奉祀之日新，心固竊疑焉，以為一從不事秦，非國之長利也。」此所謂「奉陽君」者，乃李兌，而「先王」則武靈王也。則趙君為惠文王，明白無疑。趙惠文王時，張儀久已死，而偽為張儀說趙之辭者，縱筆所至，遂告後人以其身世之真相。然則合從連衡之說，乃盛於趙武靈、惠文王父子之際也。據儀傳云云，則主合從者為奉陽君李兌；而考之國策，亦實有其事。趙策四：「齊欲攻宋，秦令起賈禁之。齊乃收趙以伐宋。秦王怒，屬怨於趙。李兌約五國以伐秦。」此李兌主合從之證也。或「謂齊王曰：『三晉皆有秦患，今之攻秦也，為趙也。五國伐趙，趙必亡。秦逐李兌，李兌必死。今之伐秦也，以救李子之死也。』」李兌亦自言之，曰：「臣之所以堅三晉攻秦者，非以為齊得利秦之毀也，將欲以攻宋也。」凡此皆一時辭。又齊將攻宋而秦陰禁之，齊因欲與趙，趙不聽齊，乃令公孫衍說李兌以攻宋而定封焉。又齊使公孫衍說奉陽君曰：「君之身老矣，封不可不早定也。為君慮封，莫若於宋。」是奉陽君即李兌，而其事在李兌之老時，蓋武靈王之晚節也。故據張儀說趙之辭，乃知其時主合從者為趙之奉陽君，即李兌其人。李兌約五國伐秦，史記不載。蘇子由古史謂即慎靚王三年，五國攻函谷事，亦以蘇秦合從為誤。然李事不能在慎靚三年，子由亦未得其情實。而觀於蘇秦之傳說，則又絕不同。趙策二：「蘇秦始合從，說趙王曰：『天下之卿相人臣，乃至布衣之士，皆願陳忠於前。雖然，奉陽君妒，大王不得任事，是以外賓客遊談之士無敢盡忠於前者。今奉陽君捐館舍，大王乃今得與士民相親，臣故敢獻其愚。』」據是言之，奉陽君乃又不主合從。無論其身世與蘇張不相接，即就蘇張兩家之辭比而觀之，而奉陽君之為人，亦復迥然若兩人。吳師道乃謂：「奉陽君非李兌。趙在李兌前別有奉陽君。」梁氏志疑依信其說。不悟蘇秦見李兌，其事明見於趙燕之策。趙策又明記蘇秦之言曰「今君殺主父而族之」，則李兌明在武靈王時，而奉陽君亦明為李兌，非趙肅侯時別有一奉陽君矣。史記誤奉陽君為公子成，亦由公子成與李兌同時，同謀殺主父，故有此誤。因知奉陽君定在趙主父時也。沈欽韓漢書疏證，乃謂：「奉陽君有三人，一在趙肅侯時，一公子成，一李兌。」更誤。奉陽君李兌在主父時，而云蘇秦見之者，蘇秦亦得見齊湣王孟嘗君，何不可見奉陽君？此皆所謂異時事附之也。而其所以為之附者，又不一時，不一人。故為張儀連衡之說者，特謂趙奉陽君主合從，而造為蘇秦合從之說者，乃並謂奉陽君拒蘇秦。兩說俱違於情實，而後之離情實也益遠。豈策士之造說者，先成張儀連衡之辭，其時雖已有蘇秦合從之說，而猶以奉陽君李兌為親主合從之人。其後繼起者又增造蘇秦合從之辭，乃並以奉陽君李兌為拒遠蘇秦而資送之入秦，乃又並以蘇秦為拒遠張儀而資送之入秦焉。張儀入秦非蘇秦所資，別見考辨第一〇七。其造說之益奇益怪，而益遠於情實，亦可以微窺其為說之先後也。東方諸國合從伐秦，最先在魏襄王元年，而蘇秦已死，見本篇。其後有孟嘗合從，（見考辨第一二九。）則張儀亦已死。又後有李兌，更後有魏信陵、楚春申，而山東諸國遂次第不救。

且張儀在當時，其聲名績業，蓋遠出蘇秦上。景春問孟子，曰：「公孫衍張儀，豈不誠大丈夫哉！」而弗及蘇秦。秦本不得與儀伍。自後世有蘇張分主從衡之說，而兩人遂儼若比偶。又謂秦身佩六國相印，資儀入秦，其地位名業，遂若轉出儀右焉。

且余考其時言合從，初不專指拒秦。樂毅傳有之：「燕使樂毅約趙惠文王，別使連楚魏，令趙嚪秦以伐齊之利。諸侯害齊湣王之驕暴，皆爭合從，與燕伐齊。」是聯秦伐齊亦得謂合從也。張文虎舒藝室隨筆：「縱有聚義，橫有散義，合眾攻一曰從，散眾事一曰橫。」漢書敘傳云：「從人合之，衡人散之。」余又疑謂蘇秦合從起於燕而先約趙，蓋自樂毅之約趙伐齊而來，其先李兌親齊湣王，趙齊合從而伐秦滅宋。而燕謀則欲結趙以破齊，故燕策有「奉陽君李兌甚不取於蘇秦，或為蘇秦謂奉陽君，不如善蘇秦以疑燕齊，燕齊疑則趙重。奉陽君乃使與蘇秦結交」之說，此亦策士妄為之。而云「燕亡國之餘」，則造此說者，明指燕昭王時，非文公時矣。其人既在燕昭王趙惠文王時，或猶稍後，故不免以燕昭趙惠文時事勢言之也。

史稱：「蘇秦死，齊宣王復用秦弟蘇代。蘇代與子之交，為齊使於燕，激勸燕王以厚任子之。已而讓位，燕大亂。齊伐燕，殺王噲子之。燕立昭王，而蘇代與其弟厲遂不敢入燕，皆終歸齊，齊善待之。」索隱引譙周古史云：「秦兄弟五人，秦最少。兄代，代弟厲及辟鵠，並為游說之士。」又云：「典略亦同其說。蓋按蘇氏譜。」余疑秦字季子，而稱「嫂不以我為叔」，則蘇秦自有兄，或代厲特其族弟。然季子之說亦未可信，則史公之以代厲為秦弟者，又未見其必誤也。要之厲代既見燕王噲、子之，則其年世不能與秦相懸絕。今蘇秦事可考者，惟仕燕懼罪避之齊，為反間見殺。而代厲之事有甚後者。疑秦之卒其年必輕，最壽不能過四十，或可未逮三十也。而代厲則皆老壽，逾七十。史、策載代厲事，極亂雜無條理，爰重為比輯，以見梗概。若必以蘇秦為代厲弟，其年世與齊湣王奉陽君相及，則仕燕避齊為反間見殺者當是蘇代，今亦不當復稱蘇秦張儀，乃當稱蘇代張儀之為得矣。要之此三人者，其行事出處，當如本書之所考定，其秦在先而代在後歟，其代為兄而秦為弟歟，則年遠事渺，存而不論可也。

今要而論之，秦自孝公用商鞅變法，而東方齊梁爭霸，秦以其間乘機侵地，東至河。及惠王用張儀，魏已日衰，遂有齊秦爭長之勢。而張儀間齊楚，秦南廣地取漢中。然其時，猶齊為長而秦為亞。及昭襄王初年，秦楚屢戰屢和，而趙武靈崛起，以其間滅中山，為大國。及秦將白起亟敗韓魏，而齊湣秦昭稱東西帝，其時則秦為長而齊為亞。樂毅起於燕，連趙破齊，湣王死，東方之霸國遂絕。惟秦獨強，破郢殘楚，及范睢相，而有秦趙交鬪之局。至於長平之戰，邯鄲之圍，而後秦之氣燄披靡，達於燕齊東海之裔。夫而後東方策士，乃有合從連衡之紛綸，而造說者乃以上附之蘇張。考其辭說，皆燕昭趙惠文後事。而後世言戰國事者莫之察，謂從衡之議果起於蘇張。遂若孝公用商鞅而國勢已震爍一世。東方諸國，當齊威梁惠時，已攪擾於縱橫之說。則戰國史實，為之大晦。當時列強興衰轉移之迹全泯，其失匪細，不可不詳辨也。

林春溥開卷偶得卷九有一條云：「賈誼過秦論稱六國合從攻秦事，多與史記不合。考史記秦兼漢中在惠文王十二年，取巴蜀在惠文王九年。而六國攻秦在惠文王七年。論乃云惠王武王兼漢中，取巴蜀，『諸侯恐懼，會盟而謀弱秦』，前後倒置，且與武王無涉，不合一也。楚世家謂蘇秦約從六國攻秦，楚為從長。（楚趙魏韓燕齊。）年表各世家、國策並云五國，齊不與。秦紀又作韓趙魏燕齊帥匈奴共攻秦。通鑑從表，大事記從楚世家。而論又以為韓魏燕楚齊趙宋衛中山為九國，不合二也。平原春申信陵樂毅吳起孫臏田忌廉頗趙奢諸人，與蘇秦前後不同時，不合三也。」余觀賈論體近為賦，藻采渲染，固不足據以訂史，林氏所舉第三條尤可證。然謂「諸侯恐懼，會盟而謀弱秦」，在秦惠王、武王後，則實得戰國情勢，遠勝史記。又入宋衛中山為九國，亦視史記佩六國相印之說為勝。賈生博聞，著論在史公前，彼固未有如史公所謂蘇秦主合縱佩六國相印以拒秦之說也。至林氏舉第二條，蓋指慎靚王三年事，然其時實無五國，楚燕未預其事，魏兵未與秦接。秦紀言匈奴，即儀渠。且蘇秦已死三、四年，辨詳前。又李斯諫逐客書謂：「惠王用張儀之計，拔三川之地，西并巴蜀，北收上郡，南取漢中，包九夷，制鄢郢，東據成皋之險，割膏腴之壤，遂散六國之縱，使之西向事秦，功施到今。」今按：拔三川，據成皋，皆遠在後，不知李斯何以誤說，殆亦非當時真筆歟？要之謂「散六國之縱」語，自不可信。又賈生文謂商君外連衡而鬬諸侯，是連衡已始商君矣。此等皆當活看，不可拘泥以為論事之準。

附　蘇代蘇厲考

燕策一：蘇秦死，其弟蘇代欲繼之，乃北見燕王噲。

按：此文亦見史記，然篇中已涉及齊湣王舉宋，此在燕昭王時，豈得見燕王噲而論此？此必後之策士所妄託。

又：燕王噲既立，蘇秦死於齊。蘇秦之在燕也，與其相子之為婚，而蘇代與子之交。及蘇秦死，而齊宣王復用蘇代。

又：蘇秦弟厲因燕質子而求見齊王。齊王怨蘇秦，欲囚厲，質子為謝乃已，遂委質為臣。燕相子之與蘇代婚，而欲得燕權，乃使蘇代侍質子於齊。

按：蘇秦顯於燕齊，又與子之為婚，其兩弟厲代當已早在齊燕間，知前篇謂蘇秦死而蘇代乃始北見燕噲者非其真。兼觀此兩策，殆蘇厲早已在齊，而蘇代則在燕，子之復使之至齊。以後事觀之，其時厲代皆在壯年，故使侍質子。前條謂「齊宣王復用蘇代」者，即蘇代由燕使齊時也。

又：蘇代為燕說齊，未見齊王，先說淳于髡云云。

按：此條當為蘇代初使齊時事也。

又：齊使代報燕，燕王噲問曰：「齊王其霸乎？」曰：「不能。」曰：「何也？」曰：「不信其臣。」於是燕王專任子之。已而讓位，燕大亂。

又：燕噲三年，與楚、三晉攻秦，不勝而還。子之相燕，貴重主斷。蘇代為齊使於燕，燕王問云云。

按：此兩條指一事。

又：齊伐燕，殺王噲、子之，燕立昭王，而蘇代、厲遂不敢入燕，皆終歸齊，齊善待之。

按：史記亦同。然余考此後代仍留齊，而厲則轉仕楚，又常往來出入於秦魏之間，不終居齊也。

史記田齊世家：秦敗屈丐，蘇代謂田軫曰云云。

按：此事在赧王三年，陳軫仕楚，而史公係此於田世家，然則其時陳軫方使齊也。時蘇代應仕齊。

魏策二：犀首東見田嬰，召而相之魏，蘇代為田需說魏王曰云云。

按：此事不定在何年，當是魏襄王九年前，蘇代或蘇厲字譌，不能詳說。

又：田需死，昭魚謂蘇代曰：「田需死，吾恐張儀薛公犀首之有一人相魏者。」代曰：「請為君北見梁王。」

按：史記同，此事在魏襄王九年。其時蘇代當尚在齊，而蘇厲則在楚，然則此蘇代乃蘇厲之譌。

史記韓世家：韓襄王十二年，太子嬰死，公子咎、公子蟣虱爭為太子。時蟣虱質於楚。蘇代謂韓咎曰云云。於是楚圍雍氏。

按：楚圍雍氏，其事應在秦昭王元年。史記志疑據周紀、甘茂傳推定，此從之。是其時蘇代乃在韓。

又：蘇代又謂秦太后弟芈戎云云。

按：此亦同年事，其時蘇代正為齊使秦，宜可見芈戎。韓策二作冷向，昔人多謂史誤，未知孰是。

西周策：雍氏之役，韓徵甲與粟於周。周君患之，告蘇代。代為往見韓相國公仲。

按：此今年蘇代在韓之又一證也。

史記甘茂傳：向壽為秦守宜陽，將以伐韓，韓公仲使蘇代謂向壽曰云云。甘茂竟言秦昭王，以武遂復歸韓。向壽爭不能得，由此怨，讒茂，茂亡去。

按：此事在秦武王、昭王之際，其時蘇代在韓，或為齊使秦而過韓也。

秦策二：甘茂亡秦，且之齊，出關，遇蘇子。蘇子乃西説秦王云云。

又：蘇秦為謂齊王曰：「甘茂賢人也」云云。

按：此事在秦昭襄王元年。史記云：「甘茂之亡秦奔齊，逢蘇代，代為齊使於秦。」是其時以前，代當仍仕齊也。

魏策一：蘇秦拘於魏，欲至韓，魏氏閉關而不通。齊使蘇厲為之謂魏王曰：「王不如復東蘇秦。」

燕策一：蘇代過魏，魏為燕執代。齊使人謂魏王曰云云。於是出蘇代之宋，宋善待之。

按：此兩條乃一事，魏策蘇秦乃蘇代之譌，其事應在秦昭王時，因文中有齊請以宋封涇陽君云云也。此事應在與甘茂相遇後數年間。

齊策三：孟嘗君將入秦，蘇秦止之曰云云，孟嘗君乃止。

按：此事當在秦昭王六年，涇陽君為質於齊之歲。蘇秦乃蘇代之譌，必代使秦東歸之後也。

楚策二：齊秦約攻楚，楚令景翠以六城賂齊，太子為質。昭雎謂景翠曰：「秦恐且因景鯉蘇厲而效地於楚。鯉與厲且以收地取秦。公不如令王重賂景鯉蘇厲，使入秦，秦必不求地。」

按：此事在楚懷王二十九年，時蘇厲仍留楚，而與秦交密也。

楚策三：蘇子謂楚王云云。

按：此條殆亦為蘇厲語，文中涉及垂沙之戰，當亦與上條略同時。

楚策二：術視伐楚，楚令昭鼠以十萬軍漢中。昭雎勝秦於重丘，蘇厲謂宛公昭鼠曰云云。

按：此事不定在何年，要足證楚懷王時秦楚兵爭，蘇厲皆在楚。厲不忠於楚，又與昭雎不睦，亦可於此證之。

又：女阿謂蘇子曰：「秦栖楚王危太子者，公也。令楚王歸，太子南，公必危。公不如令人謂太子」云云。

按：此條應在懷王三十年入秦之後，此蘇子當亦蘇厲也。此亦蘇厲主親秦，為楚謀不忠之證。

楚策三：蘇秦之楚三日，乃得見乎王云云。

按：此條疑即蘇厲初至楚時事，蘇秦生平殆未入楚。

齊策三：楚王死，太子在齊質，蘇秦謂薛公曰：「君何不留楚太子以市其下東國？」

按：鮑彪曰：「此蘇秦非代即厲。」今按：其時蘇代在齊，而蘇厲在楚，然史謂頃襄王歸立為王，而懷王猶在秦，與此策相異，恐此策乃策士妄造，不足據。

史記孟嘗君傳：孟嘗君怨秦，因與韓魏攻秦，而借兵食於西周，蘇代為西周謂孟嘗君曰云云。

按：此事在周赧王十七年，西周策作韓慶，非蘇代，與史異。然其時蘇代固尚在齊。

史記孟嘗君傳：秦亡將呂禮相齊，欲因蘇代，代乃謂孟嘗君云云。

今按：此事不定在何年。考呂禮奔齊，在周赧王二十一年，其與蘇代相傾，當在此稍後。呂禮既用事，蘇代乃避而去之燕。

齊策五：蘇秦說齊閔王曰云云。

按：此策陳義甚正，殆閔王好用兵，而蘇代能以此諫，其人雖傾詐，其言則可取，代誠智傑士矣。湣王既不用其言，又值呂禮之排軋，代遂去而之燕。蘇秦則蘇代字譌。

燕策一：人有惡蘇秦於燕王者，曰：「武安君，天下不信人也。」武安君從齊來，而燕王不館也。謂燕王曰：「臣東周之鄙人也。使臣信如尾生，廉如伯夷，孝如曾參，以事足下，不可乎？」

又：蘇代謂燕昭王曰：「今有人於此，孝如曾參孝己，信如尾生高，廉如鮑焦史鰌」云云。

按：此兩條乃一事，蘇秦一條即蘇代之譌。蘇代久在齊，今乃轉而至燕，此即其初見燕王，自釋前愆之辭也。其事應在秦將呂禮至齊後，當在燕昭二十年前後。

又：燕王謂蘇代曰：「寡人甚不喜訑者言也。」蘇代曰：「處女無媒，老且不嫁」云云。

按：此亦蘇代初見昭王時語。

趙策一：蘇秦說李兌曰：今君殺主父而族之云云，李兌送蘇秦黑貂之裘，黃金百鎰，蘇秦得以入秦。

按：蘇秦與李兌不相接，策文多以蘇代譌蘇秦，此殆亦蘇代之譌。李兌弒趙君，在燕昭王十六年，其時蘇代尚在齊，豈蘇代當由齊奔燕之際，自以前隙已深，尚不敢遽往，而先赴趙，乃由李兌介之歟？然此策多舛，昔人已多辨者，殆不足信。

燕策一：奉陽君李兌甚不取於蘇秦。蘇秦在燕，因為蘇秦謂奉陽君曰云云。奉陽乃使使與蘇秦結交。

按：其時蘇代已在燕用事矣。蘇秦乃蘇代字譌。昔人已多知之。

燕策二：蘇代為燕說奉陽君於趙，以伐齊，奉陽君不聽，乃入齊惡趙，令齊絕於趙。齊已絕於趙，因之燕謂昭王曰云云，卒絕齊於趙。趙合於燕以攻齊，敗之。

按：蘇代之為燕謀齊，首在絕齊趙之交，猶張儀為秦謀楚，先絕楚齊之交也。代見李兌而計不行，乃又轉至齊。其見李兌，不定在何年，當在趙惠文王元年以前，此策乃終言之，故及後事。

燕策二：客謂燕王曰：「何不陰出使，散游士，頓齊兵，敝其眾，使世世無患。」燕王曰：「假寡人五年，寡人得其志矣。」蘇子曰：「請假王十年。」燕王說，奉蘇子車五十乘，南使於齊。勸之伐宋。

按：此事應在蘇代說趙李兌之後，既不得志於趙，乃轉而之齊也。

齊策四：蘇秦自燕之齊，見於章華南門。齊王曰：「嘻！子之來也。秦使魏冉致帝，子以為何如？」對曰云云。

又：蘇秦謂齊王曰：「兩帝立，孰與伐宋之利？臣願王明釋帝以就天下，倍約儐秦，而以其間舉宋。」

按：此事在周赧王二十七年，即燕策昭王奉車五十乘而使蘇代之齊之事也。蘇代離秦伐宋之說既信於齊王，而呂禮遂亡去，重歸秦。

趙策四：李兌約五國以伐秦，無功，留天下之兵於成皐，而陰構於秦。

又：五國伐秦，無功，罷於成皐。趙欲構於秦，楚與韓魏將應之，齊弗欲。蘇代請齊王曰：

「臣已為足下見奉陽君矣。臣謂奉陽君曰：『若不得已而必構，願五國復堅約，有倍約者，以四國攻之。無倍約者，而秦侵約，五國復堅而賓之。』」

按：李兌約五國伐秦事，史記失載，鮑彪以為在楚頃襄王十二年，即周赧王二十八年，其時蘇代又復在齊也。其所告「李兌五國復堅約，秦侵約，則五國堅而賓之」，此即以後策士所傳蘇氏從約也。

宋策：宋與楚為兄弟，齊攻宋，宋賣楚重以求講，蘇秦謂齊相曰云云。

按：此蘇秦亦蘇代之譌，齊攻宋時，代留齊未去。

韓策三：韓人攻宋，秦王大怒，蘇秦為韓說秦王曰：韓珉之攻宋，所以為王也。

按：史記田齊世家作韓聶，即韓珉，時為齊相而伐宋；珉損為民，遂譌韓人。篇中多改齊為韓，大誤。此處蘇秦亦蘇代字譌。蘇代所以極力助成齊之攻宋者，其實乃所以為燕，其智計之傾險，可謂至矣。此皆蘇代其時留齊之證。

燕策二：蘇代自齊獻書於燕王曰：「臣受令以任齊，及五年，齊數出兵，未嘗謀燕，齊趙之交，一合一離」云云。

按：此書當在樂毅會師伐齊之歲，蘇代使齊適五年矣。

又：蘇代自齊使人謂燕昭王曰：「臣聞離齊趙，齊趙已孤矣。王何不出兵攻齊？臣請為王弱之。」燕乃伐齊晉。蘇代使人說閔王，令蘇代將，齊軍敗。代又使燕攻陽城及貍，復使人說閔王，復使蘇子應之，燕人大勝。因使樂毅大起兵伐齊，破之。

按：其時蘇代已老，閔王未必屢使將兵。且代雖傾詐，亦不致不仁若此。蓋策士之妄說也。史記田齊世家、燕世家、樂毅傳、蘇代傳皆不取，為得之矣。

燕策一：齊伐宋，宋急。蘇代乃遺燕昭王書，燕昭王善之，曰：「先人嘗有德蘇氏，子之之亂，而蘇氏去燕，燕欲報讎於齊，非蘇氏莫可。」乃召蘇氏，復善待之，與謀伐齊。竟破齊，閔王出走。

按：蘇代於齊湣伐宋前已自燕來齊，至齊滅宋時，則留齊未返燕也。此策舛失，昔人已辨之。

又按：荀子臣道篇：「齊之蘇秦，楚之州侯，秦之張儀，可謂態臣。」「用態臣者亡。」張儀亦作張祿，秦用張范，未見亡徵，則其論齊事，亦不定在何時。呂覽知度，曰：「宋用唐鞅，齊用蘇秦，而天下知其亡。」以與桀紂並列，則必指齊閔王。然則其時乃蘇代，非蘇秦也。呂氏殆亦字譌，未可據。

趙策二：蘇秦從燕之趙，始合從，說趙王曰：「天下之卿相人臣，乃至布衣之士，莫不高賢大王之行義，皆願奉教陳忠於前之日久矣。雖然，奉陽君妬，大王不得任事。是以外客遊談之士，無敢盡忠於前者。今奉陽君捐館舍，大王乃今然後得與士民相親，臣故敢獻其愚，效愚忠。為大王計，莫若安民無事，請無庸有為也。安民之本在於擇交，擇交而得，則民安；擇交不得，則民終身不得安。請言外患：齊秦為兩敵，而民不得安；倚秦攻齊，而民不得安；倚齊攻秦，而民不得安。故夫謀人之主，伐人之國，常苦出辭斷絕人之交，願大王慎無出於口也。請屏左右。」

今按：此文不能定在何年。然細考所言，適合周赧王二十九、三十年間之情勢。其時齊湣王秦昭王為東西兩大，又值齊初滅宋，天下皇皇不安。而說者之言曰：「莫若安民無事。」此乃策士之姑為淺言之，以探趙王之意旨者。其時奉陽君新卒，趙王新用事，說者不知趙王意旨所在，未敢作深言，乃姑云云。趙王既動聽，乃請屏左右而作深談也。然則說者何為遲回瞻顧若是？曰：此當先明奉陽君生前之政策。說者之意，在求一反奉陽君之所為，而未知趙王之果能聽從以變與否，故先遲回瞻顧云之也。然則奉陽君生前之政策又何若？曰：奉陽君固主合從以擯秦，又贊齊滅宋者。然則此說士之意，必為求趙王反奉陽君之所為，不復欲趙齊之合也。以此推之，則為此說者，似莫如以樂毅為符，樂毅正以周赧王三十年由燕使趙也。而讀其下文，即復不然。曰：當今之時，山東之建國，莫如趙強，又專勸趙拒秦，此則與奉陽君生前政策正相合，說者何為必曰「今奉陽君捐館舍，臣乃敢效愚忠」乎？抑且其時齊新滅宋，天下屬耳目者在齊不在秦，何以說者獨言擯秦，大為不類。故疑此篇首節，或係當時樂毅說趙之辭，後之策士，乃割裂以歸之蘇秦。蓋樂毅在當時亦稱，合從。史謂趙惠文王以相國印授毅，毅並獲趙楚韓魏燕五國之兵，而尚漏一秦，此即身佩六國相印之說也毅亦自燕赴趙，後之策士，因奪以歸之蘇秦。策文蘇秦多為蘇代字譌，此文知非出蘇代者，燕趙合謀伐齊，蘇代尚留齊，故知非蘇代也。蘇代前告李兌，嘗有五國堅約，秦侵約，五國堅而賓之之議，見前引。或本篇末後一大節，由此而來。要之此策前後乖舛，無足信。

燕策二：趙且伐燕，蘇代為燕謂惠王曰：「燕趙久相攻，臣恐強秦為漁父也。」惠王乃止。

按：此事不定在何年，然必在燕昭破齊之後。

又：秦召燕王，燕王欲往，蘇代約燕王曰云云，燕昭王不行。蘇代復重於燕，燕反約從親如蘇秦時，或從或否，而天下由此宗蘇氏之從約。代厲皆以壽死，名顯諸侯。

按：此事不定在何年，當亦昭王晚節。蘇代是時年壽已高，殆亦不久而卒。其文極駿快鋒利，能曲折道達秦人之罪惡，宜乎為後之策士言擯秦者所推崇也。

西周策：蘇厲謂周君曰：「白起今攻梁，梁必破，君不若止之。」

按：魏昭王十三年，有秦兵至大梁事。史記周本紀繫此事於赧王之三十四年，恐未是。

趙策二：秦攻趙，蘇子為謂秦王曰云云。

按：此文有「田單將齊之良，以兵橫行十四年」之語，則其事應在趙孝成王時，其時代厲皆已沒世，不知此蘇子又何指。

趙策一：趙收天下，且以伐齊，蘇秦為齊上書說趙王曰云云。

按：此策當依史記趙世家作蘇厲，然篇中事實皆為韓言，不為齊也。其事不知在何時，其文及地名又多舛異，難可強說。然觀其大意，亦與蘇代約燕昭王書約略相類。蓋自齊湣既敗，天下強國惟秦，而秦之吞并東方之野心亦日著，其狡謀狠計，蘇氏兄弟獨能曲折暢洩之，此後策士競言擯秦，乃不期而群推蘇氏，又上引之於蘇秦，則以近者難飾說，遠者易誇張也。

今再約述代厲事迹如次：

蘇秦之死，厲在齊而代在燕。量其年事，當值少壯，不能達三十。秦死不久，代亦使齊。子之之亂，由於代，其後代留齊而厲之楚。厲仕楚懷王，而與秦甚密，又常往來韓魏間，蓋頗主親秦，似為懷王謀不忠。秦武、昭之際，蘇代曾為齊使秦，路過韓，既反齊，又曾見執於魏。李兌約五國伐秦，代在齊，主堅約擯秦，事雖不成，後之言從約者常本之。其在齊，與孟嘗君交頗密。及秦將呂禮亡至齊，排妬蘇代孟嘗。代既不得意於湣王，遂去至燕，事燕昭王。於是為燕使齊，復居齊五年，以間齊趙之交，又勸齊勿與秦並稱帝，而伐宋以絕齊秦之懽，而招諸侯之忌。代之為齊謀，實皆所以為燕也。燕昭破齊時，代尚留齊。其後勸燕昭勿入秦，曲折言秦人之詐，其文駿利，尤為後之策士所樂稱。故此後言擯秦者，遂群奉蘇氏為宗焉。厲代皆以壽終，蓋皆逾七十云。

厲代年表

民元前二二三二（西元前三二一）	蘇秦死。
二二三一（三二〇）	燕王噲元。蘇厲侍燕質子在齊，蘇代在燕。
二二三〇（三一九）	齊宣王元。蘇代自燕使齊當在此前後。
二二二九（三一八）	燕王噲三。三晉攻秦。蘇代自齊使燕當在此年或明年。

二二二八（三一七）	
二二二七（三一六）	燕王噲讓國子之。
二二二六（三一五）	齊宣王五伐燕。
二二二五（三一四）	燕王噲、子之皆死。蘇代蘇厲皆留齊。
二二二四（三一三）	
二二二三（三一二）	秦敗楚將屈丐。蘇代在齊見陳軫。
二二二二（三一一）	
二二二一（三一〇）	魏相田需卒。蘇厲在楚北見梁王。
二二二〇（三〇九）	
二二一九（三〇八）	
二二一八（三〇七）	秦拔韓宜陽。
二二一七（三〇六）	秦昭王元。楚圍韓雍氏。蘇代為齊使秦而過韓。甘茂亡秦奔齊遇蘇代。
二二一六（三〇五）	蘇代拘於魏應在此稍後。

二三一五	（三〇四）	
二三一四	（三〇三）	
二三一三	（三〇二）	
二三一二	（三〇一）	楚敗於重丘。蘇厲在楚。秦涇陽君為質於齊。齊宣王卒。孟嘗君將入秦，蘇代在齊諫止之。
二三一一	（三〇〇）	楚懷王二十九。使太子質齊。蘇厲在楚。
二三一〇	（二九九）	楚懷王入秦。齊湣王二。孟嘗君入秦。
二三〇九	（二九八）	楚頃襄元。田文歸相齊。五國伐秦。蘇厲在楚，蘇代在齊。
二三〇八	（二九七）	
二三〇七	（二九六）	楚懷王卒於秦。李兌弒趙主父。
二三〇六	（二九五）	
二三〇五	（二九四）	秦將呂禮亡奔齊，主聯齊秦而排孟嘗蘇代。蘇代去齊當在此稍後。

二二〇四（二一九三）	
二二〇三（二一九二）	蘇代自齊至燕當在此前後。
二二〇二（二一九一）	
二二〇一（二一九〇）	
二二〇〇（二一八九）	
二一九九（二一八八）	齊秦稱東西帝。蘇代為燕使齊，勸齊釋帝號而伐宋。呂禮重歸秦。
二一九八（二一八七）	李兌約五國伐秦。蘇代為齊見李兌勸定從約。
二一九七（二一八六）	齊滅宋。蘇代在齊。
二一九六（二一八五）	樂毅為燕使趙說合從伐齊。李兌卒當在此稍前。
二一九五（二一八四）	燕趙入齊。蘇代為燕使齊至此適五年。
二一九四（二一八三）	秦兵至大梁。蘇厲見西周君。

二一九三	（二八二）	
二一九二	（二八一）	蘇代蘇厲之卒皆當在此前後。

附　鬼谷子辨

又考漢志縱橫家蘇子三十一篇。沈欽韓曰：「今見於史記、國策，灼然為蘇秦者八篇，其短章不與。秦死後，蘇代蘇厲等並有論說。國策通謂之蘇子，又誤為蘇秦。此三十一篇，容有代厲并入。」今按：秦語見史記、國策者均後人偽造，並多與代厲相混，此蓋由後世策士附託，亦未必出代厲之手也。沈氏謂漢志三十一篇有代厲，蓋信，而不知其猶有偽，是辨之猶未盡也。又史記蘇秦傳：「於是得周書陰符，伏而讀之，期年，以出揣摩。」今按：秦時是否有周書陰符已可疑，此亦後之策士所飾說以神其事者。然史明謂讀陰符以資揣摩，若使鬼谷真有揣摩書，秦直治其師傳可矣，何煩覓陰符乎！索隱引江邃曰：「揣人主情，摩而近之。」是為揣摩正解。而集解裴駰案：「鬼谷子有揣摩篇。」又索隱引王劭曰：「揣情、摩意，是鬼谷之二章名，非為一篇也。」今漢志亦無鬼谷子，疑後之偽鬼谷書者，本史記而成揣摩之篇，非史記襲鬼谷而綴揣摩之字也。而秦策則云：「得太公陰符之謀，伏而誦之，簡練以為揣摩。讀書欲睡，引錐自刺其股，血流至足。曰：『安有說人主，不能出其金玉錦繡取卿相之尊者乎？』朞年，揣摩成，曰：『此真可以說當世之君矣。』」高誘注：「簡，汰也；練，濯。濯治疑當作「汰」。陰符中奇異之謀，以為揣摩。揣，定也；摩，合也。定諸侯，使讎其術，以成六國之從也。」則高氏亦不以揣摩為篇名。而云「朞年揣摩成」，殊覺不辭。上已云「安有說人主不能取卿相之尊」，下復云「此真可以說當世之君」，亦嫌語沓。疑「朞年揣摩成」一語，或後人增入，遂若以揣摩為蘇子書篇名矣。又按：虞卿傳，卿著書上採春秋，下觀近世，曰節義、稱號、揣摩、政謀凡八篇，以刺譏國家得失，世傳之曰虞氏春秋。以揣摩名篇，實始見於此。其所載殆多策士游說之辭，即如韓非說難，亦揣摩之術耳。此皆在揣摩之風大盛之後，後之策士上飾蘇秦以為揣摩之祖，而又神之以鬼谷，然亦不謂鬼谷蘇秦有揣摩之書也。又漢書杜業傳贊：「業因勢而抵陒。」服虔曰：「抵音紙，陒音羲，謂罪敗而復抨擊之，蘇秦書有此法。」顏師古曰：「今鬼谷子有抵戲篇。」戲、陒同音。然服虔僅云蘇秦書有抵陒之法，法者術也，謂其書有此術，非即謂其書有此篇。此亦後之偽鬼谷書者，因服語而造為此篇，非服氏見鬼谷有此篇，而引為此注也。又說苑善說篇引鬼谷子曰云云，此由漢前有蘇秦張儀學於鬼谷子之說，故當時必有造為鬼谷子言論行事以傳世者。按：史記蘇秦傳：「蘇秦東事師於齊，而習之於鬼谷先生。」徐廣曰：「潁川陽城有鬼谷，蓋是其人所居，因為號。」裴駰曰：「風俗通義：『鬼谷先生，六國時從橫家。』」此或可確有其人，或亦策士偽飾。要之其書既偽，其人又無他事迹言行可考，則置之不論不議之列可也。或說苑所引語，即在漢志蘇子三十一篇或張子十篇中，或出別書，亦不能據此即謂劉向實曾見鬼谷書。余疑漢志蘇子三十一篇，當如沈氏說，即今傳史記、國策所載蘇氏兄弟之辭，而鬼谷子則猶為東漢後晚出偽書，不得謂今鬼谷子即出漢志蘇子三十一篇，故復為之附辨焉。據史記索隱引鬼谷子語同莊子胠篋篇，而鬼谷亡篇有胠篋，此必襲之莊書，而後人去之。此亦證鬼谷書不盡在張子、蘇子二書中也。

九六　楚威王與齊威王同時考

史記越世家：「王無彊當楚威王之時，北伐齊。齊威王使人說越王，釋齊而伐楚。楚威王興兵大敗越，殺王無彊，盡取故吳地。北破齊於徐州。」而六國表楚威王之立，齊威王已死四年。徐州之役，去齊威王已九年，與越世家相背。今以紀年推考，知惟越世家得其實。楚威王元年，乃齊威王之十九年，徐州之圍，在齊威王之二十五年參讀考辨第一三四。也。葉大慶考古質疑特舉此事，以證史記威宣年代之錯誤。其言曰：「戰國策燕王噲既立，蘇秦死於齊。蘇秦之在燕也，與其相子之為婚，而蘇代與子之交。及秦死，而齊宣復用代，使於燕，激燕王厚任子之。三年，燕國大亂。齊宣王因伐燕。由戰國策而觀，則齊宣伐燕與孟子脗合。司馬公作通鑑，乃於周顯王三十六年云齊威王薨，子宣王立。顯王四十八年云燕易王薨，子噲立。據此則齊宣王正與燕噲同時。溫公進通鑑表，以為徧閱舊史，抉摘幽隱，校計毫釐，豈有此大節目不加考究？然即史記參觀互考，紀傳、世家之與年表，其前後歲月，又皆相應。如伐燕一事，猶未足決史記之為誤。獨有一事，或可為證。越世家云，越王無彊北伐齊，威王使人說越云云，正齊威王時。年表載於顯王三十六年，為宣王之世，豈非遷之自戾歟？然則徐州之圍，既為威王之時，則宣王非立於顯王二十七年可見，而通鑑所載為得其實，是伐燕為宣王明矣。大抵即此可以明彼，而因其自戾，則尤可以辨而破也。」今按：通鑑據孟子、國策，姑移宣湣之年以為遷就，雖知史記之誤，而亦未能定齊威、宣、湣三君年代之真。參讀考辨第一二〇及一二八。葉氏據越世家以證史記之自戾，而亦不能識通鑑之仍非定論也。今據紀年前後推排，乃始可以得齊燕世系之真相。姑引葉氏之說，以見考古之事之亦未能一探而即得爾。至周廣業孟子四考，乃謂：「徐州之圍，由史誤分威宣為二人，致有歧誤，非止自戾。」則歧途之中，又轉生歧，引而愈遠，益迷亡羊之所在矣。楚世家：「宣王六年，周天子賀秦獻公，秦始復彊，而三晉益大，魏惠王齊威王尤彊。威王六年，周顯王致文武胙於秦惠王。」竊疑史公此文有譌，以「魏惠王齊威王尤彊」一節移置威王六年，最為適合。（參讀考辨第八三。）又黃以周儆季雜著史說略、史越世家補并辨，仍謂兩威王不同時，自誤。惟辨其時越並不為楚所滅，則是也。余此文僅從史記證兩威王年代之相及，讀者當分別善觀。

又按：水經漸江水注：「越王無彊為楚所伐，去琅邪，止東武，人隨居山下。」是其時越都猶在琅邪也。參讀考辨第一一八。而史記越世家謂：「王無彊時，北伐齊，西伐楚，與中國爭強，齊威王使人說越，越遂釋齊伐楚，楚威王興兵伐之，大敗越，殺無彊，盡取故吳地，至浙江，北破齊於徐州。」楚世家亦載此事，謂齊孟嘗君父田嬰欺楚，楚伐敗之於徐州。徐廣曰：「時楚已滅越而伐齊也。齊說越令攻楚，故云齊欺楚。」竊疑楚伐徐州凡兩役，參讀考辨第一三四。無彊與中國爭強，當猶居琅邪時。楚伐敗齊越，而無彊去琅邪，其時則在楚宣王二十四年之前後。參讀考辨第一一八。後楚威王時，復敗越，殺無彊，而盡取故吳地，則在無彊離去琅邪之後。史所謂「越遂以此散，諸族子爭立，或為君，或為王，濱於江南海上，服朝於楚」者也。而史公誤混說之，今粗為推校，惜史文闕佚，無可詳證以著其必然矣。

九七　齊因燕文王喪伐取十城乃威王非宣王辨

燕策：「文公卒，易王立，齊宣王因燕喪攻之，取十城。」史記依之。今按：燕策誤也。宣王伐燕在王噲時，其時齊乃威王，非宣王。前二年，威王與魏會徐州相王，至是為威王之二十五年。宣王之立尚在其後十三年。通觀余前後辨齊世系諸條，則國策之誤自顯。繹史年表依通鑑，以齊伐燕喪之年為宣王元年，較史表移後十年，亦緣燕策一語而誤。史記以討子之之亂為湣王，亦誤。黃氏日鈔謂孟子「宣王伐燕」兩章，即因喪取十城事，亦與孟子原文不合。狄子奇編年辨之云：「所取僅十城，不得云『倍地』。易王新立，又安用『置君』？燕世家又言蘇秦說齊歸燕十城，則與孟子無涉，審矣。」焦循孟子正義亦有辨，語詳不錄。而余考燕策言蘇秦說齊歸燕十城語，重有可疑者。燕策云：「燕文公時，秦惠王以其女為燕太子婦。文公卒，易王立。齊宣王因燕喪攻之，取十城。蘇秦為燕說齊王曰：『燕雖弱，秦之少婿也，王利其十城而深與強秦為仇，此食烏喙之類也。』齊乃歸燕城而請罪於秦。」今按：秦惠王元年，當燕文公二十五年。三年，惠王始冠。古禮二十而冠，則其時惠王年不過二十。越二年，燕文公卒。豈秦惠王即有女為燕易王妻哉？惠王十年前，魏未盡納上郡，秦與趙壤地不相接，豈遽遠嫁其女為燕婦哉？策士造說者，謂蘇秦相燕倡合從，秦畏之，故嫁女以納懽於燕。齊復畏燕之為秦婿而歸之十城。其實秦在當時，猶不足畏，其勢遠不及齊威、宣之盛。而蘇秦合從之說亦烏有，無論秦嫁女事也。惟蘇秦說齊歸燕十城，則其事或可有，而所以為說者已不傳。今燕策所存，則後之策士造為之也。余既辨蘇秦合從事，因并及此以相發，並見燕策之多不可信。史記蘇秦傳亦採此事，蓋為燕策所誤。

九八　孟子在齊威王時先已遊齊考

孟子：「陳臻問曰：『前日于齊，王餽兼金一百而不受。于宋，餽七十鎰而受。于薛，餽五十鎰而受。』」玩其語氣，似孟子至宋在去齊之後。閻潛邱謂：「孟子去齊適宋，當周慎靚王之三年，正康王改元之歲，宋始稱王。」全謝山云：「所以遊宋亦有故。蓋康王初年亦嘗講行仁義之政，孟子所以往而受七十鎰之餽。」今按：康王改元，乃在周顯王四十一年，史記誤後十年。詳考辨第九九。據孟子：「萬章問曰：『宋小國也，今將行王政，齊楚惡而伐之，則如之何？』」云「將行王政」者，其為初稱王將行新政以悅民之徵甚顯。然謂孟子遊宋，正值康王新王之際則是，必謂康王初王之歲，則未見其必是也。惟既在宋康新王之際，則其見梁惠王齊宣王定在至宋之後。而其去齊適宋，則必當在齊威王之時，斷無疑矣。崔東壁云：「梁惠王一篇，凡與時君問答之言，皆以時之先後次之。則是至滕至魯，皆孟子晚年事也。『兼金』章以在齊為前日，在宋薛為今日，則是至宋至薛亦在孟子去齊後也。『滕文』章孟子在宋，『滕定』章孟子在鄒，皆滕文未即位時事，則是孟子去齊之後，先至宋而後至滕也。」其考孟子游仕先後，一以孟子原書為證，意誠是，而言則猶誤。其謂孟子至滕至魯乃晚年事，皆非也。余考孟子書，其初在齊，乃值威王世。據徐幹中論尚在桓公世，其語不可信，見考辨第七六。去而至宋滕諸國。及至梁，見惠王襄王，又重返齊，乃值宣王也。崔氏誤以見宣王後乃始去至宋滕，前後相差十許年，請仍據孟子書為辨。

齊王饋兼金一百，孟子以謂未有處而不受，此必威王之時，孟子猶未仕齊也。若至宣王世，孟子致為臣而歸，而宣王饋金以贐行，則君臣之間，又何云無處而饋哉？此孟子威王世先已遊齊之證一。

公孫丑下：「孟子為卿於齊，出弔於滕。」季本孟子事跡圖譜云：「其與王驩使滕，為文公之喪也。非大國之君，無使貴卿及介往弔之禮。此固重文公之賢，亦孟子欲親往弔以盡存沒始終之大禮。」此說雖若無據，而實可信。何者？若謂定公之喪，則其時孟子在鄒，固不為齊卿；若謂弔喪猶在定公前，或尚在文公後，則益遠於事實。謂所弔非君薨，又不應有使貴卿及介往弔之禮。推此言之，其為弔文公之喪可知。則孟子見滕文公，固在仕齊宣王之前。而其遊宋，又在見滕文公前。而遊齊尚在遊宋前。此孟子當威王世先已遊齊之證二。又按：滕文公卒，當在齊宣王二年至四年間，詳考辨第一三五。

離婁下：「公都子曰：『匡章，通國皆稱不孝，夫子與之遊，又從而禮貌之，何也？』

孟子曰：『夫章子之父，責善而不相遇也。父子責善，賊恩之大者。夫章子豈不欲有夫妻子母之屬哉？為得罪於父，不得近，出妻屏子，終身不養焉。』其事又見於齊策：「威王使章子將而拒秦。章子母為父所殺，埋於馬棧之下。王謂曰：『全軍而還，必更葬將軍之母。』章子對曰：『臣非不能更葬母。臣之母得罪於臣之父，未教而死。臣葬母，是欺死父也。故不敢。』後章子勝秦而返。」全祖望經史問答云：「孟子所云『責善』，蓋必勸其父以弗為已甚，而父不聽，遂不得近。此自是人倫大變。章子之黜妻屏子，非過也，然而孟子以為賊恩，何也？蓋章子自勝秦以前，所以處此事者本不可以言過。然其勝秦而還，則王必葬其母矣，而章子之黜妻屏子終身如故。是在章子亦以恫母之至，不僅以一奉君命得葬了事，未嘗非孝。而不知是則似於揚父之過。自君子言之，以為非中庸矣。」又謂：「章子之事，未必在威王之世。」全氏既誤以章子為不在威王世，又不知孟子當威王世已先遊齊，故所擬議多誤。公都子之問，孟子之答，其事當尚在章子將兵勝秦之前。通國皆稱不孝者，為其母葬馬棧之下，而章子不為更葬也。黜妻屏子，終身不養者，孟子據其前以為言，非要其終以言之也。孟子力辨章子之非不孝，孟子深諒章子之處變而不獲已，未嘗謂章子之非中庸。自章子勝秦歸，威王既明稱其不欺死父，又必為之更葬其死母，而章子益見親重於齊。觀其後之屢為齊將可知。不應通國猶稱其不孝意其時從遊而禮貌之者必多矣，公都子亦何疑於孟子而有此問？余與全氏之說，雖同屬推想，而余說似較有理。此孟子當威王時先已遊齊之證三。

盡心篇：「孟子曰：『不仁哉梁惠王也！仁者以其所愛及其所不愛，不仁者以其所不愛及其所愛。』公孫丑曰：『何謂也？』孟子謂：『梁惠王以土地之故，糜爛其民而戰之，大敗，將復之，恐不能勝，又驅其所愛子弟以殉之。』」此其語似發於梁敗馬陵之際。公孫丑齊人，蓋其時孟子已遊齊，而丑方及門，故記其一時之問答云爾也。此又孟子當威王時先已遊齊之證四。

至孟子究以何時來齊，以何時去，則書缺有間，無可詳說。今據匡章事，定孟子遊齊當在齊威王二十四年前；參讀考辨第九四。據宋偃稱王，定孟子去齊當在齊威王三十年後。則孟子當威王世，留齊至少亦得十八年，此則差可推說耳。

今繼此而推校孟子之年歲：其遊梁乃在惠王後元十五年，詳考辨第一一五。時惠王在位已五十年，計其年壽殆及七十，或已過。而稱孟子曰「叟」，叟是長老之稱，則孟子之年決不下於六十，或亦竟及七十矣。周廣業云：「其不稱夫子而曰叟，正以年齒相當，而王差長，故以此為尊。」不應至此時始出遊。其前孟子遊宋，在康王稱王初年，則孟子年亦已五十、六十間。又其前孟子先遊齊，與匡章交，則四十、五十之年也。史記：「先遊齊，事齊宣王，後適梁，見梁惠王。」先齊後梁不誤，特不知孟子先遊齊當威王世耳。至孟子書序見梁惠王齊宣王在前，而次鄒穆公滕文公魯平公於後者，以鄒滕魯皆小國，故並書於後。日知錄集釋七引衛嵩曰：「孟子游歷先後，以本書證之，當是自宋歸鄒，之任，之薛，之滕，而後之梁，之齊。」以游梁齊在宋滕後，最為得之。惟以之薛謂在歸鄒後，似誤。又不知孟子先曾游齊耳。據此，孟子之生，最早在周安王十三、四年，離子思之卒至少在十年外。孔叢記孟子見子思，子上以無介為疑，子思告以「昔從夫子於郯，遇程子」云云。王謨駁之曰：「按左傳，孔子見郯子在昭公十七年，孔子時年二十八，按：以孔子生魯襄公二十二年推之，則是年孔子年二十七。伯魚尚幼，子思安得遂從夫子？」孔叢不可信率類此。江永群經補義云：「孟子之言，予私淑之人，人謂子思之徒，是孟子與子思年不接。」崔述亦云：「若孟子親受業於子思，則當明言其人以見其傳之有自，何得但云人而已乎？由是言之，孟子必無受業於子思之事。」特為附辨於此。孟子外書性善篇，孟子自謂學於子思之子子上。又文說篇，有孟子問於子上，子上謂孟子語。余考孟子幼年，子上亦已先卒，（詳考辨第六三及一四八。）外書所言亦不可信。

九九　宋偃稱王為周顯王四十一年非慎靚王三年辨

宋偃元年，在周顯王三十一年，已詳考辨第九一。史云：「偃立十一年而稱王。」高誘注呂氏春秋禁塞、順說篇均同。則乃周顯王之四十一年也，而史誤以為宋偃初立之年。循是下算，至周赧王二十九年，齊滅宋，偃凡稱王四十三年。高注順說作四十五，注禁塞作四十七，皆誤。合前十年，為在位五十三年也。偃之稱王，去魏齊徐州相王已六年，而尚在秦韓燕趙稱王之先，故頗為當時所嫉視。今據孟子書，萬章問：「宋，小國，將行王政，齊楚惡而伐之，則如之何？」孟子以湯武之事告之。又觀其臣如盈之，如不勝，議行什一，議去關市之征，進居州以輔王，其政當有可觀。而國策記其射天笞地，世家書其淫於酒色，並皆謂之桀宋，與孟子萬章之言迥別。蓋出於一時忌嫉之口，非信史也。全祖望焦循皆為宋偃辨誣，良非無據。參讀考辨第一三〇。史記又稱：「宋偃東敗齊，南敗楚，西敗魏。」考之諸國世家及年表，皆無其事。梁氏志疑亦辨之。呂覽禁塞：「宋康死於溫。」高注：「溫，魏邑，康王敗魏於溫，與齊楚魏為敵，齊楚魏滅之，故曰『死於溫』。」似據史為說，疑不足信。抑余於王偃故事，又別有見。雖若虛臆無證，而考古之事，固時有不限於實證者。則姑陳吾說，以備一見，或亦為深思眇慮之士所樂聞也。

附　宋王偃即徐偃王說

史記秦本紀：「造父以善御幸於周繆王，得驥、溫驪、驊騮、騄耳之駟，西巡狩，樂而忘歸。徐偃王作亂，造父為繆王御，長驅歸周，一日千里以救亂。」韓非五蠹：「徐偃王處漢東，（「漢」疑應作「潢」。）地方五百里，行仁義，割地而朝者三十有六國。荊文王恐其害己也，舉兵伐徐，遂滅之。」淮南人間訓：「徐偃王好行仁義，陸地之朝者三十二國。（「陸」疑應作「割」，下引後漢書同誤。）王孫厲謂楚莊王曰：『王不伐徐，必反朝徐。』……楚王曰：『善。』乃舉兵而伐徐，遂滅之。」後漢書東夷傳：「偃王處潢池東，地方五百里，行仁義，陸地而朝者三十有六國。穆王得驥騄之乘，乃使造父御以告楚，令伐徐，一日而至。於是楚文王大舉兵而滅之。偃王仁而無權，不忍鬪其人，故致於敗。乃北走彭城武原縣東山下，百姓隨之者以萬數，因名其山為徐山。」韓愈衢州徐偃王廟碑即本此為說。此徐偃王之故事也。史記正義引古史考云：「徐偃王與楚文王同時，去周穆王遠矣。且王行有周衛，豈得救亂而獨長驅，日行千里乎？此事非實。」崔述豐鎬考信錄亦辨之，謂：「前乎穆王者，有魯公之費誓，曰：『徂茲淮夷，徐戎並興。』後乎穆王者，有宣王之常武，曰：『震驚徐方，徐方來庭。』則是徐本戎也，與淮夷相倚為邊患，叛服無常，其來久矣。非能行仁義以服諸侯，亦非因穆王遠遊而始為亂也。且楚文王立於周莊王之八年，上距共和之初已一百五十餘年，自穆王至是不下三百年，而安能與之共伐徐乎？」今按：謂荊文王伐徐者，韓非也。謂楚莊者，淮南也。謂周繆王者，史記秦本紀也。混韓子、史記為一談者，後漢東夷傳也。繆王之事，不載於周紀而見諸秦本紀，此自秦人稱其祖造父，欲神其技，大其功，因附會於偃王之事。趙世家又載：「繆王使造父御，西巡狩，見西王母。」此本以著異聞，非以為信史。故滅之於周紀，而存之於兩家。史公之意，至慎至顯也。馬氏繹史亦云：「史稱造父御王巡狩，見西王母。徐偃王反，日馳千里馬，攻破之。豈王之貳車，遂足以制勝？抑六師之眾，咸有此捷足哉？史不錄於周本紀，亦不過雜采異說，以傳疑。」此說發明史例，極為有見。余辨史載蘇張縱橫傳說之妄，亦用此例，參讀考辨第九五。又按：檀弓載徐大夫容居曰：「昔我先君駒王西討，濟於河。」不知此駒王屬何時，蓋非行仁義之偃王可知。若謂今秦紀、趙世家繆王故事，由徐駒王而來，則仍與徐偃王行仁義而見滅於楚者不同。蓋徐偃王自與宋王偃有關，不必以徐駒王疑之也。

至楚文王時，考之春秋傳及楚世家，均無徐偃王事。（楚成王伐徐，齊桓公救之，徐恃救而敗，見左傳僖十五年。徐為吳滅，徐子章羽奔楚，見左傳昭三十年。）此韓說之妄。然稱徐偃王以仁義滅國，則三說皆同。余疑徐偃王即宋王偃，其見滅時，惟淮南楚莊王之說得之。宋稱徐者，戰國時宋都蓋遷彭城。韓世家：「文侯二年伐宋，到彭城，執宋君。」年表亦載此語。其時宋當休公世，蓋已遷彭城，而史闕不載。蓋宋都商丘，其地四望平坦，無險可守。彭城俗勁悍，又當南北之衝。自楚拔彭城以封魚石，晉悼圍之，重以畀宋，而彭城乃為形勝所必爭。宋之徙都，實與趙徙邯鄲，韓徙鄭，魏徙大梁同意，皆就衝要以自鎮。故宋亦稱徐，即指新都彭城言。如韓稱鄭，魏稱梁，是也。（彭城晉立徐州，至今猶稱。淮夷徐戎，素屬商，故商宋亦得徐稱也。）又史記封禪書：「周之九鼎，沒於泗水彭城下。」始皇本紀：「二十八年，過彭城，齋戒禱祠，欲出周鼎泗水。」亦宋都彭城之證。（語詳後。）後漢東夷傳稱偃王處潢池東，水經濟水篇有黃水黃溝，其東為沛，秦之泗水郡，劉備徐州治此。又南為彭城，東為武原徐山。（泗水注作徐廟山。）此即偃王之國矣。云其地方五百里者，宋策墨子說楚，亦言宋方五百里也。偃王者，疑乃王偃之倒。考謚法無偃。秦本紀集解引「尸子曰：『徐偃王有筋而無骨。』駰謂號偃由此」。此語無稽，而可以證「偃」之非謚。志疑云：「偃身死國亡，未必有謚。然國策、墨子、呂覽、新序諸書，俱以偃謚康王，而荀子王霸篇稱為宋獻。楊倞注曰：『國滅之後，其臣子各私為謚，故不同。』」則是王偃謚康謚獻，於當時本非通行，故野人小民，遂乃倒王之名以為稱。莊子列禦寇：「曹商為宋王使秦。」釋文：「司馬云：『偃王也。』」則王偃後固亦稱偃王矣。謂其見滅，惟淮南楚莊王之時得之者。楚兩莊王，一在春秋時，考之春秋傳及楚世家，莊王元年伐舒蓼，十三年眾舒叛，楚滅舒蓼，疆之及滑汭，盟吳越而還，如是而已。左氏傳備載莊王事，亦不似有所謂徐偃王，割地而朝者三十二國，而見滅於楚也。一在戰國時，頃襄王又稱莊王。參讀考辨第一三一。六國表宋滅當楚頃襄十三年，故淮南以為莊王也。宋亡於齊，其後楚得其淮北徐地。當時盛毀之者，擬之桀紂，蓋出諸列國之君卿。而宋之小民，則口道仁義不能忘。凡今先秦書記宋偃之不道者，皆本列國史記。而宋以國亡無史，其仁義之設施，已不足自傳於後世。惟野民小人之所稱譽，謂徐偃王行仁義而亡國者，其流傳失真，乃誤以為春秋之徐，或乃以謂在楚文王時，或乃以為當周繆王之世。傳者弗深考，乃不知其即宋王偃。古事流傳，其漫迤流衍如此者多，不足怪也。

又按：荀子非相列舉徐偃王仲尼周公皐陶云云，似徐偃王年代最在後，則亦非周繆王及春秋楚文、莊時人矣。此篇列之聖賢之儔，而王霸篇又並稱宋獻齊湣，此則時人對宋偃評量本不一致，非相亦不必出荀卿手筆耳。

附　社亡鼎淪解

年表周顯王三十三年秦下，書「宋太丘社亡」。封禪書：「或曰：『宋太丘社亡而鼎沒于泗水彭城下，其後百一十五年，而秦并天下。』」亦自顯王三十三年起算。漢書郊祀志：「或曰：『周顯王之四十二年，宋太丘社亡，而鼎淪沒於泗水彭城下。』」此均無稽之談，然有可以推覘宋偃稱王時傳說之一斑者。社亡，王先謙曰：「索隱引應劭曰：『云亡淪入地，非也。』案：亡，謂社主亡也。」宋策謂康王射天笞地，斬社稷而焚滅之，此謂康王暴悖自絕於天，因是有社亡之說，謂天示以將亡之兆也。鼎淪者，鼎為國家有天下之禎祥。左氏稱楚子問鼎輕重，而不敢有。今鼎乃入宋而淪於泗水彭城之下。彭城，宋都也。此亦宋德不足有天下之證。史記周本紀：「威烈王二十三年，九鼎震。」命韓魏趙為諸侯，乃周失天下之先階，故有鼎震之兆。然此雖毀譏之辭，必當時先有周鼎歸宋之說，乃云其淪沒於泗水。則鼎淪之毀，實承鼎歸之譽而生。鼎本商物，周人有之。周德既衰，商行仁義，鼎乃重歸商。慮當時宋康行仁政，愚民厚德者，當有此言。故諸侯之忌嫉益甚，乃於其稱王後之一年，而曰鼎淪於泗水矣。蓋宋之稱王，在周顯王四十一年。漢書記四十二年社亡鼎淪，實承舊史記載而來。封禪書云：「商周德衰，宋之社亡，鼎乃淪沒，伏而不見。」是謂商周之德均不足以復有天下也。亦以社亡鼎淪並言，惟未著年代。又年表附宋於齊，而此事書於秦表，或由史公採之秦史而未經移正耶？又考秦本紀稱武王與孟說舉鼎絕臏而死，甘茂傳稱武王竟至周而卒於周。合兩說而論，武王既卒於周，知舉鼎亦在周。孟子疏引帝王世紀謂：「秦王於洛陽舉周鼎，烏獲兩口血出。」是其證。余疑此亦當時傳說，猶如楚子問鼎輕重，而王孫雒謂在德不在鼎。秦武欲通三川以窺周室，竟如其願，身至於周而卒。時人遂謂武窺周鼎，而德不堪之，遭愆而死，因譏之曰舉鼎絕臏死矣。其事與鼎淪之說相隔十九年，而推論根源，實出一致，因附辨之。

又按：周本紀：「周君、王赧卒，周民東亡，秦取九鼎寶器。」此秦人之誇詐也。既已不得周鼎，猶且誇詐於諸侯，曰我得周鼎矣。乃以著之史，而史公承之。又始皇紀：「二十八年，還過彭城，齋戒禱祠，欲出周鼎泗水。」此秦人之貪愚也。既已詐於天下，曰我得周鼎矣，而猶不忘情於真取，而信其真沉於泗水，乃不覺忘其前言，過彭城則祠以求之，而史公則據以為載。今史記正義及通考，乃謂「一飛入泗水，八入於秦中」，則既為秦人所詐，又過秦人之愚矣。夫漢得秦寶，不聞有鼎，此乃秦未得鼎之驗。水經泗水注：「始皇使數千人沒水求之，不得，乃謂鼎伏。」此乃鼎未淪泗之驗。沈欽韓曰：「九鼎之亡，周自亡之，虞大國之數甘心也，為宗社之殃。又當困乏時，銷毀為貨，謬云鼎亡耳。」此雖虛臆，最為有情。余謂宋都彭城，王偃行仁政，小民心向，列國君卿忌嫉，甚加毀誣。又其稱王在顯王三十二年，及其國亡，遺民猶傳徐偃王，蓋亦會於虛而知之。太丘屬沛，在河南永城境，距商丘彭城略相等。

附　戰國時宋都彭城證

余考戰國時宋都彭城，又別有說以為證者。水經睢水注：「睢水又東逕睢陽縣故城南，周成王封微子啟於宋，以嗣殷後，為宋都也。秦以為碭郡，漢高祖嘗以沛公為碭郡長。天下既定，五年，為梁國。文帝十二年，封少子武為梁王。」漢以睢陽為梁，蓋承戰國地理言之。宋亡已在戰國晚年，竊疑睢陽為梁，猶在宋亡之前。蓋宋先已遷都而東矣，故漢乃以睢陽為梁國。此戰國時宋東遷，不都睢陽之證，一也。莊子人間世，南伯子綦遊乎商之丘，司馬彪曰：「商之丘，今梁國睢陽縣。」今按：此亦證莊周著書時，宋已不都睢陽，否則周亦不稱為商之丘也。又泗水注：「黃水東流逕外黃縣故城南，於春秋為宋之曲棘里，故宋之別都矣。」漢志外黃補注：「王先謙曰：『春秋宋黃邑，戰國屬魏。故國策蘇代曰：「決白馬之口，魏無黃濟陽。」亦稱外黃，見魏世家，太子申過外黃。張耳為魏外黃令，見耳傳。』」是外黃在齊魏馬陵之戰時，固已屬梁，否則魏軍不得踰人之別都以為戰。集解云：「外黃時屬宋。」非是。宋策曰：「過宋外黃。」蓋襲史文而增宋字，不足據。外黃與睢陽相近，外黃既為魏有，睢陽之西蔽已失，敵氛及於國都，宋決不安。此宋在戰國時東遷，不都睢陽之證，二也。泗水篇云：「泗水又南過平陽縣西。」注：『縣』即山陽郡之南平陽縣也。竹書紀年曰：『梁惠成王二十九年，齊田肸及宋人伐我東鄙，圍平陽。』」朱右曾云：「平陽故城在兗州府鄒縣西三十里。」其時梁之東鄙，已遠及鄒兗。若宋都睢陽外黃，則為近在梁肘腋之裏，何緣及齊同師？魏策蘇秦說魏合從，亦曰：「魏地東有淮潁沂黃，煮棗無疎。」若宋都睢陽，魏境不得遠包淮沂。又韓世家集解引紀年：「齊宋圍煮棗。」其事在魏哀王七年。後漢郡國志煮棗在濟陽郡冤朐縣。魏境是時猶東達今山東之曹州，此以地勢言之，又知其時宋必東遷，不都睢陽之證，三也。又淮水注：「惠成王十七年，宋景敾，衛公孫倉，會齊師圍我襄陵。十八年，王以韓師敗績諸侯師於襄陵。」漢志襄邑，師古曰：「圈稱云：『襄邑宋地，本承匡襄陵鄉也。宋襄公所葬，故曰襄陵。』」史記正義：「襄陵，今歸德府睢州也。」程恩澤國策地名考：「襄陵在歸德府睢州西一里。」又齊策：「犀首以梁與齊戰于承匡。」程氏地名考：「承匡在睢州西三十里。」今考惠成十七年，田期伐魏東鄙，敗魏於桂陽，遂乘勝深入，而宋衛會之，至於襄陵。時襄陵已屬魏。襄陵在外黃睢陽間，距睢陽尤近。宋於其時殆已避梁而東矣。此宋東遷不留睢陽之證，四也。又淮水注：「王以韓師敗諸侯師於襄陵，齊侯使楚景舍來求成。」戰國策：「邯鄲之難，楚使景舍起兵救趙。邯鄲拔，楚取睢濊之間。」此蓋即一時事。程恩澤國策地名考云：「睢濊，二水名。水經注睢水出陳留縣西浪蕩渠，東南流至宿遷縣，合泗，亦曰睢口。即汴水支流也。濊水本名渙水，由永城縣東南流入宿州西南境，又睢水支流。二水之間，當在今商丘（古睢陽縣。）甯陵睢州一帶。魏之東南境，楚之東北境也。」據此則睢濊之間，實逼宋都。楚魏接壤，宋非遷居無以自安，其證五也。齊策：蘇秦（按：字當作「代」。）勸齊王釋帝而舉宋，其言曰：「有宋，則衛之陽城危。有淮北，則楚之東國危。有濟西，則趙之河東危。有陰平陸，則梁門不啟。」此言宋之疆域甚備。且宋偃之世，宇土方廓。然今考之，陽城史記作陽地，集解裴駰云：「濮陽之地。」（程氏地名考：「濮陽今在大名府開州西南三十里。」）淮北，史記正義：「徐泗也。」（地名考云：「沛即淮北。」）東國，正義謂下相，（張氏釋地：「下相故城在今宿遷縣北七十里。」）僮，（釋地：「在今睢寧縣境。」）取慮（釋地：「在今靈壁縣北。」）也。陰，史作陶，正義：「陶，定陶，今曹州也。」平陸，正義：「兗州縣也。」然則宋之邦域，西不及於歸德商丘，否則烏言乎有陰平陸而梁門不啟哉？此宋東遷不留睢陽之證，六也。又秦策或人之說秦王曰：（今誤作黃歇，詳考辨第一三二。）「秦楚之兵構而不離，魏氏將出兵而攻留方與銍胡陵碭蕭相，故宋必盡。」程氏地名考：「方與，今山東濟寧州魚臺縣北。胡陵，今魚臺縣東南六十里。留，今沛縣東南五十里。碭，今徐州府碭山縣東三里。蕭，今縣北十里。相，今宿州西北。銍，今宿州西南九十里。」則所謂故宋者，北及濟寧，南至蕭宿，中包沛碭，襟帶徐彭，為之藩翼，而獨不及睢陽。睢陽豁在西陲，縱列版圖，未可寧居。此宋都東遷，不在睢陽之證，七也。張氏琦國策釋地云：「宋地自今歸德府以東，江蘇之徐州府，安徽宿亳二州，北有山東曹州府之菏澤曹縣定陶單縣城武鉅野，濟寧之金鄉魚臺，皆是。」夫疆埸之間，一彼一此，固已無常。然諸家言宋地，終不及歸德以西。則又宋都東遷，不留睢陽之證，八也。故當時言宋，列諸泗上十二諸侯之列。楚策張儀為秦連衡，說楚王曰：「破宋而東指，則泗上十二諸侯盡王之有。」高誘以十二諸侯為魯衛曹宋鄭陳許之君。（見秦策注。）齊策亦云：「今大王之所從，十二諸侯，非宋衛也，則鄒魯陳蔡。」又曰：「舉五千乘之勁宋，而包十二諸侯。」宋列泗上，與鄒魯滕薛郳莒費郯同稱，則其都東遷，不留睢陽之證，九也。又齊策：「淮北宋地，楚魏之所同願也。」史記正義：「淮北謂徐泗等州。」顧祖禹方輿紀要云：「自沂兗以南，古所稱淮北地也。」宋在徐泗淮北，此東遷不留睢陽之證，十也。史記張儀傳：「儀與齊楚魏三國相會齧桑。」參讀考辨第一〇七。徐廣曰：「在梁與彭城之間。」顧觀光云：「漢志沛郡有小桑，即齧桑也，在今蒙城縣北三十七里。」張儀與齊楚魏三國會，諒不在宋地。此又宋已東遷，不留睢陽之證，十一也。睢水注：「睢水又東逕相縣故城南，宋共公之所都也。國府園中，猶有伯姬黃堂基，即伯姬熉死處也。城西有伯姬冢。」共公前為文公。楚人圍宋，易子而食，析骸而炊，則為文公十七年。文公二十二年死，共公立，宋遷而東，蓋當都城殘破之後，兼以避敵。非在文公之晚世，即共公之初年矣。共公十三年卒，平公立。三年，楚伐彭城，封魚石。四年，晉誅魚石，歸宋彭城。以宋都相，彭城近之，故楚伐彭城而置魚石以逼宋。若宋都睢陽，則彭城僻遠，不足患矣。此宋都自春秋時已徙而東，證十二也。又春秋襄十年傳：「晉荀偃士匄請伐偪陽而封宋向戌。」偪陽尚在彭城東北，正以宋都東遷，故其朝臣得遠封至此，證十三也。桓司馬石槨亦在桓山，近彭城。程氏地名考云：「在徐州府東北二十七里，下臨泗水。」證十四也。說苑立節：「宋康公攻阿，屠單父。成公趙曰：『趙在阿而宋屠單父，是趙無以自立也。且往誅宋。』遂入宋，三月不得見。期年，宋康公病死。成公趙曰：『廉士不辱名，信士不惰行。吾在阿，宋屠單父，是辱名也。事誅宋王，期年不得，是惰行也。若是而生，何面目見天下士？』遂立槁彭山之上。」竊疑彭山者，彭城之山，今徐州東北三里有彭城山，西五里有大彭山。康公即康王。稱其病死者，國策云：「逃倪侯之館，得病而死也。」是又宋都彭城不都睢陽之一證，證十五也。又觀於六國表「韓文侯伐宋到彭城，執其君」，與夫鼎淪泗水彭城下之說，則宋都彭城，不都睢陽，斷可定矣。楚策：「昭奚恤彭城君議於王前。」高注：「彭城屬楚。」又孟嘗君列傳，索隱引紀年「田嬰初封彭城」，疑齊楚彭城非一地，蓋如巴蜀分屬秦楚，上黨分屬三晉之類。又春秋時徐國，在今安徽泗縣，東北距徐州彭城可二百里。

又按：史記宋世家云：「齊楚魏滅宋而三分其地。」漢志亦云：「宋為齊楚魏所滅，三分其地。魏得其梁陳留，齊得其濟陰東平，楚得其沛。」吳師道注國策辨之曰：「蘇代說燕曰：『齊南攻楚，西困秦，又以餘兵舉五千乘之勁宋。』又說秦曰：『齊強，輔之以宋，楚魏必恐，恐必西事秦。』使當時齊與楚魏合，其言豈若是乎？史稱齊既滅宋，南割楚之淮北，西侵三晉。是乘滅宋之強，并奪楚魏地。而謂與之分宋地，豈其實哉？樂毅謂燕昭王曰：『王欲伐齊，莫若結於趙。且又淮北、宋地，楚魏之所欲也。』史表燕破齊之年，書楚趙取齊淮北。則楚魏分地，當是樂毅破齊後事。」張琦戰國策釋地不信吳說，謂：「假使齊獨有宋，則齊界至開封，詎聞有是乎？」余謂張駁固是，而吳辨更的。齊界固不至開封，其實宋界已早不至開封也。漢志所謂「魏得其梁陳留」者，當戰國初年，宋早已東移，魏之有梁陳留，不俟齊滅宋時。如此庶得當時情實也。戰國時宋都彭城，又可證之於孟子之游蹤，參讀考辨第一一〇。又按：水經濟水注：「荷水又東逕東緡縣故城北，故宋地。鄒衍曰『余登緡城以望宋都』者也。」東緡，今山東金鄉縣東北二十里，地距商丘銅山，遠近略相似。即衍所指係舊宋都，亦無礙於此篇之闡說也。

又按：水經濟水注引劉成國徐州地理志云：「徐偃王治國，仁義著聞。欲舟行上國，乃通溝陳蔡之間。」全祖望經史問答本此，謂：「開鴻溝，通淮濟，始於徐，繼於吳。」余意春秋諸國，城築都邑時有之，至於掘溝通渠，舟行千里，則事殊少見。自魏文侯時，西門豹為鄴令，引漳水溉鄴。梁惠王十年，入河水於圃田，又為大溝而引圃水。水經濟水注引紀年。又云：

「瑕陽人自秦導岷山青衣水來歸。」水經青衣水注引紀年。魏襄王時，又有史起為鄴令，亦引漳水溉鄴。又史記趙世家：惠文王十八年，漳水大出。二十一年，徙漳水武平之西。二十七年，又徙漳水武平之南。八年之中，再徙巨浸。而稍後秦亦有李冰鄭國。史記河渠書謂：「九川既疏，九澤既灑，諸夏艾安，功施於三代。自是之後，滎陽下引河，東南為鴻溝，以通宋鄭陳蔡曹衛，與濟汝淮泗會。於楚，西方則通渠漢水雲夢之野。東方則通鴻溝江淮之間。於吳，則通渠三江五湖。於齊，則通菑濟之間。於蜀，蜀守冰鑿離碓，辟沫水之害，穿二江成都之中。此渠皆可行舟，有餘則用溉浸。百姓饗其利。至於所過，往往引其水，益用溉田之渠，以萬億計，然莫足數也。」下又敘韓人水工鄭國，為秦鑿涇水，秦以富強。大抵水利之事，盛興於戰國。竊疑鴻溝之成，蓋戰國梁宋之力為多。亦必東方水道日闢，而陶衛處其中心，遂成一大都會，乃有陶朱公以鉅富著。此未必在越句踐時，亦未必即范蠡，參讀考辨第三四。全氏以鴻溝遠推春秋時徐偃王，未必是。而若徐州志所記可信，則余論徐偃王即宋王偃，疑其都彭城，又得一證。而宋偃通溝陳蔡之間，又可補故宋文獻之一節也。

一〇〇　秦始稱王考

志疑云：「秦惠稱王，秦紀、秦表均不書。而楚世家懷王四年，田完世家宣王十八年，附書之。今按：是年實齊威王三十三年，史記誤。張儀傳亦云：『儀相秦四歲，立惠王為王。』周本紀顯王四十四年，秦惠王稱王，是年乃秦惠十三年也，明年改元，正以稱王之故。」今按：秦惠稱王，後齊魏相王九年，後宋偃稱王三年，志疑考齊宋稱王之年均誤。詳考辨第九二又九九。雷氏義證謂：「是年，魏將公孫衍致王號於秦趙韓燕中山，秦先受之，稱王改元。秦本紀曰：『惠王十三年四月戊午，魏君為王，韓亦為王。』即謂此也。」此說亦誤。秦本紀「魏君為王」，「魏」乃「秦」字之譌，詳下考。據張儀傳：「儀相秦四歲，立惠王為王。」則秦乃自王，不待魏之致王號。諸書亦絕無言犀首致王號於秦者。五國相王，秦不預其列，辨詳後。

一〇一 韓始稱王考

史記秦本紀：「惠文君四年，齊魏為王。索隱云「齊威王魏惠王」是也。年表作齊宣王，誤。十三年四月，戊午，魏君為王，韓亦為王。」梁氏志疑云：「魏惠稱王在惠文四年，此紀已書之，而是年紀與秦表復書『魏君為王』，何歟？周紀正義引秦紀云：『惠王十三年，與韓魏趙竝稱王。』所引與此異。且秦紀無其文，當必有誤。蓋是年秦惠稱王，故書月書日以別之。『魏』字乃『秦』字之誤。燕世家書『燕君為王』，是其例也。若表中『魏』字乃羨文，表例但書君為王也。不然，魏君為王，奚以入於秦表乎？至韓宣惠為王，在秦惠更元之二年，誤書於是年耳。」今按：梁氏謂「魏君為王」，乃「秦君為王」之誤，並以燕世家為例，是也。惟韓之稱王實始是年，則「韓亦為王」句並不誤。考韓世家索隱引紀年：「韓威侯七年，與邯鄲圍襄陵。五月，梁惠王會威侯於巫沙。十月，鄭宣王朝梁。」索隱此文，五月前誤脫「八年」二字，詳考辨第一〇二。威侯即宣王也。韓之稱王，正在威侯八年五月會魏巫沙之後，蓋是魏韓相王，猶如魏齊會徐州而相王也。是年即秦惠文王十三年。蓋秦先稱王，韓亦繼之。至秦惠更元之二年，五國又相王，有韓魏。然韓魏自徐州巫沙兩會，皆已先王，不必以此而疑韓之稱王必在五國相王之年也。周紀正義約舉其事，而云：「惠王十三年與韓魏並稱王。」衍一「趙」字，或「趙」乃「齊」字之誤。

一〇二　韓宣惠王即韓威侯考

史記韓世家：「宣惠王立，索隱云：『紀年「鄭昭侯武薨，次威侯立。威侯七年，與邯鄲圍襄陵。五月，梁惠王會威侯於巫沙。十月，鄭宣王朝梁」，不見威侯之卒。下敗韓舉在威侯八年，而此系家即以為宣惠王之年。又上有殺悼公，悼公又不知是誰之謚。則韓微國小，史失代系，故此文及系本不同，今亦不可考也。』」今按：索隱此條所引，已為後人改亂，而痕跡猶可考見。今證以當時史實，重為校正如次：

一、五月，梁惠王會威侯於巫沙，五月上應脫「八年」二字。

據史記秦本紀，秦惠文王十三年，韓亦稱王，是年為韓威侯八年，其證一。參讀上考。又若同為七年事，既與「邯鄲圍襄陵」句下，不著何月，而其下忽著五月十月，於文法亦不合。今若正為七年云云，八年五月云云，十月云云，則文理順愜矣。其證二。陳氏集證謂：「既與趙圍魏襄陵，豈未逾年即朝梁？」此亦一證。惟陳氏遂謂：「大約索隱引紀年，最為錯謬，閱者毋為所惑。」則大誤。梁玉繩亦不信索隱，故論紀年多失。

二、下敗韓舉在「威侯」八年，而此系家即以為宣惠王之年，當正為下敗韓舉在「梁惠王後」八年，而此系家即以為宣惠王之年。

據今索隱原文：「五月，梁惠王會威侯於巫沙，十月，鄭宣王朝梁，不見威侯之卒」云云，則威侯之即鄭宣王，亦甚明顯。惟索隱不之知，故曰「不見威侯之卒」矣。然索隱既認威侯與宣王為兩人，則七年十月已有「鄭宣王朝梁」之文，此下不應再有威侯。若其下又云威侯八年敗韓舉，豈不更可怪，而索隱何竟置不言？蓋索隱引紀年敗韓舉在梁惠王後元八年，而今史記即以為在韓宣王之八年，故索隱以為可異耳。參讀考辨第一三四。今索隱此條，其前既脫「八年」二字，此處「惠王八年」，又謂為「威侯八年」，遂致乖戾難讀。又按：蘇秦列傳索隱引世本：「韓宣王，昭侯之子也。」合之紀年，宣王之為威侯，灼然甚顯。惜其此處又下「不見威侯之卒」一語，遂使後人紛紛辨訂，不得其解。梁氏人表考云：「竹書宣王之前有鄭威侯，索隱以為不可考，或疑即宣王，未審。」郝懿行紀年通考謂：「梁惠成王元年方稱韓共侯，旋稱韓懿侯。周隱王元年之鄭宣王，即顯王三十八年之鄭威侯。俱一人而有兩稱。索隱因不見威侯之卒，誤分威侯與宣王為二人。」此說極析。然亦不知索隱有為後人改亂處也。陳逢衡竹書集證，亦定威侯宣王為一人，而於索隱此文，全未論及。至洪頤煊校紀年謂：「鄭宣王即韓威侯，古威、宣通用。史記齊宣王，紀年作齊威王，其證也。」則又得諸韓而失諸齊矣。張宗泰竹書紀年校補竟認威侯宣王為兩人，最誤。

又同篇「八年，魏敗我將韓舉」，索隱云：「按此，則舉是韓將不疑，而紀年云：『韓舉，趙將。』蓋舉本趙將，後入韓。又紀年云：『其敗當韓威王八年。』是不同也。」今按：此亦有誤。

三、又紀年云其敗當「韓威王」八年，當正為其敗當「梁惠王後」八年。參讀考辨第一三四。據索隱原文云：「紀年與史記不同。」若為韓威王八年，則本無不同，威侯亦不當稱威王也。此緣索隱雖屢引紀年，而本不之信，故曰：「紀年之書，多是譌謬，聊記異耳。」語見燕世家。故於威侯宣王不能明定其為一人，而輕曰：「不見威侯之卒。」後人益滋疑誤，既認威侯與宣惠王為兩人，遂并改索隱引及惠成王者為威侯，而索隱原文乃益增其繆戾，此所以古書之難通也。

附　韓舉乃趙將非韓將辨

又按：趙世家：「肅侯二十三年，韓舉與齊魏戰死於桑丘。」集解徐廣曰：「韓舉，韓將。」肅侯二十三年，正梁惠成王後元八年。水經河水注：「齊田肦及邯鄲韓舉戰於平邑，邯鄲之師敗逋，獲韓舉，取平邑新城。」程恩澤戰國地名考：「平邑有二。地理志，代郡有平邑縣，在今山西大同府陽高縣西南，原注：「亦在靈丘縣西北。」此趙之平邑也；史記趙獻侯十三年城平邑，即此。括地志，平邑故城在魏州昌樂縣東北四十里，在今直隸大名府南樂縣東北，此本趙地而齊取之者也；竹書晉烈公五年齊圍平邑，九年取平邑，即此地。」田盼韓舉平邑之戰，余考蓋在惠成王後元八年，與趙世家桑丘之役乃同時事。參讀考辨第一三四。桑丘，正義引括地志，在易州遂城縣界，則此平邑，亦應在靈丘西北。蓋兩邑同屬代郡，齊趙之戰，無緣有魏，齊自敗趙，更不涉韓。史公誤認韓舉乃韓將，故以入之韓世家，又誤認梁惠王後元八年為韓威侯八年。索隱明引紀年在梁惠王八年以相校，後人又率改索隱以就史文，異同之迹遂泯。而史公於趙世家尚幸存其本真，惟又牽涉及魏，則仍誤。至索隱、集解亦均本史文為說，同認韓舉為韓將。紀年僅記「獲韓舉」，未言韓舉之死，索隱遂疑其先為趙將，後又入韓。蓋索隱雖屢引紀年，而本不之信，故曰：「紀年之書，多是譌謬，聊記異耳。」見燕世家。如此處韓舉明係史誤，而索隱為此迴護，亦不確守紀年也。

又梁氏志疑論此事云：「趙世家肅侯二十三年，韓舉與齊魏戰死桑丘，為韓宣王六年。年表韓宣王八年，魏敗我韓舉。則趙之韓舉已先二年死矣，疑此別一韓將，而趙將適與同姓名爾。索隱既云是韓將不疑，而又引紀年趙將韓舉之文，謂舉先為趙將，後入韓，非也。紀年所載多舛，當擇而取之。即如韓舉，紀年於威烈王十六年書齊獲邯鄲韓舉，於隱王四年書魏敗趙將韓舉。若是一人，無論既為齊獲，不應仍為趙將，又忽為韓將。而其為魏敗時，逆數至為齊獲之年，已百歲矣，韓舉若是之壽耶？其誤明甚。」然索隱雖誤，尚可即誤以求是，捨索隱則無以見紀年之真矣。梁氏不知索隱所引紀年，與今本偽書不同，而引今本偽說以折索隱，疏失更甚。而今本偽紀年之誤，則又有可得而論者。其引齊田肦獲韓舉在威烈王十六年者，誤據水經河水注以其事在晉烈公十年故也。參讀考辨第一三四。其於隱王四年又書魏敗趙將韓舉者，其事本在梁惠王後元八年，今本偽紀年又誤以為梁惠王卒後之八年，故遂別見於此也。然則即據今本偽紀年，亦可證成余定其事在梁惠王八年之說。而今本又並不以韓舉為韓將，亦可證成余辨史公及集解、索隱認為韓將之誤。梁氏於紀年未識今本之偽，故所辨訂多失之，亦可憾之事矣。即如此處，謂趙韓同時有一將，各名韓舉，其為牽強難信，不辨可見。雷氏義證謂：「此韓舉非烈公十年被獲者。」亦由不能辨水經注之誤。

一〇三　荀卿年十五之齊考

史記孟荀列傳謂：「荀卿年五十，始來游學於齊。至襄王時，而最為老師。」顧不言其來齊在何時。劉向序荀卿書，則曰：「方齊宣王、威王之時，聚天下賢士於稷下，尊寵之。是時孫卿有秀才，年五十，始來游學。至齊襄時，孫卿最為老師。」應劭風俗通窮通篇則云：「齊威、宣之時，孫卿有秀才，年十五，始來游學。至襄王時，孫卿最為老師。」三說相舛，以後為是。郡齋讀書志引劉向序亦作十五。疑今作五十者皆誤倒。何者？曰「游學」，是特來從學於稷下諸先生，而不名一師，非五十以後學成為師之事也。黃以周亦謂：「游學必幼年事，五十游學，斷無是理。」惟其他論荀子處多誤，見儆季雜著文鈔讀荀子。曰「有秀才」，此年少英俊之稱，非五十以後學成為師之名也。史記賈生傳：「年十八，能誦詩屬書，河南守聞其秀才。」潘安仁楊仲武詩：「妙年之秀。」皆其證。曰「始來游學」，此對後之「最為老師」言，謂卿始來，尚年幼，為從學，而後最為老師也。且荀卿於湣王末年去齊，至襄王時復來。詳考辨第一三六及一四三。則始來者，又對以後之一再重來而言也。據此則荀卿之齊，其為十五之年，明矣。考威王卒，在周慎靚王元年。荀卿游學，當在威王晚世。史記儒林傳所謂「威宣之際，孟子荀卿之列，咸遵夫子之業而潤色之，以學顯於當世」，是也。全謝山鮚埼亭集外編讀荀子謂：「考儒林傳，齊威王招天下之士於稷下而荀子客焉。」殆即指此。其後又曾至燕。韓非子難三云：「燕王噲賢子之而非荀卿，故身死為僇。」燕王讓國子之，為慎靚王五年，去威王之卒四年，其時荀卿至少亦當二十四、五歲。循是上推，則荀卿之生，當在周顯王三十年前；循是下究，至春申君之死，荀卿年已一百零三歲。荀卿其時尚在人世與否不可知。史記謂：「春申君以荀卿為蘭陵令。春申君死，而荀卿終老蘭陵。」其語未足據。詳考辨第一四〇。要之荀卿蓋亦壽者也。李斯遊秦辭荀卿，其時荀卿年當九十三、四，荀卿決至是尚存也。又考燕王噲讓國之歲，孟子猶未退隱，而荀卿已以秀才有名譽。孟子外書謂「孫卿子自楚至齊，見孟子，論性」云云。外書固不可信，荀子趙人，亦不當云自楚。然孟荀相見論學，則非不可能之事。外書又云：「鄒衍請受業於孟子。」余考兩人年世不相及，此必誤。又稱：「孟子謂子石曰：『卯有毛，信乎？』」則以孔子弟子列傳，公孫龍字子石，比附於名家之公孫龍。其為淺人偽作之迹尤顯。此特言孟荀年世可相及，非以外書證也。

一〇四　齊魏韓會平阿及齊魏會甄考

史記孟嘗君列傳：「宣王七年，田嬰使於韓魏，韓魏服於齊。嬰與韓昭侯魏惠王會齊宣王東阿南，盟而去。明年，復與梁惠王會甄。」索隱云：「紀年當惠王之後元十一年，作『平阿』。又云『十三年會齊威王於甄』，與此明年齊宣王與梁惠王會甄文同。但齊之威宣二王，文舛互不同也。」據此知會平阿在惠王後元十一年，會甄在惠王後元十二年。知索隱十三年係後元者，索隱承上後元十一年言，故十三年不更著後元字。又云與此明年會甄文同，則知索隱十三年本係「十二」字誤也。時當齊威王三十四、三十五年，其年五國相王。史公既不知惠王有後元，故魏世家以會平阿會甄移歸惠王三十五、三十六年，而明年謂襄王元年，與諸侯會徐州相王也。魏年既誤，齊亦依之，而謂是宣王之七年矣。志疑云：「表及魏與田完世家亦作會平阿南，非東阿。而平阿之會止魏齊二王，無韓昭侯。」今按：魏策：「惠施為韓魏交，令太子鳴為質於齊。王欲見之，朱倉謂王曰：『何不稱病？臣請說嬰子曰：「魏王之年長矣，今有疾，不如歸太子以德之。不然，公子高在楚，楚將入而立之。是齊抱空質而行不義也。」』此條正指平阿事後。時惠王在位已四十七年，故朱倉云云。然則平阿之會有韓，非虛矣。且其前一年，韓宣惠王會惠成王於巫沙而始稱王，故今年魏與韓同會齊於平阿，蓋以乞其認可。張宗泰竹書紀年校補云：「索隱『韓昭侯』當作『鄭宣王』。」則是也。

雷氏義證云：「平阿即東阿，蓋自馬陵之敗，魏因田嬰以修好於齊，至此已十餘年。集解謂平阿在沛郡，非是。沛之平阿乃楚地，東阿乃春秋之柯，戰國時謂之阿，齊威王烹阿大夫是也。在今山東陽穀縣東北五十里，東南與東平州接壤。甄，齊邑名，即春秋莊公十四年會於甄者，本為衛邑，趙成侯嘗取之，此時屬齊，地在今山東濮州東二十里。以史傳證之，即詩傳、說苑會田于郊，惠王問寶之事。」又曰：「戰國秦策曰：『梁王身抱質執璧請為陳侯臣。』魏策惠施告惠王曰：『王若欲報齊乎，則不如因變服折節而朝齊。』又曰：『田嬰納魏王而與之並朝齊再三。』呂氏春秋不屈曰：『惠王布冠而拘于鄄，齊威王幾弗受。』戰國之士游說騁辭，實多誣誕。阿鄄二會，由於齊魏相王，合從擯秦，與馬陵之敗無與。甄之會距馬陵且二十一年矣。按：實二十年。今策文俱連屬為辭，殊不信。呂覽拘甄之說，秦策作『身布冠而拘於秦』，蓋拘秦是也。二十八年敗於馬陵，二十九年秦即詐虜公子卬，使少師勒師近郊，供其會事。前之丹衣星旗，變置而從侯服，承秦命以朝天子，此即所謂拘於秦也。」今按：雷氏辨阿甄二會無預於馬陵，是也。而遵秦策，謂惠王拘於秦，則大謬。惠王雖敗於馬陵，霸國餘威未熄，豈遽有拘於秦之事？謂阿甄之會由於齊魏相王，亦非。齊魏相王會徐州，不會阿甄。會阿甄乃五國相王時矣。謂合從擯秦，尤誤。時秦尚不足擯也。詳考辨第九五。又按：梁齊本深仇，惠王雖聽惠施，結好於齊，然常不忘一報之心。其獻河西納上郡於秦，似亦求緩西鄰以務東顧。張儀乘隙抵瑕，惠王為所惑，遂折而親秦，詳考辨第一〇七。

一〇五　五國相王考

趙世家：「武靈王八年，五國相王，趙獨否。曰：『無其實，敢處其名乎？』令國人謂己目『君』。」今按：齊魏相王，其謀發於惠施，在惠成王之後元年。五國相王，其事主於犀首，在惠成王之十二年。皆自魏發其端。中山策云：「犀首立五王，而中山後持。齊謂趙魏曰：『寡人羞與中山並為王，願與大國伐之，以廢其王。』」齊之欲廢中山之王，猶楚之圍徐州，欲廢齊之王也。與事參謀者為田嬰張丑，皆威王臣。觀齊策一。知事之在威王時。其時為威王之三十五年。張丑曰：「同欲者相憎，同憂者相親。今五國相與王，負海不與焉，此是欲皆在為王，而憂皆在負海。今召中山而許之王，是奪五國而益負海也。致中山而塞四國，四國寒心。」據此則齊自不在五王之內。高誘以齊趙魏燕中山為五王者，非也。其時楚本稱王，齊亦稱王，魏亦稱王，宋與秦亦稱王，韓亦稱王。而宋韓外，魏勢最弱。犀首，魏臣也，約結於趙。魏趙為主，又聯韓燕中山，相與稱王。蓋魏欲以此多結與國，以與齊秦抗衡。梁於親齊親秦外，又闢此一路，要之為「外強中乾」。其情勢固甚顯。齊則欲割地賂燕趙以攻中山。以魏為謀主，韓去中山遠，又其稱王亦與魏相約。故於五國中獨離間燕趙。其後燕趙卒俱輔中山而王之，而五國相王之事遂定。趙武靈獨不稱王而稱君者，實不過一時對其國人為矯情而邀譽，亦以年少自謙抑，而國際往來，從此皆相王矣。魯世家：「平公立，是時六國皆稱王。」余考平公元年乃周顯王四十七年，其前一歲，正惠成王十二年，五國相王在是年，致碻。是年即趙武靈王三年。而趙世家乃謂「武靈八年，五國相王，趙獨否」，梁氏志疑辨之云：「趙不肯稱王在三年，非八年也。而八年乃武靈稱王之時，故十一年書『王召公子職』。」今按：梁氏謂趙獨不肯稱王在武靈王三年，說猶有據。謂八年乃稱王之年，則未見其必然。梁氏亦不能自堅其說，於周本紀又論之云：「考世家，武靈王十一年書『王召公子職于韓』，則趙之為王，其在慎靚之六年乎？」是又直以史載王召公子職之年，謂即趙稱王之年。不悟史記於前已書武靈王立，武靈王元年，武靈王少云云，凡及武靈莫不以王稱。其他諸年不書王者，特以行文自無稱王之需，不得援為武靈於其時猶未稱王之證。則十一年書王召，並不得謂稱王即始是年。至趙世家武靈八年記五國相王，或由是年五國約攻秦而誤，亦不得即謂趙以是年稱王也。然武靈究於何年稱王，其事已難考。觀其傳子何而自號主父，「主」乃往者大夫有國之稱，則似武靈於其國內實未稱王，今已無可確指。惟謂五國相王在梁惠成王後元十二年，即趙武靈王三年，則斷無大誤。據燕世家、周本紀、韓世家，在武靈三年均合，在八年均不合。又按：大戴禮保傅，說苑尊賢俱云「武靈王年五十而餓死於沙丘」，則武靈王即位，殆二十一歲；五國相王，武靈獨令國人謂己曰君，其時年二十三耳。故史稱武靈王年少，在位五年，始娶韓女為夫人，是真有為之英主也。其傳國少子何，則正十二齡幼君，武靈蓋亦震於當時讓國之美名而自失其政者。其距燕噲之讓國子之，先後不二十年也。（參讀考辨第一二一。）

雷氏義證謂犀首致王號於秦趙韓燕中山，則不得謂五國相王也。又謂其事在顯王四十四年，是年王者祇秦韓。秦則自稱之，韓則魏約之，非犀首立五王事也。又據趙世家武靈王八年，五國相王，魏獨否，謂中山至武靈八年始稱王，謂距犀首致王已八年，故策曰中山後持。不悟若是年祇中山一國稱王，不得專舉是年為五國相王之年。雷說均誤。謂秦之稱王亦犀首致王號，尤為昧於當時列國情勢。據余先後考論各國稱王諸篇可見。史犀首傳：「張儀已卒，犀首入相秦，嘗佩五國之相印，為約長。」據表，犀首仕秦為大良造，在張儀前。佩五國相印，殆即指立五王事，亦在張儀卒前。史公此處不足據。

一〇六　魯平公元年為周顯王四十七年非周赧王元年卒在赧王十二年非十九年辨

史記魯世家：「平公立，是時六國皆稱王。平公十二年，秦惠王卒。」今按：秦惠王卒於周赧王四年，其前十二年，則周顯王四十七年也，是年當為魯平公元年。前一年，即五國相王之歲。則世家所謂平公立，「是時六國皆稱王」者，其語致確矣。周本紀：「顯王四十四年，秦惠王稱王，其後諸侯皆稱王。四十八年，顯王崩。」是史公所謂「諸侯皆稱王」一語，明指顯王四十六年五國相王而言。梁氏志疑辨其非是，殊不然。又志疑云：「七國慎靚王六年無不稱王者。魯平公立時為慎靚五年，此語最確。」夫七國皆王，既在慎靚六年，魯平以慎靚五年立，即不得謂是時六國皆稱王。梁下語顯見矛盾，而顧不自知，何也。

六國表記魯列君年數多誤，不可據。又按：紀年，是歲尚為齊威王三十六年。威王三十八年卒，翌歲宣王元，則魯平公四年也。今年表平公與威宣皆不相值。

又按：世家：「平公二十二年卒，子文公立。文公七年而楚懷王死於秦。」今以楚懷王死年上溯，平公應止二十年，無二十二年。漢書律曆志引劉歆曆譜，正作二十年，則今世家有誤衍也。據此推之，平公卒應在周赧王十二年。舊說據魯世家列君年數，謂魯平公元在周慎靚王五年，卒在周赧王十八年，較年表移前兩年，亦未是。（詳考辨第四七。）

一〇七　惠施去魏考

呂氏春秋不屈篇：「惠王布冠而拘於鄄，齊威王幾勿受。惠子易衣變冠乘輿而走，幾不出乎魏境。」是謂惠施去魏，在鄄會之後也。然考楚策：「張儀逐惠施於魏，惠子之楚。」則惠子實見逐於張儀。鄄會在惠王後元十二年，（詳考辨第一〇四。）時張儀已至魏。去年魏齊會平阿，今年會鄄，皆好會，無布冠而拘之事。惠子自見排於張儀，非逐於齊也。呂氏於施多誣辭，（參讀考辨第九三。）不足信。考史記，張儀以惠成王後元十二年與齊楚魏三國相會於齧桑，（張儀傳：「儀相秦四歲，立惠王為王。居一歲，為秦將取陝。其後二年，使與齊楚之相會齧桑，東還而免相，相魏。」志疑云：「據案紀、表及魏與田完世家，齧桑之會在取陝之明年，此云『後二年』，誤。又秦紀與表及儀傳皆缺書魏。楚世家云「張儀與楚齊魏相盟」，是也。」明年，為惠成王後元十三年，儀相魏。施與儀不合，遂去之楚。魏策：「張儀欲以魏合於秦韓而攻齊楚，惠施欲以魏合於齊楚以按兵。人多為張子於王所。」又見韓非內儲說上。秦紀：「惠王更元三年，韓魏太子來朝，張儀相魏。」是張儀主以魏合於秦韓之說成，而為相之證也。儀傳又云：「儀相魏以為秦。欲令魏先事秦而諸侯效之。魏王不肯聽儀。秦王怒，伐取魏之曲沃平周，復陰厚張儀益甚。儀慚無以歸報。」則惠王雖相儀，亦未能大行其事秦之說。呂東萊大事記謂：「惠王後元十三年，張儀相魏，魏王不肯事秦，乃以犀首代相。」雷氏義證謂：「衍之代相，當在惠王後元十四年秦取曲沃平周二邑之後。」然取曲沃平周亦在十三年，雷說誤。要之惠王之親秦，特欲借秦援報齊仇，固未肯大屈節於秦。及張儀欲令魏事秦，惠王乃知見欺，而儀亦不能留矣。惠施素主親齊，翳桑之會，或者施尚身預其列。今定惠施去魏在惠成王後元十三年，張儀為相之歲，後鄄會一年，呂覽蓋得其時而失其事。

附　張儀初入秦考

又按：張儀初入秦，據史記蘇秦傳，乃在秦取魏雕陰之後。秦紀取雕陰在惠文王七年，六國表在五年，魏世家則在襄王五年，即惠成王後元五年，而秦惠文之八年也。梁氏志疑謂以魏世家為是。是時陰晉人犀首在秦為大良造。越兩年，惠文王十年，儀即為秦相。儀之入秦而奪犀首之位，其事蓋略有似於後之蔡澤與范雎矣。而史公記儀事，其初楚相意其盜璧，執儀掠笞。後儀相秦，為文檄告楚相云云，事亦酷肖范雎之與魏齊也，惟其事不見於國策；而儀初入秦，蘇秦陰奉給之，其事國策亦不見。呂覽報更篇云：「張儀西遊，過東周，昭文君送而資之，故張儀德昭文君。」其事與史異。然則呂氏賓客尚不知有蘇秦激張儀入秦之說也。考國策及韓非呂不韋書，儀之政敵乃犀首惠施，非蘇秦。儀入秦而犀首去，儀來魏而惠施去，皆與史公記儀秦合縱連橫事不符。余既辨之於蘇秦篇，考辨第九五因再附張儀初入秦一節於此。張儀政敵尚有陳軫，見史記本傳。又李斯諫逐客書謂：「張儀散六國之從。」此亦指其離間楚魏，使之捨齊親秦而言。六國合從事尚在後，斯自據後日語描述前日事也。即如「拔三川之地」一語，通三川是武王，張儀已死，李善注文選已辨之。是亦不得據李斯此文，即謂張儀時確有六國合從矣。

一〇八　惠施自楚至宋考

楚策：「張儀逐惠施於魏，惠子之楚，楚王受之。馮郝謂楚王曰：『逐惠子者，張儀也，而王親與約，是欺儀也。宋王之賢惠子，天下莫不聞，王不如納之於宋。』楚王乃奉惠子而納之宋。」施之去魏，在惠成王後元十三年，當宋王偃十七年。其後三年，惠成王卒，施復在梁，則留宋不逾三年。呂氏順說篇：「惠盎說宋康王，康王蹀足疾言曰：『寡人所欲者，勇有力也，不樂為仁義者。』惠盎對以孔墨之道。」其言甚辨。高誘注：「惠盎者，惠施族也。」盎之為人，他無所見，高注未審何據。以古人名字相應之例推之，盎或即施字。齊弦施字多，王氏春秋名字解詁云：「取厚施之義。」孟子「盎於背，施於四體」，注：「其背盎然盛。」則盎、施連文互用，盎有盛厚之義，惠施字盎，亦猶弦施之字多矣。呂書成於眾手，他事皆稱惠施，此獨稱惠盎，後人遂不辨其為一人。亦如孟子書有許行，而呂書稱許犯，後人亦不辨為一人也，施本宋人，而講兼愛寢兵，宋康行仁義，宜其賢施。呂書謂康王不悅為仁義，此又後人之誣。

一〇九　靖郭君相齊威宣王與湣王不同時辨

史記年表：「齊湣王三年，封田嬰於薛。」今按：田嬰號靖郭君，事齊威宣王，不與湣王同時。齊策：「楚威王戰勝於徐州，欲逐嬰子於齊。」嬰子即田嬰也。鮑云：「田嬰時未封，故曰嬰子。」其事在楚威王七年，當齊威王之二十五年。年表為宣王十年，此史記誤也。齊策又云：「齊將封田嬰於薛，楚王聞之大怒，將伐齊。」楚王乃楚懷王。是年，柱國昭陽破魏襄陵，移兵攻齊，陳軫說之以蛇足，與公孫閈說楚王使封嬰者乃一事而兩傳。薛南近楚，齊以封嬰而居之，猶如往者楚之城陳、蔡、不羹而窺北方也。故滕人聞之而懼，楚人聞之而怒。乃乘勝魏之勢而來攻。魏齊之交，在魏主之者為惠施而在齊則為田嬰。楚既不欲齊魏之相親，故既勝魏，乃欲攻齊逐嬰矣。齊策又曰：「威王薨，宣王立，靖郭君之交，大不善於宣王，辭而之薛。」是靖郭君封薛，明在威王時。鮑改「威」為「宣」，「宣」為「閔」，吳氏有正。黃丕烈云：「呂氏春秋亦作威宣。」梁氏校補轉據鮑策訂呂，大誤。閻若璩云：「齊貌辨見齊宣王曰：『靖郭君曰：「薛受之於先王，且先王之廟在薛。」』先王即威王也。又齊王夫人死，有七孺子，皆近。薛公欲知王之所欲立。高誘注：『齊威王子宣王也。』按：韓非外儲說右上亦載此事，而曰威王，則高誘之注亦誤。閻氏未及訂正。又孟嘗君在薛，齊王制其顏色。高誘注：『齊宣王也，威王之子。』淮南人間訓：『唐子短陳駢子於齊威王，威王欲殺之，陳駢子與其屬出亡奔薛。孟嘗君聞之，使人以車迎。』然則田嬰封於薛，在威王時無疑。」今按：閻說是也。孟嘗君列傳索隱引紀年亦云：「梁惠王後元十三年四月，齊威王封田嬰於薛。十月，齊城薛。十四年，薛子嬰來朝。十五年，齊威王薨。」惠王後元十三年，正當年表齊湣王二年。其實乃威王之三十六年。與所注田嬰封薛之年相差僅遲一歲。然孟嘗君傳謂：「湣王即位三年，而封田嬰於薛。」如是并宣王卒湣王立之年數之，則所謂湣王即位三年者，正當在年表之二年。今年表列於湣王三年，已是即位之四年。年表自誤後一年，而孟嘗君傳之年，並不誤。余又考齊魏會鄄應在梁惠王後元十二年。參讀考辨第一〇四。田嬰封薛，蓋以鄄會後封。國策吳注，謂：「嬰封薛在威王之世，當梁惠王前十三年。疑紀年誤書。」此由不知威王至惠王後元尚在，故云然。又狄氏編年亦書封薛於顯王三十六年，而據梁惠王以三十六年改元言之，實非。語詳考辨第九二。

又按：史記以靖郭孟嘗為謚，索隱謂：「靖郭或封邑號，故漢齊王舅父駟鈞封靖郭侯。」雷氏義證云：「嘗即居常與許之常，在薛之東南者。郭乃近漷邑名。左傳莊公十一年，公敗宋師於郭；襄公十九年，取邾田自漷水。水經注謂漷水西南流入邾國，經鄒山東南，又西南經蕃縣，乃西逕薛城及仲虺城北。據此，郭亦薛南之邑可知。」又曰：「田嬰封薛之時，居仲虺城，去郭邑最近，故曰『靖郭君』。時任姓之薛尚存，居故薛城，即奚仲之初封也。是與嘗邑實近。孟子於周赧王元年燕人畔之後去齊歸鄒，此後又適宋居薛至滕。在宋之時，滕文公尚為世子，至齊將築薛時，文公已即位為君矣。所謂『將築薛』，即侵滅任姓之薛并而有之也。故趙注云：『齊人并得薛，築其城以逼滕。』蓋自是而奚仲故城及嘗邑皆屬於田薛。」又曰：「築薛之役，自在孟子至滕之後。齊之并薛，當在封孟嘗君時。」今按：雷氏辨靖郭孟嘗皆生時稱號，並發明其取號之由，其說是也。惟策、史、竹書皆言靖郭君封薛，竹書言四月封於薛，十月城薛；國策亦言靖郭君將城薛，城薛自在靖郭君時。雷氏強分靖郭君居故仲虺城，謂田薛封時，任姓之薛尚存，並無明據。而與故記舊文顯背。余又按集解：「裴駰案：皇覽：『靖郭君冢在魯薛城中東南陬。』孟嘗君冢在薛城中向門東，向門出北邊門也。」蓋田嬰父子皆居薛，故稱薛公薛侯。其死而葬，亦在薛城中。其稱靖郭孟嘗，或當時不欲擬於古諸侯之舊稱，故避薛而稱郭稱嘗以為號，非為其封居之不在薛。雷氏所以強為之說者，由誤認孟子遊跡，必謂齊人築薛尚在後，乃不得不牽強說之也。

一一〇　孟子至宋過薛過郳考

公孫丑下：「陳臻問曰：『前日於齊，王餽兼金一百而不受，於宋，餽七十鎰而受，於薛，餽五十鎰而受。』」崔述孟子事實錄云：「齊稱前日，而宋薛稱今日，則是至宋薛在至齊後也。然則孟子去齊之後，先至宋薛，然後至滕矣。故『滕文』章稱『過宋而見孟子』也。

去宋薛後蓋嘗歸鄒，故『滕定』章稱『然友之鄒問於孟子』也。」今按：孟子在宋，與戴不勝語，曰：「子欲子之王之善歟？」是其時宋已稱王也。又曰：「宋將行王政。」是宋已稱王而未久，尚在王偃之早年也。又孟子書不見與宋王語，其在宋似不久。今姑定孟子遊宋在宋王偃之十三、四年間，即宋偃稱王之第四、五年也。孟子云：「將有遠行。」則殆欲之梁，而先以其間返魯。

孟子自宋返魯而過薛。江永群經補義云：「孟子過薛，薛君餽五十鎰，當宣王時，即孟嘗君田文也。」今按：封薛者，乃威王時田嬰，非宣王時田文，江說固誤。參讀考辨第一〇九。然必謂孟子過薛值田嬰，亦未必是。史記田齊世家：「威王封騶忌以下邳，號曰成侯。」參讀考辨第八五。而魯世家索隱引紀年：「梁惠王三十一年，下邳遷於薛，改名曰徐州。」水經泗水注引同。孟嘗君列傳正義引作三十年，誤奪「一」字。後漢書郡國志：「薛，本國，六國時曰徐州。」然春秋哀公十有四年：「齊陳恆執其君，置於舒州。」史記作徐州。是徐州之名不始戰國。其時下邳之地既入齊，而仲虺所居薛地亦入齊。且下邳遷薛，距成侯封下邳已近二十年，是下邳未必尚有國。疑春秋之薛其滅已久，此下邳遷薛者，實乃騶忌之遷邑，非薛之遷國也。田齊世家索隱引紀年有徐州子期，殆即鄒忌，而索隱誤以為田忌耳。則孟子至薛而餽之五十金者，或乃騶忌，乃齊威王朝有名大臣，豈不能禮孟子而餽之金？何必定屬之田嬰哉？曰：若是，則靖郭封薛，何以處騶子？曰：騶子史稱成侯。成，春秋國，作郕；公羊作盛，史記作成。故城在兗北寧陽。又魯有成邑，本孟孫氏邑，齊宣公四十八年，田和取之。故城亦在寧陽。騶子稱成侯，是必食封其地。史公謂鄒忌「封下邳，號曰成侯」，疑下邳乃初封，成侯乃晚號。如田嬰初亦封彭城，孟嘗君列傳索隱引紀年。而晚號靖郭君。然則是田嬰封薛而騶子移封於成也。即不然，「孟子居鄒，季任為任處守，以幣交，受之而不報。處平陸，儲子為相，以幣交，受之而不報」。薛為齊南疆重鎮，為之守者，必一時碩望。孟子過薛，烏見齊之守大夫，不能餽金，而必待於田嬰？此皆拘泥之見也。前人論孟子過薛，常牽連於靖郭孟嘗，又疑戰國時薛尚未滅，實皆失之。

孟子既過薛，又過鄒。風俗通：「孟子絕糧於鄒薛，困殆甚。」即其時事。此後齊湣王亡奔魯，將之薛，假道於鄒。湣王自魯之薛而過鄒，今孟子則自薛返魯而過鄒也。與鄒穆公問答，殆亦在是時。應劭謂其「絕糧鄒薛」者，豈在鄒以語不相契，遂不見禮而致困乎？此亦無可深論矣。新書、新序均載鄒穆之賢，後人謂得孟子彈責而改，亦臆測無證。又按：鄒亡猶在齊湣王後。楚世家頃襄十八年，西周武公曰：「怨結於西周以塞鄒魯之心。」則是時鄒尚存。

又按：元程復心孟子年譜云：「史傳云孟子鄒人，如云子路卞人，曾子武城人，不言魯，明乎卞武城鄒，皆魯邑也。孟子云『自齊葬於魯』，不云『葬於鄒』，因其時邾國亦改為鄒，慮混魯鄒邑名。又書中往來齊境，見鄒穆公時客邾鄒，與然友之鄒，孟子居鄒異。邾在兗北青境，鄒在兗南徐境，道里甚遠，安得云『近聖人之居，如此其甚』？孟子對鄒穆公，不稱臣，而其語倨，曰『君之民』，知其為異邦。即如『鄒人與楚人戰』一語，明鄒非本國。」今按：程氏辨孟子魯人，非鄒人，其說似是。惟謂「邾在兗北青境，鄒在兗南徐境」，則實誤。湣王由魯之薛而假道於鄒，則鄒固在魯南。左傳文公十三年「邾文公卜遷於繹」，秦始皇上鄒繹山，即此。漢地理志：「魯國騶縣，故邾國。」杜預世族譜：「邾文公徙於繹，桓公以下春秋後八世，而楚滅之。」左傳隱元年正義引。路史國名紀：「騶，繹也，兗之鄒縣有繹山，邾文公遷繹，後曰騶。」劉薈騶山記云：「鄒山即文公所卜鄒國，本邾國，魯繆公時改曰鄒，周氏四考云：「魯或鄒訛。」而山從邑變，邾城在山南。」此皆鄒在魯南之證。戰國皆以鄒魯並稱，其地既密邇，今鄒縣北至曲阜縣界二十五里。故曰「鄒與魯鬨」。或孟子鄒人，而其地卻屬魯，然亦甚難諟正矣。周廣業孟子四考亦辨此事。惟鄒氏考孟墓在鄒不在魯，而孟子書明云「葬於魯」，則鄒地或可屬魯，而孟子國籍終屬難定也。

一一一 孟子遊滕考

滕文公上：「滕文公為世子，將之楚，過宋而見孟子。自楚反，復見孟子。」是孟子遊滕在宋後也。閻若璩四書釋地續云：「是時楚久廣地至泗上，泗上十二諸侯者，宋魯滕薛邾莒，在淮泗之上國。滕南與楚鄰，苟有事於楚，一舉足則已入其境，何必迂而西南行三百五十餘里過宋都乎？過宋都者，以孟子在焉。往也如是，反也如是，不憚假道於宋之勞，其賢可知。顧麟士謂非世子迂道來見，此不通地理之說也。」周柄中辨正云：「是時楚都鄀，宋都商丘，自滕之楚，取道商丘，路稍回遠。謂非迂道固謬，謂一舉足即入其境，亦未明悉。」今按：二氏之辨，殆皆未知宋都之遷彭城也。金仁山云：「滕，姬姓國，今徐州北一百九十里所屬之滕縣，有古滕城。」徐州即戰國時彭城，為宋新都。世子往楚，乃自滕南行過宋而入楚境，並不迂道西南行三百五十餘里，往如是，反如是，特為見孟子。否則記者不應輕輕下一「過」字。

本篇又云：「滕定公薨。世子使然友之鄒，問於孟子。」趙注：「孟子歸在鄒也。」是孟子去宋之後，至滕之先，曾歸鄒也。齊湣王亡奔魯，將之薛，假途於鄒。自魯之薛者過鄒，孟子自彭城歸鄒而過薛也。其後孟子乃之滕，「滕文公問為國」，「使畢戰問井地」，又問「齊人將築薛」。閻若璩孟子生卒年月考論之云：「春秋公羊傳，君存稱世子，君薨稱子某，既葬稱子，逾年稱公。左氏例則未葬稱子，既葬稱君，不待逾年始稱君。此二傳之異同也。及以孟子證，則又有異。君存稱世子，滕文公為世子是。君薨亦稱世子，滕定公薨，世子謂然友是。未葬稱子，不獨既葬為然，至於子之身而反之是。若孟子所稱子力行之，則在既葬之後，但未逾年耳。何以驗之？滕文公既定為三年之喪，五月居廬，未有命戒，則亦無禮聘賢人之事可知。惟至葬後，始以禮聘孟子至滕而問國事焉，故孟子猶稱之為子。直至逾年改元，然後兩稱為君，曰『君如彼何哉』，曰『君請擇於斯二者』。然則孟子於滕行蹤歲月，亦略可覩矣。」今按：閻說甚密。大抵五月卒葬，而孟子至滕，即在滕定公卒歲。明年，孟子尚在滕，則為滕文公元年。今姑假定是年即梁惠王後元十三年，四月田嬰封薛，十月城薛。文公「如之何」之問，在四月後，十月前。而孟子遊梁，則在惠王後元十五年。參讀考辨第一一五。是孟子在滕，先後有三年之久。方其去宋，固已有遠行之志，而在滕淹留有如是之久者，亦滕文之賢有以使之然矣。

一一二　魯平公欲見孟子考

魯平公欲見孟子，舊說皆與孟子自齊歸葬並說。任兆麟孟子時事略謂：「慎靚王三年，孟子母卒，歸葬於魯。」林春溥戰國編年依之，而謂：「魯平公將見孟子，宜在此時。臧倉毀孟子『後喪踰前喪』，蓋亦指近事人人共見者而言。是必孟子居魯喪畢之事，魯不能用而復反於齊耳。」蓋舊說魯平元在周慎靚王五年，逆計孟子終三年之喪，故以母卒歸葬屬之慎靚之三年也。狄氏編年在四年，其意則同。其別無確據，勉為推排之跡，既已甚顯。而其說亦殊有難通者。周柄中論之曰：「謂反齊在終三年喪後，則充虞明曰嚴不敢請，今願有請，兩請相接，正頂嚴字。若三年後，不嚴久矣。如反齊果在三年後，則本章當以『充虞問曰』作起句，如陳臻問曰之類，何必言自齊葬魯，直從三年前敘來由乎？」此謂孟子在魯終三年之喪而反齊說之不可通也。顧氏日知錄云：「孟子自齊葬於魯而不言喪，此改葬也。」周柄中又辨之曰：「觀下文『敦匠事，嚴，不敢請』，何以見其為改葬而非初喪？」此又改葬之說之不可通也。余則謂此事尚有辨者。觀臧倉之言曰：「何哉，君所為輕身以先於匹夫者？」直稱孟子為匹夫，決不似孟子為齊宣王卿反魯葬母時語。又樂正之告孟子曰：「克告於君，君為來見，嬖人臧倉者沮君，君是以不果來。」孟子曰：「吾之不遇魯侯，天也，臧氏之子，焉能使予不遇。」

此亦孟子未達時語。若其為齊卿，一朝當路，管晏不足比。反而葬母，非浩然有歸志時也。亦非必見魯君，期用事於魯也。何以有不遇天也之歎？且樂正之謂魯君曰：「前以士，後以大夫。」齊卿之位，不為不貴，何為僅曰大夫乎？此皆有所不類。竊疑魯平公欲見孟子，蓋尚在齊威王時，孟子猶未大顯。廣文選：「魯平公與齊宣王會於梟繹山下。樂克備道孟子於平公。」此亦不然。與孟子原書「克告於君，君為來見」之意顯相乖違，豈得為信？為此語者，蓋僅知孟子遊齊當齊宣王時，故造為此說耳。余疑孟子喪母歸葬，當在齊威王時，而其時魯平公尚未立。其去齊適宋，當在宋偃稱王後四五年間，乃過薛過鄒而返魯。魯平公元當齊威王之三十六年。樂正子言於平公而欲見孟子，必在平公初即位之年，或初稱元年之年也。魯欲使樂正子為政，亦其時事。若以孟子喪母歸葬，事距臧倉之沮不遠，則應在齊威王三十四年稍前，葬畢即反齊。毛奇齡以反為反哭之反，最為近之。反齊不久而至宋，居宋亦不久而歸，乃復過薛過鄒至魯，而有平公欲見一段故實也。列女傳「孟子處齊，有憂色，擁楹而歎。孟母見之」云云，是孟母同在齊之證。「孟子曰：今道不用於齊，願行，而母老，是以憂。母曰：子成人也，而我老矣。子行子義，吾行吾禮。」若列女傳文可信，則固以孟子齊威王時已在齊為合。若至宣王時，孟子不曰「願行而母老」，（孟子之行，即以下至宋薛鄒滕梁一段周遊也。）其母亦不曰「子成人」矣。（宣王時孟子已老，不得呼成人。）及孟母之卒，其子壽亦且六十。母年不為不高。必謂孟母卒在慎靚王時者，以不知孟子當齊威王時先曾在齊而強說也。至樂正子言孟子於平公，則其時母喪已畢，越有年矣。否則豈有方居母喪，而其徒汲汲為之謀一見時君之理？而其時孟子猶未達，故臧倉有「匹夫」之譏。而其前居母喪，充虞亦有棺木已美之疑。其必欲平公往見者，則孟子所倡士不見諸侯之義也。孟子既不得志於魯，未久遂至滕，淹留三年而至梁。自此後車數十乘，從者數百人，傳食諸侯，異乎往日之為匹夫矣。（樂正子謂「前以士，後以大夫；前以三鼎，後以五鼎」者，或孟子在齊宋曾仕而未顯，或樂正虛設以問所謂「踰者」之義，而非實指孟子之前喪以三鼎後喪以五鼎。今不可確指，而孟子之譽聞日顯，而為生日富，則可知。）此一段往來瑣瑣，殺費推排。如此說之，或差為近於情實也。

孟子自齊至梁遊蹤略表

齊威王	三〇	宋偃始王。
	三一	孟子喪母，自齊歸葬，復反齊，當在此後數年內。
	三二	
	三三	
	三四	孟子遊宋，當在此時或稍前。滕世子至楚，過宋而見孟子。自楚反，復見孟子。
	三五	孟子自宋過薛，過鄒至魯，或在今年，或在前年。魯平公即位，欲見孟子而臧倉沮之。滕定公薨，然友之鄒問孟子，是年冬，孟子至滕。
	三六	魯平公元。四月，齊封田嬰於薛，十月城薛。孟子在滕，滕文公問「齊人將築薛」。
	三八	齊威王卒。孟子遊梁。

一一三 許行考

附 索盧參

呂氏春秋當染篇云：「禽滑釐學於墨子，許犯學於禽滑釐，田繫學於許犯，顯榮於天下。」禽滑釐，梁氏人表考謂即禽滑氂，而許犯田繫無聞焉。今按：許犯即許行也。春秋時晉有狐突，字伯行，（晉語注）齊有陳逆，字子行。（左傳哀十一年）晉語韋昭注：「犯，逆也。」小爾雅廣言：「犯，突也。」古人名突逆字行，知許行蓋名犯字行矣。許行之至滕，曰「願受一廛而為氓」、「其徒數十人，皆衣褐，捆屨織席以為食」，此墨子度身而衣，量腹而食，比於賓萌，未敢求仕之遺教也。許行之言曰：「滕有倉廩府庫，是厲民而以自養也。」此墨子非禮毀樂之緒論也。並耕之說，蓋自兼愛蛻變而來。則許行之為墨徒，信矣。墨學盛於南方，許行楚人，亦南方之墨之健者耶？惟論其年歲，許行至滕蓋已垂老。自此（惠王後元十三年，田嬰封薛之歲。）上推八十年，為周安王元年，時墨子尚未卒。若許子至滕壽及八十，而禽子之死不在墨子卒後十年之前者，則許子固得從學於禽子。然猶有疑者，許行不畏跋涉之勞，自楚而至滕，又親操耕作之苦，推其年壽，或不在七十之上。而禽滑釐事墨子則在早世。止楚攻宋，禽子已為弟子魁率。墨子既老而卒，禽子亦且八十之壽矣。或者禽子卒尚先墨子。墨子卒十年上下，孟勝致鉅子於田襄子，見其時禽子或已先卒也。則謂許行必師禽子，亦難確定。余觀當染篇又稱吳起學於曾子，與田子方學於子貢、段干木學於子夏並舉，則此曾子自為曾參。然吳起所事乃曾西，非曾參也。疑許犯之於禽滑釐，正如吳起曾參之比。否則禽滑釐或者固非禽滑釐，而別為一人乎？要之許犯即許行，為墨徒，則似可無疑耳。

又按：呂氏尊師篇：「索盧參，東方之鉅狡也，學於禽滑黎，非徒免於刑戮死辱，由此為天下名士顯人，以終其壽。王公大人，從而禮之。」其人無可考。或者猶前於許行，如李克之與吳起乎？姑附於此，以傳其姓名焉。

一一四　田鳩考

附　腹䵍　唐姑果　謝子

漢書藝文志墨家有田俅子，隋書經籍志墨家類梁有田休子一卷，即此傳寫誤脫。韓非子、呂氏春秋、淮南子有田鳩。馬驌梁玉繩孫詒讓並以為一人。顧孫氏著錄墨子弟子，置田俅子於傳授不可考之列。今按：田俅子殆即田繫，齊人，學於許行，墨子之三傳弟子也。以古人名字相應之例推之，俅，說文：「冠飾貌。」爾雅釋言：「俅，戴也。」詩曰：「弁服俅俅。」「載弁俅俅。」俅蓋指其結飾而言。「繫者，系也。」易繫辭釋文「以下綴上，以末連本之解。」左氏春秋序疏故名繫字俅，如秦公子縶字顯當作䌰。之例矣。鳩者，俅之聲近而通借也。呂氏、淮南稱田鳩見秦惠王。秦惠王與梁惠王同時而後死，田鳩為許行弟子，其時亦相當。又按：秦惠王時，秦有墨者腹䵍，見呂覽去私。唐姑果，淮南修務作唐果梁。又有東方墨者謝子，亦至秦。見呂覽去宥。又見淮南修務，高注：「謝姓，關東人也。」說苑雜言篇作祁射子。梁玉繩云：「古謝、射通。祁乃地名，屬太原，政是關東也。」其時墨徒乃頗盛於秦矣。余考秦惠王稱王改元之四歲，正值許行遊滕之年。孟子稱其徒數十人，或者有田鳩預其間。此後又十年，而秦惠王薨。鳩之遊秦，或當惠王晚節。今姑定許行自楚至滕之歲，田鳩年四十上下，差可得其世序。而腹䵍較前輩。呂覽去私云：「墨者有鉅子腹䵍，居秦，其子殺人。惠王曰：『先生年長矣，非有他子也，寡人已令吏勿誅矣。』腹䵍對曰：『墨者之法，殺人者死，傷人者刑，王雖為賜，腹䵍不可不行墨子之法。』遂殺其子。」今考孟勝死，傳鉅子於田襄子，下距秦惠稱王五十餘年。若腹䵍當秦惠稱王時年六十，而田襄子之卒壽在六十以上，則或者襄子鉅子之位傳於腹䵍，世次正相及。至謝子遊秦，則亦在惠王晚世。呂覽去宥云：「東方之墨者謝子，將西見秦惠王，惠王問秦之墨者唐姑果。唐姑果恐王之親謝子賢於己也，而毀之。王因藏怒以待，謝子不說，遂辭而行。」呂氏曰：「人之老也，形益衰，智益盛。今惠王之老也，形與智皆衰耶。」此謝子入秦在惠王晚世之證也。秦之墨者唐姑果，其殆腹䵍之學徒乎？今姑定惠王末年兩人皆四十上下，則秦惠王時墨者，言其年序世次，腹䵍最前，田鳩次之，唐謝又次之。孟勝腹䵍又詳考辨第六八。孟勝稍前於楊朱，腹䵍則稍前於莊周。墨徒以苦節自勵，遂來楊莊之放達，此亦學術往復之一象也。

又呂覽首時：「田鳩欲見秦惠王，留秦三年弗得見。客有言之於楚者，往見楚王，楚王悅之，與將軍之節以如秦，因見惠王。」是田鳩於遊秦之間，又曾至楚。韓非外儲左上：「楚王謂田鳩曰：『墨子者，顯學也，其言多不辯，何也？』曰：『今世之談也，皆道辯說文辭之言，人主覽其文，忘其用。墨子恐以文害用也，故其言多不辯。』」當在其時。楚王蓋懷王。

一一五　孟子遊梁考

崔述孟子事實錄論孟子遊梁年歲云：「史記梁予秦河西地，在襄王五年。盡入上郡於秦，在襄王七年。楚敗魏襄陵，在襄王十二年。皆惠王身後事。而惠王之告孟子乃云：『西喪地於秦七百里，南辱於楚。』未來之事，惠王何由預知之而預言之乎？按杜預左傳後序云：『古書紀年篇，惠王三十六年改元，從一年始，至十六年而稱惠成王卒，即惠王也。』然則史記所稱襄王之元年，即惠王之後元年。而予河西，入上郡，敗於襄陵，皆惠王時事。孟子之至梁，不在惠王三十五年，而在後元十二年襄陵既敗之後。孟子與齊宣王問答甚多，而與梁惠殊少。在梁亦無他事，則孟子居梁蓋不久。然猶及見襄王而後去，則孟子之至梁，當在惠王之卒前一二年。於年表則周慎靚王之元年二年也。」江永群經補義則曰：「孟子見梁惠王，當在周慎靚王元年辛丑，是為惠王後元之十五年。至次年，壬寅，惠王卒，襄王立，孟子一見即去梁矣。」今按：二氏之說甚是。嘗疑孟子在梁與惠施已不相值。梁惠王後元十三年，張儀相魏，惠施避之楚。公孫衍與張儀不善，令人說韓公叔以圖秦棄儀收韓相衍，公叔從之。衍相魏，儀復去相秦。至魏襄王元年，表作哀王。五國約擊秦，公孫衍實與其謀。詳史記張儀傳。景春問孟子：「公孫衍張儀豈不誠大丈夫哉？」正當其時。自儀衍之實情晦，蘇張之浮說興，而後當時國際之真相，遂闇昧而莫明矣。又按：年表，孟子至梁書於惠王三十五年，蓋是後元十五年，而史公誤後元謂襄王，乃移之三十五年耳。今推年表致誤之跡，依江說，定孟子至梁在慎靚王元年也。

一一六　惠施返魏考

惠施至宋不久而返魏。史記魏世家：「襄王卒，子哀王立，張儀復歸秦。哀王元年，五國共攻秦。」襄王卒乃惠王，哀王立乃襄王。張儀於惠王死即去魏，故明年而魏即約五國攻秦也。參讀考辨第九五。張儀傳：「哀王立，張儀復說哀王，不聽，於是陰令秦伐魏。明年，秦敗韓申差，而張儀復說魏王，哀王乃倍從約，因儀請成於秦。張儀歸，復相秦。」是謂儀去魏在哀王二年，與魏世家相舛。魏背從約請成於秦事，秦紀、魏世家均無之。知儀傳自誤。惠施重至魏，當在惠王卒年，張儀去後。魏策：「將葬惠王，天大雨雪。群臣諫太子，莫能得，以告犀首。犀首曰：『吾未有以言之也，是惟惠子乎？』惠子見太子，太子為弛葬期。」又見呂氏春秋開春篇。是事在惠王卒歲之冬，故哀王稱太子。又觀群臣以告犀首，而犀首稱惠子，知其時惠子非相魏，初無言責。張儀已去，故犀首為魏廷領袖也。其明年，惠施使楚。楚策云「五國伐秦，魏欲和，使惠施之楚」是也。後四年，又使趙。趙策云「齊破燕，趙欲存之，令淖滑惠施之趙，請伐齊而存燕」是也。此後惠施事無考，蓋不久而卒矣。

附　南方倚人黃繚考

莊子天下篇：「南方有倚人焉，曰黃繚，問天地所以不墜不陷風雨雷霆之故。惠施不辭而應，不慮而對，徧為萬物說。」釋文：「倚，本或作畸。」郭慶藩曰：「倚當為奇，倚人，異人也。王逸注九章云：『奇，異也，字或作畸。』大宗師篇『敢問畸人』，李頤曰：『畸，奇異也。』」徐廷槐曰：『戰國策載魏王使惠子於楚，楚中善辯者如黃繚輩爭為詰難。』是謂繚施問答在惠子使楚時也。當時言「南方」率指荊楚。孟子曰：「陳良楚產，北學於中國。」中國與楚南北對稱。黃亦楚姓。通志氏族略：「黃嬴姓，陸終之後，受封於黃，子孫以國為氏。」余考春申君楚宗姓，而稱黃歇，詳考辨第一三二。則南人氏黃者不獨嬴姓矣。徐氏說或可信。又楚辭有天問篇，相傳為屈原作，亦未見其必然。豈亦如黃繚問施之類耶？屈原為楚懷王左徒，當在惠子使楚稍後。然則天問一派之思想，固可與惠施黃繚有淵源也。

一一七　孟子自梁返齊考

孟子在威王世先已遊齊，（已詳考辨第九八。）其後至宋過薛歸鄒至滕而遊梁。惠王卒，襄王新立，孟子見襄王，謂其不似人君，乃遂自梁返齊。則威王已死，正宣王之初立也。金履祥四書考異引列女傳母儀篇曰：「孟子道既通，值梁招賢，乃至梁。既而去梁適齊，齊王以為上卿。」魏源孟子年表考以為此劉向據孟子外書所述，先梁後齊之證。今按：孟子自梁之齊，其證有不在於此者。據魏策：「梁惠王死，葬有日，天大雨雪，群臣諫太子。」（呂覽開春論亦同。）是惠王葬期即在其卒年之冬，故襄王稱太子。若以諸侯五月而葬，則惠王死定在秋前。疑孟子之去，蓋距惠王死不久，亦在是年至齊也。（魏氏亦據此策，謂：「惠王實卒於冬。」不悟卒葬不同時也。又謂：「『孟子見梁襄王』章，明為逾年即位始見新君之時。」竊疑孟子在梁，名望甚高，不必逾年始得見新君。孟子書所以稱襄王者，以全書襄王只此一見。若亦變文稱子，則將無以見其為襄王爾。不得以稱襄王，即證其為逾年也。）孟子盡心上，記：

「齊宣王欲短喪，公孫丑曰：『為期之喪，猶愈於已。』孟子曰：『是猶或紾其兄之臂，子請之姑徐徐云爾，亦教之孝悌而已。』」此孟子至齊，威王新死，未及周年之證也。若宣王已期年除喪，則孟子公孫丑不復如此問答。又張文虎舒藝室隨筆卷一，亦謂：「短喪即威王之喪。」又言：「孟子實兩至齊。」惟謂其時猶未見宣王，及梁惠王卒，襄王立，始再適齊云云，則由不知以紀年校齊威宣年世，故言之多誤。余下說孟子望見齊王之子，正可釋張氏未見宣王之疑。

盡心上又云：「孟子自范之齊，望見齊王之子，喟然歎曰：『居移氣，養移體，大哉居乎！夫非盡人之子與？』又曰：『王子宮室、車馬、衣服多與人同，而王子若彼者，其居使之然也。』」趙岐注：「范，齊邑也。王庶子所封食也。孟子之范，見王子，還至齊，謂諸弟子云云」。趙氏此注，乃有二誤。孟子自范之齊而見王子，注乃謂孟子之范見王子，而還至齊，明與正文相乖，誤一也。閻若璩四書釋地云：「思孟子書法不曰之齊見王子於范，而曰自范之齊，望見王子，下一『望』字，意者當時最多交質，此以王子出質敵國，路經於范，遂與孟子適值乎？亦未可定。要之集註於此等處略矣。」又云：「自楚之滕，自宋之滕，與此自范之齊又少不同。蓋孟子往齊都，實從范邑起程。未之齊都而於范邑望見齊王之子，乃倒裝文法。」據此知閻氏亦悟此注與原文文法相乖，而特強為之釋也。詳孟子之語，則王子乃嫡子，而注以為庶子。庶子固非甚貴，孟子何以云云，而其後又以魯君之宋相擬哉？誤二也。四書大全辨謂：「齊王之子，與以國而不名，是湣王世子田法章。」此已知齊王之子非庶子，特以不得其時而誤說。蓋趙氏先認王子為庶子，因疑庶子當居下邑，遂謂之范見王子矣。今按：王子，宣王也。范為自梁至齊所經。魏源云：見孟子年表考第一。「梁襄嗣位之後，值齊宣新政之初，孟子聞其足用為善，故自范之齊。范今曹州范縣，為自梁至齊要道。由大梁至臨淄千有餘里，故孟子曰『千里而見王』。若由鄒至齊，僅數百里也。」夏炘景紫堂文集亦云。宋翔鳳過庭錄亦以范為自梁至齊要道。魏氏又謂：「孟子自范之齊，處於平陸，儲子為相，以幣交，即其時事。范距臨淄七百餘里，平陸今汶上縣，距臨淄五百餘里。」余謂儲子告孟子，王使人瞷夫子，亦孟子初見宣王時事也。魏氏又以於崇見宣王退而有去志，謂初見宣王即在崇，狄氏編年說同。且范本晉士會邑，三家分晉，地當屬魏。孟子自范之齊，其時范邑屬齊與否不可知。又烏得即謂范乃齊王子封邑哉？然則稱齊王之子者，時威王新死未葬，宣王初立，故變文稱子也。滕文公稱世子，此稱齊王之子，蓋齊大國，滕小國，故記者異其辭。此又孟子至齊在威王卒歲之證也。魏氏又定孟子至齊為宣王即位之三年，則誤。參讀考辨第九二。

一一八　淳于髡考

史記滑稽列傳：齊威王時，淳于髡說之以隱，云「有鳥三年不飛不鳴」，此髡在威王初年既已知名於齊也。世家稱「鄒忌見三月而受相印，淳于髡見之」云云，余考鄒忌見知在威王初立，則髡在威王早歲即在齊，益可見。後去而之梁，見梁惠王。史記孟荀列傳記其事云：「惠王欲以卿相位待髡，髡因謝去，終身不仕。」蓋髡亦如田駢之流，皆以不仕為名高者。史載髡以承意觀色為務，其見惠王，初值獻馬者，後又值獻謠者。髡滑稽自喜，謠人之與善馬，蓋出髡之隱謀，預囑其到時而獻。若陽貨瞰孔子出而饋之以蒸豚也。乃惠王驚歎以為聖人，與語三日三夜無倦，而欲以卿相位之，此異乎孟子何必曰利，與惠王願安承教之意矣。否則殆出後人妄譚，髡雖善察顏色，不能精明至此。又太平寰宇記卷十九引史記：「髡死，諸弟子三千人為縗絰。」今無其語。葉適曰：「淳于髡任己自賢，於當世無所敬，以孟子考之，其人可知。至遷欲列於滑稽之首，遂使於二優同稱，斯太甚矣。」習學記言則誠信讜也。故與孟子辨出處，深識孟子之進退無義。蓋孟子固主孔子所謂不仕無義者也。其後在齊當宣王世，齊策「淳于髡一日而見七士於宣王」是也。髡最為稷下前輩，當威王初年已顯名。威王在位三十八年，至宣王八年，孟子去齊，其時髡當尚在。孟子辭卿之位，髡有名實未加於人而去之譏。其後髡事即不見。蓋髡已老，當不久而辭世也。若謂威王初年髡年近三十，則其壽殆逾七十矣。

滑稽列傳又云：「威王八年，楚大發兵加齊，齊王使淳于髡之趙請救，趙王與之精兵十萬，革車千乘。楚聞之，夜引兵而去。」其事又見於說苑尊賢篇，云：「十三年，諸侯舉兵以伐齊，齊王恐，召其群臣大夫，博士淳于髡云云，此稱「博士淳于髡」，則威王時齊已有博士。五經異義曰：「戰國時，齊置博士之官。」即指此。其先魯魏亦有博士。魯博士公儀休，見史記循吏傳。賈山祖父祛為魏博士弟子，未知當值何時。齊之稷下先生，蓋倣魯魏博士制為之。（參讀考辨第七五。）又禮記雜記正義引劉向別錄：「王度記，似齊宣王時淳于髡等所說。」於是王立淳于髡為上卿，賜之千金，革車百乘，與平諸侯之事。諸侯聞之，立罷其兵，不敢攻齊。」復恩篇亦云：「楚魏會於晉陽，將以伐齊。齊王召淳于髡。」三文詳略雖殊，實同一事。蓋楚魏同謀伐齊，齊則請救於趙也。惟尊賢篇開端「十三年」三字，殊為突兀。劉向為說苑，本雜採戰國舊籍。此「十三年」三字，當有來歷，殆係所採故記原文，而未加薙芟者。考之齊事，威王初年，魏伐趙，圍邯鄲，而齊救之。與其後楚聯魏伐齊，齊請救於趙，情事大合。尊賢篇所稱「十三年」者，殆指齊威王之十三年歟？又按：諸越世家索隱引紀年：「晉出公十年十一月，於粵子句踐卒，次鹿郢立。當史記之王鼫與。六年卒，不壽立。十年見殺，次朱句立。當史記之王翁。張文虎舒藝室續筆謂：「越絕、吳越春秋，以翁為句踐孫，無不壽。紀年亦無翁，疑是一人。史誤分之。紀年不壽之後為朱句，而二書並作不揚，疑取義於『我朱孔揚』，亦是一人。」按：以不揚與朱句為一人，徐文靖紀年統箋已有其說。惟徐氏又謂朱句亦即王翁，恐誤。三十七年卒，子王翳立。三十六年七月，太子諸咎弒其君翳。十月，粵殺諸咎，粵滑。滑，亂也。吳人立孚錯枝為君。明年，大夫寺區定粵亂，立無余之。當史記之王之侯。十二年，寺區弟思，弒其君莽安，次無顓立。無顓八年薨，是為菼蠋卯。故莊子云：『越人三弒其君，子搜患之，逃乎丹穴，不肯出，越人薰之以艾，乘以王輿。』呂氏審己：「越王授有子四人，越王之弟曰豫，欲盡殺之而為之後。惡其三人而殺之矣，國人不說，大非上。又惡其一人而欲殺之。越王未之聽，其子恐必死，因國人之欲逐豫，圍王宮。」高誘注：「越王授，句踐五世孫。」畢沅曰：「句踐五世孫則王翳也。為太子諸咎所弒，見紀年，與此略相合。前貴生篇有王子搜，疑一人。」今按：王子搜又見莊子讓王篇，曰：「越人三世弒其君，王子搜患之，逃乎丹穴，不肯出。越人薰之以艾，乘以王輿。」淮南原道云：「越王翳逃山穴，越人薰而出之，遂不得已。」會而觀之，王翳之即搜即授，殆可信矣。然王翳前惟不壽見弒，非有三世弒君之事也。索隱謂王子搜為無顓，則諸咎弒王翳，粵殺諸咎，寺區弟思弒君莽安，可得三世弒君之事矣。然莊、呂、淮南之書，自以子授子搜為王翳，恐是越史荒遠，故莊呂劉三家自說王翳事而誤涉其後事，故曰「三世弒君」耳。索隱以為無顓，殆未確也。蓋無顓後乃次無彊，蓋無顓之弟也。」樂資春秋後傳，以王之侯為無顓後，乃次無彊，與索隱異，惟年距應無歧也。又曰：「按：紀年，無顓薨後十年，楚伐徐州。」今據自句踐卒歲，至無顓薨後十年，共歷一百十九年。鹿郢六，不壽十，朱句三十七，王翳三十六，余無之十二，無顓八，又十，共一百一十九。適為齊威王即位之十三年。若以即位翌年改元言之，則為齊威王十二年，是年又為周顯王之二十三年。尊賢篇「十三年」三字，若非採自齊記，則為周年而脫一二字。蛛絲馬跡，要可尋玩。今本偽紀年楚入徐州在周顯王二十二年，誤前一年。蓋由無顓立應在周顯王五年，今本偽紀年誤前一年，楚入徐州之歲，遂依次遞誤也。參讀考辨第一三四。梁氏志疑謂：「齊威王在位三十六年，未嘗與楚相聞。若威王八年，並無他國來伐，安得有楚兵加齊，趙王救齊之事？」今按：史謂齊威王之八年自誤。然梁氏據史表以獻疑，未亦是也。

附　辨越絕書吳越春秋記越年

又考越絕書：卷八，外傳記地傳第十「句踐稱王，徙琅邪，子與夷，子翁，子不揚，子無彊。楚威王滅無彊，子之侯，子尊，子親。親以上至句踐，凡八君，都琅邪二百二十四歲。」吳越春秋卷十亦云然。而越世家索隱引紀年：「王翳三十三年遷吳。」上距句踐都琅邪凡九十年，無所謂二百二十四歲也。若自句踐徙琅邪後二百二十四歲，其時已在春申君封吳後三年。楚考烈王十八年越烏得尚在琅邪？則越絕之誤決矣。然自句踐徙琅邪下推一百二十四年，則適值楚圍徐州後一年，而世次亦適得八代。句踐一，鹿郢二，不壽三，朱句四，王翳五，無余之六，無顓七，無顓之後則八也。水經漸江水注云：「越王無彊為楚所伐，去琅邪。」則越都琅邪，實至王無彊時始離去。則越絕書、吳越春秋兩書所載，固有依據，非盡鑿空嚮壁之談。其謂二百二十四年者，特為一百二十四年之字譌。其謂八世，並不誤，而特不得其世代傳受之詳。至謂皆居琅邪，固失之。大抵越人自王翳徙吳，而淮泗地猶未全失。其後或居吳，或居琅邪，南北不常厥都。自無彊去琅邪，淮泗之地，始不為越有。故越絕書、吳越春秋皆謂句踐以下八世居琅邪，凡一百二十四年也。參讀考辨第九六。余嘗謂古書雖多誤，而必有其所以誤。若尋得其所以誤者而說之，則足以即誤而顯真。茲據說苑殘文，及越絕書、吳越春秋誤字，證紀年、史記楚圍徐州一事，可以見考古之事，有時如弈局已亂，為之覆按，儘可一一復舊狀，不失本來，有如是之巧也。

越絕卷二又云：「自句踐徙琅邪凡二百四十年，楚考烈王并越於琅邪。今按：自越徙琅邪後二百三十九年，據史記則春申封吳之歲也。後四十餘年，秦并楚。按：實二十餘年。復四十年，漢并秦。按：實不到二十年。到今二百四十二年。按：此指自西漢到著書人時二百四十二年也。句踐徙琅邪到建安二十八年，按：即上文之今時。凡五百六十七年。」按：實只五百二十年，誤多四十餘年，辨見隨文所注。此一條亦多誤。要之越絕一書，固非嚮壁鑿空，亦往往有依據來歷。而其書實疏陋，或見增竄，不足當信史也。

附　淳于髡為人家奴考

滑稽列傳：「淳于髡，齊之贅壻也。」索隱：「贅壻，女之夫也。比於子，如人疣贅是餘剩之物也。」今按：贅壻蓋家奴也。漢書嚴助傳：「民待賣爵贅子以接衣食。」如淳注：「淮南俗賣子與人作奴婢，名曰『贅子』。三年不能贖，遂為奴婢。淮南本經『贅妻鬻子』是也。」錢大昕曰：「贅而不贖，主家以女匹之，則謂之『贅壻』。」朱駿聲亦同此說。余謂贅壻者，主家以女奴相配，其實奴也，非其壻也。且古人重宗法，孽子庶女本同僕役，故嫁女則娣姪為媵妾。今贅壻，即謂配宗女，固已無夫道，不得與孽庶伍，則其為家奴審矣。今人以就女家為壻曰贅壻，非古之贅壻也。顏師古謂：「無有聘財，以身質錢。」此以情理推之，恐為非矣。故秦發贅壻賈人，漢時七科適戍，贅壻與吏有罪亡命者並列，以贅壻之本為奴隸也。漢書陳勝傳：「免驪山徒人奴產子。」師古曰：「奴產子，猶今人云家生奴也。」今按：奴產子猶贅壻子矣。武五子傳有家人子，亦奴產子類也。贅壻為家奴，故髡鉗。淳于髡，贅壻也，其後貴顯，人乃曰彼「固髡」也，而髡呼之。髡滑稽玩世，則亦以髡自呼耳。然則淳于之名髡，猶英布之姓黥矣。孟子對淳于髡曰：「君子之所為，小人固不知。」小人者，特斥其為髡鉗奴也。髡以贅壻小人，而名冠稷下尊駕公卿，亦當時世變一顯例哉。

俞正燮癸巳存稿卷七論齊巫兒事及贅壻，附其說於此，加訂辨焉。

> 管子小匡篇，桓公自言好色，姑姊妹不嫁。管子以為可霸。蓋本襄公之法。漢書地理志云：「初桓公兄襄公淫亂，姑姊妹不嫁，於是令國中民家長女不得嫁，名曰『巫兒』，為家主祠，嫁者不利其家。民至今以為俗。」是其俗至漢猶然。巫兒以令不得嫁，則必贅壻。（按：巫兒必贅壻，臆測無證。）齊人賤贅壻，以其為巫兒壻，無夫道。（按：當時賤贅壻者不獨齊人，贅壻亦不限於巫兒夫。）史記淳于髡，齊人之贅壻也，蓋自無戶籍，依婦家籍者。（按：髡鉗，奴也，依人家籍，即是為人奴耳。）秦策云：「太公望，齊之逐夫。」說苑尊賢云：「太公望，故老婦之出夫也。」此或齊巫兒壻造此故實，以相誇耀。齊策：「齊人謂田駢曰：『臣鄰人之女，設為不嫁，行年三十而有七子。』」此亦巫兒依令設為不嫁，而贅壻生子之證。謂之「設為不嫁」者，真不嫁則無贅壻。

（按：此安知其非私生子哉？設為不嫁者，標樹其名，如今女子自云抱獨身主義也。依令不嫁，非設為矣。）趙策，趙威后問齊使曰，北宮之女嬰兒子至老不嫁，以養父母，是率女而出於孝者，亦是齊女，無贅壻則已名聞諸侯。（按：北宮女之不嫁，特以孝養父母，未見其為巫兒之依令不嫁也。且既巫兒，例得贅壻。贅壻又不稱嫁，又烏從知北宮女無贅壻哉？以贅壻與巫兒相牽為說，自難盡合。）贅壻以己無籍，故秦漢於贅壻或加算，或遣戍。賈誼傳云：秦地子長則出贅，本以避賦役，故襲齊巫兒風也。（按：子長出贅，與巫兒不嫁自為兩事，不得混而一之。淮南有贅妻，則贅子僅鬻賣得貲，出贅未必即得為壻。蓋贅壻初本為奴，漸亦成壻。時移事變，未可據後繩前。俞氏論巫兒事或亦其一格，以概一切，則失之耳。）

一一九　魏襄王魏哀王乃襄哀王一君兩謚考

史記：「梁惠王三十六年卒，子襄王立。十六年卒，子哀王立。」竹書紀年梁惠王立三十六年改元，又十六年而卒。其後稱今王，至二十年而書止。杜預左傳後序謂：「史記誤分惠成之世以為後王之年。哀王二十三年乃卒，故特不稱謚，謂之今王。」崔述辨之云：「杜氏以史記襄王之年為惠王後元之年，是已。至謂竹書之今王乃哀王而無襄王，則非也。孟子書稱見梁襄王，孟子門人記此書者，皆當時目覩之人，不容誤哀為襄。則是梁固有襄王也。

世本稱惠王生襄王，襄王生昭王，則是梁有襄王，無哀王也。」黃式三辨之曰：「韓宣惠王之子謚襄哀王，見留侯傳。魏惠成王之子意亦謚襄哀王，二君薨同年，亦同謚歟？史止稱襄者，正如魏惠成王之稱惠王，韓襄哀王之稱襄王也。按：秦本紀厲共公，年表僅稱厲公。又秦靈公，始皇本紀稱肅靈公。秦武王，始皇本紀稱悼武王。昭襄王，始皇本紀作昭王。趙武靈王，古書或稱武王，或稱靈王。皆其證。史記既分惠王之一世為二世，因分襄哀之一謚為二謚矣。」今按：三晉之君，自梁惠成以下，率多一君二謚，且有三四謚者，黃以韓有襄哀證魏襄哀為一君說，最可信。史誤分襄哀二君，猶如後人誤以韓威侯與韓宣王為二人也。史公記魏諸君名皆可考，獨哀王名無聞，亦一證。

又按：魏世家，哀王二十三年卒。索隱曰：「汲冢紀年終於哀王二十年，昭王三年喪畢，始稱元年耳。」今按：戰國諸王，未見有行三年之喪者。更未有三年喪畢而始稱元年者。紀年魏史，哀王卒，以之殉葬，蓋所記載終於哀王二十年，其臨薨前三年事，史官未及刊定，故付闕如，小司馬強為之說，非也。

一二〇 齊伐燕乃宣王六年非湣王十年辨

燕策一：「燕王噲立，蘇秦死於齊。而齊宣王復用蘇代。代為齊使於燕，激燕王厚任子之。子之三年，燕大亂。儲子謂齊宣王：『因而仆之。』燕王噲死，齊大勝燕，子之亡。二年，燕人立公子平，是謂昭王。」其敘事甚明晰。齊策二載田臣思勸齊王乘秦韓之戰而攻燕，高誘亦謂是宣王。證之秦本紀韓本紀，是年乃秦惠王後元十一年，韓宣王十九年，秦韓戰於岸門，而年表均失載。孟子亦明記與宣王論伐燕事。按：諸索隱所引紀年，是乃宣王六年也。歷來儒者於孟子在齊年代，或主當宣王時，或主當湣王時，紛紛議論不能決。今以諸書參互稽考，則宣王之說自勝。日知錄：「孟子以伐燕為宣王事，與史記不同。通鑑以威王宣王之卒各移下十年，以合孟子之書。今按：史記湣王元年為周顯王四十六年，又八年，燕王噲讓國于相子之。又二年，燕人立太子平，則以為湣王十二年。而孟子書『吾甚慚於孟子』，尚是宣王。何不以宣王之卒移下十二、三年，則與孟子之書無不皆合，而但拘於十年之成數耶？」今按：顧氏此論極疏謬。不博考之紀年之佚文，無以發史表之覆，而以意為之移易，則終不足以徵信，而重起紛紜之爭，復何益哉？又周柄中四書典故辨正謂：「伐燕殺噲，當從通鑑作宣王事。宣王即位之年，當從史記作顯王二十七年。燕噲與齊宣王前後相左，當移上燕噲之年以合齊宣，不當移下齊宣之年以就燕噲。」此說閻若璩孟子生卒年月考已主之。不論其絕無證佐，全出臆斷。且若燕噲年移前，此後燕昭年又難定。前人種種安排，總緣不肯細心一究紀年耳。且余謂齊伐燕乃宣王六年，非湣王十年者，猶有旁證，可得而微論者。史記湣王伐燕事僅附見於燕世家中，而田齊世家顧獨不載，又不著於年表，此史公自審其可疑，故掩而沒之也。汪之昌青學齋集卷十一齊人伐燕年代考謂：「即就史記論，齊世家湣王四十餘年中，絕無一語及於伐燕。六國表湣十年正值伐燕之年，亦未言及。燕世家全錄國策，其云燕噲立，蘇秦死，齊宣王復用蘇代，亦仍其舊。既與年表、蘇秦傳不符，下文又突入諸將謂齊湣王伐燕云云，一篇中忽宣忽湣，似不知燕噲之世當值齊何王之年。」其論最是。又按：田齊世家有：「桓公午五年，魏攻韓，韓求救於齊，齊桓召諸大臣而謀。騶忌主勿救，段干朋主救之。田臣思曰：『秦魏攻韓，楚趙必救之，是天以燕予齊也。』桓公曰：『善。』因起兵襲燕國，取桑丘。」此文殊可疑。史公於齊威王前事皆不能詳。今齊策亦始威王。此獨記載明備，可疑一也。吳師道辨之云：「田臣思即田忌，與騶忌段干朋皆仕威宣，何於桓公時已預大政？」二可疑也。桓公時，秦魏攻韓，楚趙救之，齊不救，因而襲燕。其後宣王時，秦魏伐韓，楚趙救之，齊不救，因而舉燕，何其事之脗合？三可疑也。且桓公時，秦魏事無見。年表桓公五年，魏韓趙伐齊至桑丘，齊伐燕取桑丘。既云三晉伐齊至桑丘，何又云齊伐燕取桑丘？韓自結趙魏攻齊，則又與求救於齊之文戾。且田臣思之辭曰「是天以燕予齊」，而僅為取桑丘乎？四可疑也。吳氏因謂：「史乃誤以國策『宣王伐燕』章附之桓公。」其說甚是。蓋桓宣字相近，史公既以伐燕為湣王事，乃以意移此於桓公耳。意當時史公所據本文當有宣王五年之說，而史公乃移以為桓公之五年也。按：美國斐勒德斐亞大學博物館藏陳㝵壺銘文：「隹王五年，□□陳㝵再立事歲，孟冬戊辰，內伐匽。」此齊宣王五年伐燕之可證於銅器者。又按：宣王五年，鄒忌已先卒。史文與下威王二十六年及宣王二年兩節全同，均不可據。考秦本紀：「惠文王後元十年，伐取韓石章。十一年，敗韓岸門。」惠文王後元十年，當齊宣王五年。其十一年，當宣王六年。是秦之伐韓在宣王五年。韓恃救以抗秦，至明年而大敗，齊以此際襲燕。歲月情事皆恰符。則史公田齊世家桓公五年事，即宣王五年之誤，夫復何疑？韓策：「秦韓戰於濁澤，韓氏急，欲為和，楚偽救韓，韓遂絕和於秦，而大敗于岸門。」大事紀解題云：「濁澤即修魚之戰，事在韓宣懷十六年，在岸門一役前四年。韓和戰之計不定，故兵連禍結，中間重有請救於齊之事也。」然則齊伐燕起宣王五年，而取燕則在六年，決非湣王之十年矣。

附　燕昭王乃公子職非太子平辨

又按：燕策：「子之三年，燕國大亂，百姓恫怨，將軍市被太子平謀攻子之。儲子謂齊宣王：『因而仆之，破燕必矣。』王因令人謂太子平曰：『寡人聞太子之義，寡人國小，不足先後，雖然，惟太子所以令之。』太子因數黨聚眾，將軍市被圍公宮，攻子之，不克。將軍市被及百姓乃反攻太子平，將軍市被死，已殉國，構難數月。宣王因伐燕，燕王噲死，齊大勝，燕子之亡。二年，燕人立公子平，是為燕昭王。」史記燕世家文略同。索隱按：「上文太子平謀攻子之，而年表又云君噲及太子相子之皆死，紀年又云子之殺公子平，今此文『立太子平，是為燕昭王』，則年表、紀年為謬也。而趙系家云：武靈王聞燕亂，召公子職於韓，立以為燕王，使樂池送之。裴駰亦以此系家（指燕世家。）無趙送公子職之事，當是遙立職而送之，事竟不就。則昭王名平，非職，明矣。進退參詳，是年表既誤，而紀年因之而妄說耳。」今按：小司馬常引紀年而不加遵信，率如此。余疑燕策及史文記太子平、將軍市被一節，詞氣支離，多誤衍。當為「太子因要燕策作「數」，今依史世家。黨聚眾，此處應漏一「及」字。將軍市被圍公宮，攻子之，不克。此下策、史均衍「將軍市被」四字，又「及」字乃上文誤移而下者。百姓反攻太子平，將軍市被死以殉。以策作「已」。因策作「國」。構難數月」。蓋太子平及將軍市被始終共事，並及於難。今史、策此節文均誤，遂謂市被反攻太子平，而市被又反見殺，於事勢情理均難通也。然則史、策下文所云「燕人立公子平是為燕昭王」者，實為立「公子職」之字誤。惟今策、史同誤，不知先誤者何書，而讀者又以妄易其未誤之本也。今六國表云「君噲及相子之皆死」，與索隱所引年表文不同。蓋「太子」二字，又經刊去矣。古書之多經改易，不易審讀，如此。

又按：雷氏義證亦謂：「燕策『立太子平』句，本是『立公子職』之誤。燕世家又承其譌也。索隱因此信裴駰之解，于年表『王噲』、太子相子之皆死』句，刊去『太子』二字，以扶同後說。校刊紀年者，於『燕子之殺公子平』下，又增以『不克』二字，以彌縫其異。其實皆誤也。夫市被與太子平攻子之，可云『不克』，為其為攻也。若上文既云『殺』矣，下何以復云『不克』?此種文義，未之前聞。」雷氏論今本偽紀年妄改真本之迹，言極明快。惟市被之冤，雖無的據，固可會合燕策、史記、今本竹書種種之誤，而據情酌理，以為申雪也。又按：郭沫若金文餘釋之餘釋奞引唐蘭說，謂：「往年齊地所出北燕兵器，多見郾王職名，即是燕昭王。」此亦昭王乃職非平一證。

一二一　屈原於懷王十六年前被讒見絀十八年使齊非即放逐辨

史記屈原傳：「上官大夫欲奪屈平憲令稿，屈平不與。因讒之，王怒而疏屈平。屈平既絀，其後秦欲伐齊，乃令張儀事楚。及楚敗藍田之明年，張儀復如楚。懷王聽鄭袖釋張儀。是時屈平既疏，不復在位，使於齊，顧反，諫懷王曰：『何不殺張儀？』懷王悔，追張儀，不及。」據此，則屈原見絀，在懷王十六年，張儀去秦事楚之前。其使齊在懷王十八年也。所謂「疏屈平」，屈平既絀不在位者，屈原初為左徒，入則與王圖議國事以出號令，出則接遇賓客，應對諸侯，王甚任之。其後稍疏，絀在閒位，即如使齊，亦其絀後事，然猶未至放流遷逐也。而後人遂謂懷王十六年乃屈原被放之期，誤矣。詳見近人陸侃如屈原評傳。此誤始於劉向之新序。新序之言曰：「秦欲吞滅諸侯，并兼天下，屈原為楚東使齊，以結強黨。秦患之，使張儀之楚，貨楚貴臣上官大夫靳尚之屬，上及令尹子蘭司馬子椒，內賂夫人鄭袖，共譖屈原。屈原遂放於外，乃作離騷。」向所為說苑新序，疏謬不可勝辨，此尤顯與史記相乖。屈原見絀在張儀至楚前，此以為張儀來楚之後，一誤也。屈原僅見絀，此為被放，二誤也。屈原使齊在十八年，此移在十六年，三誤也。張儀賂靳尚鄭袖，在其再來楚之後，此以為在初至之時，四誤也。令尹子蘭使上官大夫短屈原，史記在懷王入秦後，此以為受張儀之賂，五誤也。王懋竑疑屈原並不及懷王入秦時，語詳考辨第八七、第一二七。此特就史記、新序異同言之。屈原使齊，正為見疏後事，而新序又謂懷王復用屈原，再使齊，六誤也。離騷言美人香艸多矣。其言椒蘭，亦託物喻意。劉向誤以蘭為子蘭，又別造子椒之名，七誤也。朱子楚辭辯證云：「此辭之例，以香艸比君子，王逸之言是矣。然屈子以世亂俗衰，人多變節，故於蘭芷不芳之後，更歎其化為惡物。而揭車江離，亦以次而書罪焉。蓋其所感益以深矣。初非以為實有是人，而以椒蘭為名字者也。而史遷作屈原傳，乃有令尹子蘭之說。班氏古今人表，又有令尹子椒之名，王逸又誤為司馬子蘭大夫子椒，而不復記其香艸臭物之論。

流誤千載，遂無一人覺其非者，甚可歎也。使其果然，則又當有子車子離子椒之屬，蓋不知其幾人矣。」今按：朱說甚是。然史記子蘭，未見其必據離騷椒蘭之文而誤。余謂其誤蓋始劉向，誤謂離騷「余以蘭為可恃」句即指令尹子蘭，而妄增司馬子椒之名。王逸又誤為司馬子蘭大夫子椒也。至人表又為令尹子椒子蘭，依其行事當居下下，而列在第六。與唐勒景差之徒同等，何其謬無高下至此？蓋必有誤，非班氏之本矣。且史固云：「『離騷』者，猶離憂也。」讀其文字，亦不見有流放遷逐之跡。今既誤以屈原於懷王十六年前即放逐，遂謂離騷乃被放後作，八誤也。史公屈原傳：「王怒而疏屈平，屈平疾王聽之不聰也，讒諂之蔽明也，邪曲之害公也，方正之不容也，故憂愁幽思而作離騷。」此正說也。其太史公自序謂屈原放逐著離騷，漢書遷傳報任安書「屈原放逐，乃賦離騷」，此猶云韓非囚秦，說難孤憤，特屬行文之便，非史實矣。若確作實敘語，殆始劉向。漢書賈誼傳：「屈原被讒放逐，作離騷賦。」地理志亦云：「屈原被讒放流，作離騷諸賦以自傷悼。」皆沿劉氏之誤。昔漢武拜汲黯為淮陽太守，黯泣曰：「臣願為中郎，出入禁闥，補過拾遺。」上曰：「君薄淮陽也？吾今召君矣。」黯既辭，過李息，曰：「黯棄逐居郡，不得與朝廷議矣。」屈原之疏而見絀，不在位，使齊，與其憂愁幽思而作離騷者，亦猶是耳。後人不辨，率每與劉氏之說同誤，余故詳論之如此。

又按：鄒叔子遺書屈子生卒年月考，論屈子作離騷歲月云：「史記：屈原為楚懷王左徒，上官大夫讒之，王怒而疏屈平。平憂愁幽思而作離騷。劉向新序：秦使張儀之楚，貨楚貴臣上官大夫靳尚之屬，上及令尹子蘭司馬子椒，內賂夫人鄭褏，共譖屈原。原遂放於外，乃作離騷。張儀因使楚絕齊。考張儀去秦相楚，詐楚絕齊，皆在懷王十六年，則原之見放作離騷，必是年也。離騷曰：『及榮華之未落兮，相下女之可詒。』又曰：『及華歲之未晏兮，時亦猶未央。』又曰：『及余飾之方壯兮，周流觀乎上下。』王叔師注：於前曰及年德盛時，中曰冀及年未晏晚，末曰願及年德方盛壯。以是徵之，則作離騷之時，屈子年方壯。惟『老冉冉其將至兮』，似非壯年人所宜語。然叔師注引論語『君子疾沒世而名不偁焉』，下繼之曰：屈原達志清白，貪流名於後世。蓋志士惜日，不覺其年之方富也。況冉冉訓漸漸，見五臣文選注。曰將，曰漸漸，皆望而未至之辭。則離騷為屈子壯時所作，明甚。屈子之生，以周顯王二十六年，下至作離騷之年，適三十一歲。記曰：『三十曰壯。』則『及余飾之方壯』者，正三十之謂也。」今按：鄒氏定離騷作於屈子壯歲，似矣，而必牽連史記、新序為說，則誤。屈子作離騷時，張儀來楚與否，今未可考。要之屈子見疏，不係於張儀。其為離騷，則或與張儀來楚時相先後耳。

一二二　孟子去齊考

孟子去齊，當在周赧王三年，齊宣王八年，燕人畔齊之後，此前人已多為是說者。林氏戰國編年卷三論此最析。其言曰：「孟子，燕人畔，王曰：『吾甚慚於孟子。』朱子集註引燕人立太子平為說。則是昭王之立，宣王尚在，而孟子亦未去齊也。陳賈曰：『王自以為與周公孰仁且智？仁智，周公未之盡，而況於王乎？』孟子曰：『古之君子，過則改之。今之君子，過則順之。』孟子去齊，曰：『王庶幾改之。』皆明明就一人之身言。不得謂過在宣王，而慚在湣王也。則齊宣、湣之年，史記固誤，而通鑑亦未合。惟以紀年推之，則燕立太子平在宣王九年，而孟子去，蓋得其實。後人信孟子，即安得不信紀年耶？」按：林論孟子去齊時為宣王極是，至太子平之辨，詳考辨第一二〇，則林氏所未及也。其謂充虞曰：「由周而來七百餘歲矣。」閻若璩孟子生卒年月考據此云：「若在赧王元年丁未，逆數至武王有天下己卯，當得八百有九年。孟子方欲言其多，豈肯少言之。」因疑孟子去齊當在顯王四十五年丁酉，未滿八百歲以前。此其誤，江永群經補義已詳辨之。謂：「後人於周初自共和庚申以前，有誤衍之年七十二年。自武王乙卯至赧王己酉。三年八百十一年，除去七十二年，實得七百三十九年，正與孟子語合。」江曰：「周初自共和庚申以前有誤衍之年，其誤始於劉歆曆譜。共和以前之年，史遷不能紀，惟魯世家自考公以下有其年。考公四年，煬公六年，幽公十四年，魏公五十年，厲公三十七年，獻公三十二年，真公三十年。真公之十四年，厲王出奔彘，「共和行政」，為共和前年己未。自考公至真公十四年，凡一百五十七年。魯公伯禽，史記未著卒年，曆譜謂成王元年為命魯公之歲。魯公四十六年，至康王六年而薨。以四十六加一百五十七，則成王元年至厲王己未，二百單三年耳。以汲冢竹書紀年考之，武王伐殷為十二年辛卯，與今傳己卯者異。武王陟於十七年丙申，成王元丁酉，三十七年陟。康王元甲戌，二十六年陟。昭王元庚子，十九年陟。穆王元己未，五十五年陟。共王元甲寅，十二年陟。懿王元丙寅，二十五年陟。孝王元辛卯，九年陟。夷王元庚子，八年陟。厲王元戊申，二十六年陟。厲王十二年己未，奔彘。十三年庚申，王在彘，共伯和攝行天子事，號曰「共和」。即史記十二諸侯年表起共和庚申之年。武王辛卯至共和庚申，二百一十年。若皇極經世、通鑑前編諸書，武王己卯至共和庚申，有二百八十二年，羨出七十二年，正是劉歆曆譜誤衍之數也。」又魏源孟子年表考說同。惟朱右曾汲冢紀年存真謂：「劉歆曆譜所謂『成王元年』者，乃武王崩後之八年，周公攝政七年之明年也。經世諸書所謂『成王元年』者，乃武王崩後之明年也。又曆譜稱魯武公二年，世家則武公九年，今考定較經世諸書實少五十六年。」與江說異。（參讀本書序文。）則孟子去齊，當在周赧王三年後，更無疑矣。

宋翔鳳過庭錄有「論孟子去齊年歲」一節云：「俗傳孟子譜云『孟子生於周烈王四年』，此言誕不足信。公孫丑篇『孟子將朝王』章，言『惡得有其一以慢其二哉？』是蓋在孟子去齊之前。當赧王三年，孟子年過七十，故云『齒尊』。曲禮：『大夫七十而致事，若不得謝，則必賜之几杖，行役以婦人，適四方，乘安車，自稱曰老夫，于其國則稱名。』則五十六十雖在養老之列，而尚無此隆禮，安得以齒尊自居？若孟子生於烈王四年，至赧王三年僅六十一歲，不宜云爾矣。計孟子『致為臣而歸』時，已合七十致事，故云『致為臣』。若曰不可更仕矣。他日王謂時子曰：『吾欲中國而授孟子室，養弟子以萬鍾。』此亦養老優賢之義，不能更令孟子仕，但留其歸也。孟子去齊，宿于晝，有欲為王留行者，坐而言，不應，隱几而臥。曲禮：『七十賜几杖。』孟子對客隱几，正是年過七十之證。則生於烈王四年之說，全不可據也。」今按：宋氏信黃震日鈔，謂孟子仕齊湣王，故其論孟子事多誤。獨此條辨舊譜「孟子生於烈王四年」之說，頗為精確有見。然其論亦僅足為孟子去齊年過七十之證，未見其必為始逾七十也。孟子仕齊八年，「將朝王」章一事，未知定在何時，不得即謂赧王之三年。致為臣與中國授室，亦未可全據七十致事之禮為說。參讀考辨第七六。且曲禮亦有不得謝之說，則亦非一逾七十必致事也。宋氏又謂：「以赧王三年孟子七十餘歲，知生於安王二十年前後。自安王二十年至赧王三年，恰得七十一年。前尚可言，後則非矣。」宋氏必欲抑後孟子生年者，為以孟子書載魯平公謚，宋氏必以出孟子親筆，而謂孟子卒後魯平公，故為此也。若更核以梁惠王稱孟子為叟之事，知孟子年不應再後。故余謂孟子之生，最晚在周安王二十年者，以此。宋氏之論，蓋有未盡。

閻氏釋地又論孟子在齊辭十萬鍾之祿云：「陳戴，蓋祿萬鍾，為齊公族。而孟子在三卿之中，使祿同於戴，則仕齊當十年。倍戴，當五年。或少倍，亦不下六七年。」今按：孟子言辭「十萬鍾」，此成數，非確數也。宋氏孟子趙注補正云：「王謂時子，養弟子以萬鍾，言致卿祿一歲之粟，若後世致仕食俸之法。」疑為近是。今即以宣王元年起算，至宣王八年，固不及十萬鍾。狄氏編年謂：「孟子其始為賓師，但受公養之禮，不受祿。其後為卿，受粟十萬。凡言無官守無言職者，皆在為賓師時，言當路於齊加齊卿相者，皆在為卿時，當分別觀之。」其說極是。然謂受粟十萬，仍不知其非確數也。宋氏四書釋地辨證謂：「孟子在齊二十二年，辭十萬，蓋謂湣王時所辭之祿。」則更大誤。孟子不仕湣王，辨不勝辨，歷觀余前後關係諸篇，自見其失。

又按：孟子去齊，居於休。或據路史國名紀，休在潁川，屬宋境，謂孟子去齊之宋。余考孟子之宋尚在前，此時孟子已年老，既謂至宋，亦何遠居潁川？閻若璩釋地謂：「故休城在今兗州府滕縣北一十五里，距孟子家約百里。」此差近是。從此孟子歸隱不復出矣。又按：孟子書，齊宣王梁惠王梁襄王鄒穆公滕文公魯平公俱稱諡，獨宋王偃不稱諡。書中亦不見述及宋偃亡國。或孟子書成於魏襄王卒後宋亡前十年之內，上距孟子去齊二十餘年。此亦孟子書未必出孟子親自論次之證也。閻若璩曰：「孟子道不行，歸而作孟子七篇，卒後，書為門人所敘定，故諸侯王皆加諡焉。」（孟子生卒年月考）又曰：「論語成於門人之手，故記聖人容貌甚悉。七篇成於己手，故但記言語出處。」（仝上。）周廣業曰：「此書敘次數十年之行事，綜述數十人之問答，斷非輯自一時，出自一手。其始章丑之徒，追隨左右，無役不從，於孟子言動，無不熟察而詳記之。每章冠以『孟子曰』者，重師訓，謹授受，兼法論語也。至其後編次遺文，又疑樂正子及公都子屋廬子孟仲子之門人與為之。何者？諸子皆孟門高第，七篇中無斥其名者。」（孟子出處時地考）兩說皆近是，而似當以周氏為尤信。如萬章亦有稱萬子，則非盡出章丑之徒之證也。

一二三　宋鈃考

漢志小說家宋子十八篇，班固云：「孫卿道宋子，其言黃老意。」又名家尹文子一篇，班云：「說齊宣王。」師古曰：「劉向云：『與宋鈃俱遊稷下。』」今按：荀子書以墨翟宋鈃並稱，則鈃乃墨徒也。（陶潛群輔錄以宋鈃尹文為三墨之一，後世惟俞正燮癸巳類稿墨學論，亦以宋鈃為墨徒，而孫詒讓閒詁非之，則古今知此者尠矣。）班氏稱其書近「黃老意」者何？荀子曰：「子宋子曰：『人之情欲寡，而皆以己之情為欲多，是過也。』」（正論）又曰：「宋子蔽於欲而不知得。」（解蔽）此老子所謂「少施寡欲，絕學無憂」，而稱「禍莫大於不知足，咎莫大於欲得」者也。又曰：「宋子有見於少，無見於多。」（天論）此老子所謂「少則得，多則惑」、「為道日損」、「儉故能廣」、「餘食贅行，有道不處」者也。又曰：「子宋子曰：

『明見侮之不辱，使人不鬬。』（正論）韓非亦言之，曰：「宋榮子之議，設不鬬爭，取不隨仇，不羞囹圄，見侮不辱。」（顯學）此老子所謂「勇於不敢」、「柔弱處上」、「大白若辱」、「知雄守雌」者也。莊子之稱之曰：「宋榮子，舉世譽之不加勸，舉世非之不加沮，定於內外之分，辨乎榮辱之境。」（逍遙遊）此老子所謂「明道若昧，深不可識」、「知我者希則我貴」者也。莊子又稱之，曰：「不累於俗，不飾於物，不苟於人，不忮於眾，願天下之安寧，以活民命，人我之養，畢足而止，以此白心。」（天下篇）此老子所謂「我有三寶，以慈為先」、「聖人不積，既以為人己愈有，既以與人己愈多」者也。又曰：「宋子語心之容，名之曰『心之行』。」韓非顯學篇：「是漆雕之廉，將非宋榮之恕；是宋榮之寬，將非漆雕之暴。」宋榮之恕與寬，即其所言「心之容」也。此老子所謂「知常容，容乃公」、「聖人無常心，以百姓心為心」也。又云：「接萬物以別囿為始」，此老子「聖人常善救人，故無棄人；常善救物，故無棄物，是為襲明」之旨也。又曰：「見侮不辱，救民之鬬，禁攻寢兵，救世之戰。」此最墨徒之精神，而老子所謂「大國不過欲兼畜人，小國不過欲入事人，兩者各得其所欲，大者宜為下」、「雖有甲兵，無所陳之」者也。余嘗謂黃老起於晚周，興於齊，又謂道原於墨。若宋子，宗墨氏之風，設教稷下，其殆黃老道德之開先耶？然所以入小說家者何？莊子曰：「以此周行天下，上說下教，雖天下不取，強聒而不舍。」（天下篇）又以與尹文並稱。尹文書入名家。名家者流，大率取譬相喻，務在眾曉。故漢志評小說家亦曰：「街談巷語，道聽途說者之所造。」此宜與名家為近。荀子譏宋說，亦以入溷擴豕為譬。意宋子書多此類，所以歸之小說家，而實與當時名家辨士白馬非馬諸論相通流也。（劉晝新論九流篇：「名家，宋鈃尹文惠施公孫捷之類也。」孫詒讓札迻云：「檢漢志無公孫捷，疑當作公孫，捷子。公孫謂公孫龍，捷子自為一人。漢志公孫龍在名家，捷子在道家。」今按：劉氏以宋鈃為名家首稱，正與余論相合。六朝學者，精研名理，猶知其義，後世則荒矣。）惜其書已佚，無可考證。約略可以推論者，僅此。至其行事亦不詳。孟子書有「秦楚將構兵，孟子遇宋牼於石丘」一節。張宗泰孟子諸國年表記曰：「當孟子時，齊秦所爭惟魏。楚雖近秦，時方強盛，秦尚未敢與爭。惟梁襄王元年癸卯，有楚與五國共擊秦不勝之事，而獨與秦戰，則在懷王十七年。孟子是年因燕畔去齊。孟子疏：『石丘宋地。』（樊云：「一統志石丘在衛輝，齊胙城縣東，疏以為宋地，是也。」）則孟子去齊之宋而遇牼也。」閻若璩云：「齊宣王喜文學游說之士，稷下學士復盛，孟子嘗與宋牼有雅，故邂逅石丘，呼以先生。」焦氏正義則謂：「牼蓋年長於孟子，故孟子以先生稱之，而自稱名。」今按：其時孟子年已逾七十，而牼欲歷說秦楚，意氣猶健，年未能長於孟子。「先生」自是稷下學士先輩之通稱。孟子亦深敬其人，故遂自稱名為謙耳。宋牼欲罷秦楚兵而說之以利，孟子則主說之以仁義，此亦儒墨之異同也。又荀卿正論篇屢及子宋子，曰：「今子宋子乃不然，獨詘容為己，慮一朝而改之，說必不行矣。二三子之善於子宋子者，殆不若止之，將恐礙傷其身也。」又曰：「今子宋子嚴然而好說，聚人徒，立師學，成文典，然而說不免於以治為至亂，豈不過甚矣哉？」凡此云云，足徵荀卿著書，宋鈃猶在，同居稷下，故其辭氣如是。余考荀卿年十五，始游學來齊，至宣王末年，荀卿年近四十。成學著書，當始其時。宋鈃之沒，或值湣王之世，要與尹文相次。又考鹽鐵論論儒篇，歷述湣王末世，稷下諸儒散亡，有慎到接子田駢孫卿而無宋子尹文，疑兩人或先卒。今姑定宋子遇孟軻於石丘年近五十，則其生當周顯王十年前，或視莊周稍晚。若壽及七十，則與莊卒年亦相先後。莊宋同時，故莊周著書亦時時稱述及之也。荀子楊倞注：「宋鈃，宋人，與孟子尹文子彭蒙慎到同時。孟子作「宋牼」，與「鈃」同音，口莖反。」王先慎韓非子集解：「宋榮即宋鈃，榮、鈃偏旁相通。月令腐艸為螢，呂覽、淮南作蚈。榮之為鈃，猶螢之為蚈也。」

莊子天下篇稱：「宋鈃尹文接萬物，以別宥為始。」別宥之說，又見呂氏春秋去宥篇。謂：「鄰父有與人鄰者，有枯梧樹，其鄰之父言梧樹之不善也，鄰人遽伐之，鄰父因請以為薪。其人不說，曰：『鄰者若此其險也，豈可為之鄰哉？』此有所宥也。夫請以為薪，與弗請，此不可以疑枯梧樹之善與不善也。齊人有欲得金者，清旦被衣冠，往鬻金者之所，見人操金，攫而奪之。吏搏而束縛之，問曰：『人皆在焉，子攫人之金，何故？』對曰：『殊不見人，徒見金耳。』此真大有所宥也。夫人有所宥者，固以晝為昏，以白為黑，以堯為桀。宥之為敗亦大矣。亡國之主，皆甚有所宥邪？故人必別宥，然後知。別宥則能全其天矣。」此蓋宋尹別宥說之猶存者。（呂氏篇首即引東方墨者謝子，亦由宋尹墨徒，故引墨家事為說。）其言亦就近取譬，類於街談巷語，故漢志以入小說家。余疑呂氏去宥一篇，或取之宋子十八篇也。尸子廣澤篇稱：「料子貴別囿。」料子或疑即宋子。（馬敘倫莊子義證主其說，惟未有的證。又謂尸子正與宋子同時，則大謬。）

一二四　尹文考

漢志尹文子一篇，在名家。班固云：「說齊宣王，先公孫龍。」今道藏本上下二篇，云出魏黃初末山陽仲長氏詮次。其序曰：「尹文子者，蓋出周之尹氏，（隋志亦云：「尹文子，周之處士，遊齊稷下。」與高注呂覽不同。）齊宣王時居稷下，與宋銒彭蒙田駢同學於公孫龍，公孫龍稱之。著書一篇，多所彌綸。余黃初末始到京師，繆熙伯以此書見示，意甚玩之，而多誤脫。聊試條次，撰定為上下篇。」晁公武讀書志：「李獻臣云：『仲長氏，統也。熙伯，繆襲字也。』傳稱統卒於獻帝遜位之年，而此云黃初末到京師，豈史之誤乎？」四庫提要謂：「仲長氏未必是統，晁氏因此而疑史誤，未免附會。」近人唐鉞據魏志劉劭傳注引文章志「襲友人山陽仲長統，漢末為尚書郎」云云，謂：「撰序人故作狡猾，影射仲長統。未曾細考，遂露破綻。周廣業意林注以為恐是序出偽托，非是史誤，誠然。」（見唐著中國史的新頁尹文和尹文子。）此論撰序者之偽也。

至序稱「同學於公孫龍」云云，後人疑辨者亦多。余謂偽序所據，本為「尹文先於公孫龍，公孫龍稱之」，今乃誤脫一「先」字也。考漢志凡云「稱之」者，皆謂後之稱前。如：「列子名圄寇，先莊子，莊子稱之。」「公子牟魏之公子也，先莊子，莊子稱之。」（班氏此說自誤，詳考辨第一四六。）「鄭長者六國時，先韓子，韓子稱之。」「將鉅子，六國時，先南公，南公稱之。」「慎子名到，先申韓，申韓稱之。」（班謂慎到先申亦誤，詳考辨第一三七。）皆其例。亦有單稱其人在某之先者，如「閭丘子在南公前」、「尹文子先公孫龍」、「田俅子先韓子」皆是。知其在某之先者，正以其見稱於某而定。此與前例一意，語有詳略耳。復有僅舉其見稱於某者，如宋子下云：「孫卿道宋子，其言黃老意。」則知宋子先孫卿也。今班氏云：「尹文先公孫龍。」而偽序云：「公孫龍稱之。」正足發明班氏之例。蓋班氏自據當時公孫龍書有稱尹文語而言。惟今公孫龍書既缺，故所稱尹文語皆不見耳。高誘注呂覽亦云：「尹文齊人，作名書一篇，在公孫龍前，公孫龍稱之。」與偽序相同。知偽序自有據，而今本之為脫誤也。

又謂尹文居稷下，與宋鈃彭蒙田駢同學者，以當時稷下先生皆不治而論議。古者宦學齊稱，今稷下之流皆不仕，乃相謂同學。猶史記稱「荀卿年十五，始來遊學於齊」也。當時稷下先生自避仕宦之名而稱學者，後人不深曉，不察「同學」二字之意，遂妄疑其同學於公孫龍，遂為滅去一「先」字矣。容齋隨筆十四引劉歆說：「尹文居稷下，與宋鈃彭蒙田駢等同學於公孫龍。」今按：藝文志顏師古注：「劉向云與宋鈃俱遊稷下。」不謂同學於公孫龍也。近人馬敘倫莊子義證謂洪氏取偽仲長統尹文子敘而訛為歆說。唐鉞云：「馬總意林有尹文子二卷，劉歆注，或者唐代所行尹文子有偽托劉歆注本。容齋所引劉歆云云，即出於此。」（見唐氏尹文和尹文子。）所言似較馬氏為確。

孔叢子：「子思在齊，尹文子生子不類，而告子思。」今按：呂覽正名篇載文與齊湣王論士，則尹文乃宣王時稷下舊人，至湣王時尚在。湣王立，子思死已百年。尹文見湣王，即不及見子思，遑論生子而告哉？孔叢偽書，其言鄙陋，不足信。列子黃帝篇：尹生從列子居，曰：「章戴有請於子。」張湛注：「章戴，尹生名。」沈欽韓謂此尹生即尹文。列子既偽書，而沈說又無據，姑以誌一說於此。

說苑：齊宣王問尹文：「人君之事何如？」尹文對以：「無為而能容下，事寡易從，法省易因，大道容眾，大德容下，聖人寡為而天下理。」呂覽正名篇載文與齊王論士，謂「見侮不鬬」，全國之法令，不當以為辱。莊子天下篇謂：「宋鈃尹文見侮不辱，救民之鬬，禁攻寢兵，救世之戰。」則尹文實承墨氏之緒，陶潛群輔錄列宋鈃尹文為三墨之一。成玄英莊子疏：「宋鈃尹文咸師於黔而為之名也。」或疑「黔」指黔婁子，此殊無證，竊疑「黔」乃「墨」字之譌。蓋宋尹為墨徒，猶為晉唐舊誼也。其名書開公孫之辨，無為容下，標道家之的。韓非內儲說上載尹文與齊宣王論治國以賞罰為利器，則通於法家之囿也。兼名墨，啟道法，此自是稷下學風。蓋略當於魏文之鄴下。一時學者廣收並納，包孕富有，散而為天下之道術，則不勝其異也。今傳上下篇，仲長氏序謂即漢志一篇之本而加條次，然其書頗可疑，殆非漢志之舊矣。大道上：「接萬物使分，別海內使不雜，見侮不辱，見推不驚，禁暴息兵，救世之鬭」云云，明襲莊子天下篇。莊書乃約述宋尹論學宗旨，決非襲取尹文書也。又聖人下序田駢彭蒙事尤為誤襲天下篇之顯見者。（詳考辨第一三九。）書中屢引老子，亦為其書晚出一證。

一二五　惠施卒年考

史記魏世家：「哀王九年，與秦會臨晉，張儀歸于魏。相田需死，楚相昭魚曰：『吾恐張儀犀首薛公有一人相魏者也。』」其言不及惠施。以施在魏地位言，猶高於三人，疑其時已先卒。然則惠施卒年，殆在魏襄王五年使趙後，魏襄九年田需卒前。自此上溯徐州相王，凡二十五年。惠施壽蓋六十左右，其生當在烈王之世。魏策：「魏文子田需周宵相善，欲罪犀首。」鮑彪注：「周宵，孟子時有此人，至是三十年矣。」吳師道正云：「田文前相魏，當襄王時，孟子見梁襄王，相去不遠也」。今按：策文云：「犀首謂魏王曰：『嬰子言行於齊王，王欲得齊，胡不召文子而相之？』」又曰：「犀首東見田嬰，與之約結，召文子而相之魏，身相於韓。蘇代為田需說魏王，魏王復厝需於側。」則田文初相魏在襄王初年，時田嬰猶尚在。其後至襄王九年而田需卒。孟子曾見襄王，豈有相去三十年之說？

一二六　張儀卒乃魏哀王九年非十年辨

六國表魏哀王十年，張儀死。考儀傳，儀以秦武王元年重至魏，當哀王九年。相魏一歲，卒於魏，則哀王十年也。秦紀亦同。惟核之魏世家，哀王九年相田需死，楚害張儀犀首薛公三人相，蘇代為說魏使相太子，亦見魏策。則張儀未相魏。儀傳索隱引紀年云：「張儀以哀王九年五月卒。」郝氏竹書紀年校正論之云：「史記哀王即紀年襄王也。韓世家集解徐廣亦云：『魏哀王十九年，紀年于此亦說「楚入雍氏」，其時張儀已死十年矣。』是張儀之卒，在魏襄王九年。」今按：郝說是也。今本偽紀年張儀卒在周隱王三年，當魏襄王七年，誤前二年。史記則誤後一年也。雷氏義證定儀死在哀王十年，並謂九年曾相魏。蓋初以太子相，而卒以張儀為相。其說皆誤。齊策，秦武王出張儀於魏，齊人興兵伐之。張儀使馮喜說齊，謂伐梁即所以信儀於秦王，此亦未可信。蓋襲魏策「張儀以秦相魏，齊楚怒，欲攻之，雍沮說齊楚」云云，與此說合。儀欲以魏合秦韓，惠施欲以合齊楚。惠施見逐，故齊楚怒儀而欲伐魏，似較有據。然尚在惠成王十三年，至武王逐張儀，策士本雍沮之說，造為馮喜之事，而史誤取之耳。周季編略謂：「張儀逐惠施在哀王九年。」尤誤。日本瀧川氏史記會注考證有正儀佚文云：「張儀秦武王元年卒，赧王之五年。」正與索隱引紀年符會。

又考儀傳及楚世家，張儀以楚懷王十八年重至楚，是年即秦惠王末年，楚囚張儀，既而釋之。儀得返秦，值惠王卒，武王立。武王自為太子時，已不說張儀，及即位，群臣多讒張儀，遂至魏，以魏哀王九年五月卒。即秦武王之元年也。計其自秦至楚，復返秦而至魏以卒，前後最多不出十七月，其間更無時北說韓，東說齊，又西說趙而北說燕，甚明。且儀之去楚，懷王已悔之，使人追儀勿及。時齊尤惡張儀，儀決不敢幸脫楚禍，復說齊趙。且張儀去秦，乃見逐於武王，又何為為之說六國，令相率事秦哉？余觀儀生平足跡所到，僅為魏秦楚三國。

燕齊非所及。至秦本紀稱：「武王立，韓魏齊楚越皆賓從。」集解徐廣曰：「越一作趙。」此乃秦史誇大之辭。然亦並不及燕，亦非張儀連橫之效。今史、策載張儀為秦連橫事，皆虛，已著其辨於蘇秦篇。考辨第九五又一〇七。

又按：楚世家：「懷王二十年，齊湣王欲為從長，使使遺楚王書。曰：『今秦惠王死，武王立。張儀走魏，樗里疾公孫衍用。』」懷王二十年，齊乃宣王，非湣王。參讀考辨第一二八。張儀已死，公孫衍亦不在秦。書中又先舉武王謚，皆誤。下文昭睢曰「秦破韓宜陽」云云。集解：「徐廣曰：『懷王之二十二年，秦拔宜陽，然則已非二十年事。』」通鑑載此事於懷王二十三年，梁氏志疑定其事在二十六年。然其時張儀死已久，秦已為昭王，昭王元適當懷王二十三年。齊仍為宣王，與書中語益不合。史公此書，蓋不足信。然據書中云云，亦見張儀去秦，本由見逐，當時亦並無六國聽張儀語連橫事秦事。則此書雖策士妄造，亦可證張儀連橫之不實也。

一二七　屈原居漢北為三閭大夫考

屈原自懷王十八年使齊返，至三十年懷王入秦，中間凡十二年，事跡無考。昔人謂屈子嘗居漢北，證諸九章，如抽思：

「有鳥自南兮，來集漢北。望南山而流涕兮，臨流水而太息。惟郢路之遼遠兮，魂一夕而九逝。曾不知路之曲直兮，南指月與列星。」指屈原居漢北最顯。而姚鼐云：「懷王入秦，渡漢而北，故托言有鳥，而悲傷其南望郢而不得返也。故曰雖放流，睠顧楚國，繫心懷王，不忘欲返。」不悟入秦不得曰「集漢北」。不忘欲返，乃屈原自望返郢，非悲懷王不得返也。姚氏不信屈子居漢北，故強為之說。又望「南山」，一本作「北山」。王夫之云：「北山，襄鄧西北楚塞之山。」要之抽思若為屈原作，則必在漢北，無疑。又下云：「狂顧南行，聊以娛心兮。」則故作快意之談也。主屈原居漢北，似始王船山楚辭通釋。方晞原亦謂以抽思考之，「屈子始放，蓋在漢北」，語見戴震屈原賦注引。又屈復楚辭新注，謂抽思篇當作於懷王二十六年，齊韓魏三國伐楚時。林雲銘楚辭燈，蔣驥楚辭注，亦以抽思、思美人為屈原居漢北作。

思美人：

「指嶓冢之西隈兮，與纁黃以為期。吾且儃佪以娛憂兮，觀南人之變態。」「南人」即指楚人。原居漢北，故云然。嶓冢山，漢水所出，原居近之。屈復謂：「思美人篇，當作於懷王二十五年，與秦會黃棘時。屈子尚欲南行而死諫。」

悲回風：

「浮江淮而入海兮，從子胥而自適。望大河之洲渚兮，悲申屠之抗跡。」此屈子居漢北，與河域淮源皆近，故云然也。

及九歌湘君：

「令沅湘兮無波，使江水兮安流。駕飛龍以北征，邅吾道兮洞庭。」王夫之云：「九歌應亦懷王時作。原時不用，退居漢北，故湘君有『北征』、『道洞庭』之句。」今按：

洞庭在江北，與漢水通流，（參讀本篇附辨一。）今日北征而遭道於洞庭，則原居猶在洞庭北也。又「望涔陽兮極浦」，水經：「涔水出漢中南鄭縣東南，旱山北，至安陽縣南入於沔。」沔即漢水。涔陽者，漢之陽也。史記：「沱涔既道。」鄭玄云：「水出江為沱，漢為涔。」原居漢北，與涔陽極浦正合。王逸云：「涔陽，江碕名，附近郢。」說文：「涔陽渚在郢中。」此皆以意強說。近人疑九歌非屈原作，固無的據。若王逸以為屈原放逐南郢沅湘之間而作，以湘君篇論之，尤可斷其必誤。

湘夫人：

「帝子降兮北渚，目眇眇兮愁予。嫋嫋兮秋風，洞庭波兮木葉下。」北渚即洞庭之北渚，亦即湘君篇「夕弭節兮北渚」者也。若江南洞庭，浩瀚黏天，日月若出沒其中，決無秋風木葉之象。（參讀本篇附辨一。）

國殤：

林雲銘楚辭燈：「懷王時，秦敗屈匄，復敗唐昧，又殺景缺，大約戰士多死於秦。」

余謂原居漢北，實近其地。觸景傷懷，故有此作。篇中「操吳戈兮被犀甲，車錯轂兮短兵接。嚴殺盡兮棄原壄，平原忽兮路超遠。帶長劍兮挾秦弓，首身離兮心不懲」云云，皆言北方戰事，與南郢沅湘之間不合。近人或謂曲禮孔疏春秋正義及玉海皆言戰國時通行騎戰，而此篇仍言車戰，以為九歌出戰國以前。然余考齊策二：「秦具革車三十乘納張儀於梁。」高誘云：「革車，兵車也。」魏策三：「孟嘗君說趙救魏，趙王為起兵十萬，車三百乘。又至燕，燕王為起兵八萬，車二百乘。」韓策一：「秦韓戰於濁澤，陳軫說楚王選師言救韓，令戰車滿道路。」此均戰國時有車戰確證。蘇秦說齊云：「齊車之良。」說楚趙云：「車千乘，騎萬匹。」說魏云：「車六百乘，騎五千匹。」說燕云：「車七百乘，騎六千匹。」張儀說楚韓亦言：「秦車千乘，騎萬匹。」皆計車騎，與徒步持戟之士而為三。趙武靈王令國人習騎射，國人初不從令，則戰國時固非純行騎戰。又史記燕世家：「燕王喜起二軍，車二千乘，栗腹將而攻鄗。」其事遠在戰國末年，去趙武靈胡服騎射逾五十年矣。豈得謂戰國無車戰哉？又豈得據此疑九歌之不出戰國哉？其言吳戈長劍秦弓，亦明係戰國時人語。

河伯：

「與女遊兮九河，與女遊兮河之渚」云云，以漢北近河，故及河伯。若南郢沅湘之間，則去河已遠，不應祀河神也。

以至漁父：

水經沔水注引地說曰：「水出荊山東南流，為滄浪之水，是近楚都，故漁父歌曰」云云。又曰：「漢沔水自下有滄浪通稱，纏絡鄢郢，地連紀都，咸楚都矣。漁父歌之，不違水地。」王夫之云：「漢水東為滄浪之水，在今均州武當山東南。漁父觸景起興，則此篇為懷王時原居漢北所作可知。孟子亦載此歌，蓋亦孔子自葉鄧適楚時所聞漢上之風謠也。」今按：近人亦疑漁父非屈原作，然亦足為原居漢北一助證耳。史記敘之頃襄王怒遷屈原之後，亦誤。

諸篇，皆可見。余則謂原為三閭大夫，蓋即其居漢北時也。何以言之？王逸云：「三閭之職，掌王族三姓，曰昭屈景。序其譜屬，率其賢良，以厲國士。入則與王圖議政事，決定嫌疑。出則監察群下，應對諸侯。謀行職修，王甚珍之。」此凡有二誤。以任三閭大夫混於為左徒任職用事時，一也。不知三閭乃邑名，因謂職掌昭屈景三族，二也。以公邑稱大夫，私邑稱宰之例，如趙衰為原大夫，狐溱為溫大夫，凡稱某某大夫者，率以邑名。楚則有縣尹縣公，然亦有大夫。如上官大夫譖屈原，上官即邑名也。姓纂：「楚莊王少子蘭為上官大夫，後以為氏。」莊王即頃襄王，子蘭乃莊王弟，懷王稚子，此誤。通志氏族略：「楚王子蘭為上官大夫，因以為氏。秦滅楚，徙隴西之上邽。」亦以子蘭即上官大夫，而上官則為邑名。又據楚策，靳尚死在懷王入秦前，而上官大夫下及襄王。人表上官大夫五等，而靳尚列七等。劉向新序、王逸離騷序，乃以上官大夫為靳尚，非也。知三閭亦邑名矣。應劭風俗通：「三閭大夫屈原之後有三閭氏。」通志亦入以邑為氏類，則亦謂三閭乃邑名。惟三閭之邑，不見於他書。余又考楚有三戶，蓋即三閭也。左氏僖公二十五年傳：「秦晉戍鄀，楚申息之師戍商密。秦人過析隈以圍商密。」杜注：「鄀本在商密，秦楚界上小國。其後遷於南郡鄀縣。商密今南陽丹水縣。析，南陽析縣。」水經注：「丹水又徑丹水縣故城南，縣有密陽鄉，古商密之地，楚申息之師所戍也。春秋之三戶矣。」是鄀本在商密，後鄀既遷，而其地乃改稱三戶。左哀四年傳：「以畀楚師於三戶。」杜注：「今丹水縣北三戶亭，即此矣。」蓋商密之都，以畏秦之偪而暱楚南遷，為楚之附庸。楚遂踞其故地，而更名三戶。「三戶」者，表楚昭屈景三族。楚南公曰「楚雖三戶，亡秦必楚」也。南陽府志：內鄉縣有屈原岡。括地志云：「內鄉即析縣故地。」正古商密都國境也。殆屈原為三閭大夫，正在丹析之三戶，故其後乃有岡名遺跡歟。南陽志云：「昔楚懷王興師伐秦，為秦兵所擊敗，北歸楚，至此地，追念屈原，亟呼之，後人因以名其地。史記所載大敗楚師於丹析時也。」今考史記秦楚構兵，無楚懷王親出攻秦事。且張儀說楚絕齊，原已先疏，亦與此事無涉。志語實不足信。蓋後人僅知原沉湘汨，不復知原居漢北，故不得其意而強說之如此。楚始南陽，宋翔鳳過庭錄考定在丹析入漢之處，水經江水注：「秭歸縣東北數十里有屈原舊田宅，雖畦堰縻漫，猶保『屈田』之稱也。縣北一百六十里有屈原故宅。」今按：左僖二十六年，楚令尹子玉城夔，即秭歸也。謂楚有嫡嗣熊摯，以廢疾不立而居夔，為楚附庸，未知信否。屈原楚之同姓，其生地在秭歸容可信，惟謂其地即楚熊繹始封之丹陽，則決誤無疑也。則丹析三戶之境，實楚人開國發祥之地，應有先王遺廟。王逸稱：「屈原放逐，彷徨山澤，見楚有先王之廟，因書壁以為天問。」此所謂「先王廟」者，正丹析三戶之境，為屈原所彷徨矣。

余更考諸楚辭言漢北諸地者皆合。詳前引。因知原居漢北，即為三閭大夫，在南陽之三戶也。王夫之楚辭通釋謂：「原居漢北鄢郢。」鄢郢不能稱漢北，又距郢為近，去嶓冢滄浪淮源河域涔陽皆遠，殆不足信。屈復楚辭新注謂：「屈原居漢北，當於懷王二十八年秦與齊韓魏三國共攻楚，殺唐昧之歲召回。」洪興祖以為十八年召用，疑字之誤。林雲銘亦主此說。今按：懷王十八年屈原使齊返，至是已十一年。果如屈說，則屈原殆自使齊返後乃遷居漢北。然屈原既卒於懷王時，又勸懷王無入秦者係昭雎，非屈原，（參讀考辨第八七。）則屈子之放居漢北，其固復見召用與否，尚在不可知之數也。

附　戰國時洞庭在江北不在江南辨

古史地名，每因人事為遷徙。如禹貢彭蠡衡山本在江北，後人以江南之彭蠡衡山說之，遂多扞格。說彭蠡在江北者，有崔述夏考信錄，倪文蔚禹貢說，魏源書古微諸家。說衡山在江北者，有楊守敬禹貢本義。屈子楚辭有洞庭，余據先秦舊籍，參稽考訂，知其時洞庭亦在江北，不在江南也。

史記蘇秦傳：「秦告楚曰：『蜀地之甲，乘船浮於汶，乘夏水而下江，五日而至郢。漢中之甲，乘船出於巴，乘夏水而下漢，四日而至五渚。』」集解：「駰案戰國策曰：『秦與荊人戰，大破荊，襲郢，取洞庭五渚江南。』然則五渚在洞庭。」索隱：「五渚，五處洲也。劉氏以為五渚宛鄧之間，臨漢水，不得在洞庭。或說五渚即五湖，與劉氏說不同。」今按：集解引戰國策，其文見於秦策：「張儀說秦王曰：『秦與荊人戰，大破荊，襲郢，取洞庭五都江南。荊王亡走，東伏於陳。』」其文又見韓非初見秦篇，作洞庭五湖江南。五渚即五湖，而五都亦即五渚也。史記蘇秦傳文，亦見齊策。鮑云：「五渚，史註在洞庭。」吳云：「今詳本文，（即上引史文。）下漢而至五渚，則五渚乃漢水下流，洞庭在江之南，非其地也。」今按：司馬貞吳師道兩人，謂五渚應臨漢水，在其下流。（此所云「下流」，乃對秦之在上流而言，應善會。）此絕無疑者。然裴駰五渚在洞庭，此據策、史原文，亦必無疑。後人自疑洞庭在江南，故迷惘不得其解。若知戰國時洞庭本在江北，則策、史原文已明，不煩紛紜也。（水經湘水注：「資沅湘澧四水，同注洞庭，北會大江，名之五渚。」以資沅湘澧兼江水而足五渚之數，牽強難信，所不待辨。而後人必不忍捨江南洞庭之成見，真所謂積非之成是也。）又余考戰國楚都鄢郢，在宜城不在江陵。荀子議兵篇：「楚人汝穎以為險，江漢以為池，限之以鄧林，緣之以方城，然而秦師至而鄢郢舉，若振槁然。」是其證。史記白起傳：「昭王二十八年，攻楚，拔鄢鄧五城。明年攻楚，拔郢，燒夷陵。」此所謂郢，即鄢郢也。（參讀考辨第四一。）蘇秦傳又曰：「秦一軍出武關，一軍下黔中，則鄢郢動矣。」徐廣曰：「今南郡宜城。」此最得之。水經沔水注：「夷水東注沔，昔白起攻楚，引西山長谷水，即是水也。水潰城東北角，百姓隨水流死於城東者數十萬。城故鄢郢之舊都，城南有宋玉宅。」是也。楚世家云：「頃襄王十九年，秦伐楚，楚軍敗，割上庸漢北地予秦。二十年，秦將白起拔我西陵。二十一年，秦將白起遂拔我郢，燒先王墓夷陵。楚襄王兵衰，遂不復戰，東北保於陳城。二十二年，秦復拔我巫黔中郡。」高誘曰：「秦兵出武關則臨鄢，下黔中則臨郢。」此誤釋鄢郢為鄢與郢也。秦兵先拔郢，再拔黔中，則高說之誤，顯然矣。水經注：「鄢水歷宜城西山，謂之夷谿。」則西陵夷陵皆近鄢郢，為楚先王墳墓所在。後人以宜昌之夷陵西陵說之，不知秦拔巫郡黔中，尚在其後，且係蜀師東下，與白起不涉。故毛遂曰：「白起率數萬之眾，一戰而舉鄢郢，再戰而燒夷陵，三戰而辱王之先人。」也。蔡澤亦云然。秦拔鄢郢，而襄王東退保陳，若楚都江陵，秦兵已先取鄢，南下破楚都，何能轉迎秦鋒，越其兵路而遠避至陳哉？楚自昭王徙郢，本無復回江陵之明文，後人疑楚都仍在江陵者，徒為班氏漢志所誤耳。班志謂楚始封在丹陽郡之丹陽縣，此豈可信者？曾鞏襄州宜城縣長渠記，荊及康狼，楚之兩山也，水出二山之間，東南而流，春秋之世曰鄢水，其後曰夷水。秦昭王二十八年，使白起將攻楚，去鄢百里，立碣壅是水為渠，以灌鄢。鄢，楚都也，遂拔之，是宋人猶知白起拔郢在宜城，不在江陵。先秦故籍，不較班書為可據乎？楚都鄢郢既近漢水，則襲郢而取洞庭五渚，洞庭五渚亦必近漢水矣。故知洞庭五渚當臨漢，與漢水相通流也。

又水經江水注：秦昭襄王二十九年，使白起拔鄢郢，以漢南地而置南郡焉。周書曰：南，國名也。「南氏有二臣，力鈞勢敵，競進爭權，君勿能制，南氏用分為二。」按：韓嬰敘詩云「其地在南郡南陽之間」，呂氏春秋所謂「禹自塗山巡省南土」者也。是郡取名焉。今按：酈氏釋南郡名義至確。然既知南郡為「二南」之南，則鄢郢必指宜城，決非江陵，自可見矣。自鄢郢殘破，漢封臨江王乃在江陵，不在宜城，惜乎酈氏之未能辨也。

然則江南何指？曰：秦本紀：「昭三十年，蜀守若伐取巫郡及江南為黔中郡。」正義引括地志：「黔中故城在辰州沅陵縣西二十里。」則所謂江南者殆指此。程恩澤國策地名考謂：「下漢至五渚者，仍由漢入江而後至洞庭也。」不悟如此則非四日可至。秦之攻楚，亦何待遠至洞庭？楊守敬水經注疏要刪謂：「燕策所謂『取洞庭五渚』者，由江取洞庭，由漢取五渚。」則「江南」二字又難安放。此皆不得洞庭五渚地望而強為之說者。今再以九歌言之，曰：「嫋嫋兮秋風，洞庭波兮木葉下。」此決非江南洞庭，湖水廣員五百餘里，日月若出沒於其中之所有也。曰：「令沅湘兮無波，使江水兮安流。駕飛龍兮北征，邅吾道兮洞庭。」今按：湘即漢也，參讀下篇。湘君為漢水之女神，而祭神者居漢北，故望神之來享，而曰「北征」，又曰「邅道洞庭」，正以洞庭與漢通流，而祭者猶在洞庭之北也。

又按：山海經中山經有洞庭之山，曰：「其木多柤梨橘櫾，其草多葌蘪蕪芍藥芎藭，帝之二女居之，是常遊於江淵，澧沅之風，交瀟湘之淵，是在九江之間。」今按：中山經諸山皆在江北，此又洞庭瀟湘，戰國人以為在江北不在江南之一證也。吳任臣廣注引劉會孟曰：「洞庭之山，今屬湖廣德安府應山縣，中有一穴，深不可測。」嘉慶一統志：「洞庭山在德安府應山縣西四十里，山下一穴，其深不測。」山海經洞庭之山，固在應山縣境與否不可定，要之在湖北不在湖南，則無疑也。

附　屈原沉湘在江北不在江南辨

楚辭歌洞庭，在江北，其言湘澧沅諸水，亦江北水也。楚策莊辛謂楚襄王曰：「蔡聖侯南遊乎高陂，北陵乎巫山，飲茹溪之流，飲湘波之魚。馳騁乎高蔡之中，而不以國家為事。」高蔡即上蔡，是與上蔡相近有湘水也。水經沔水注：「一水東南出，應劭曰城在襄水之陽，故曰襄陽，是水當即襄水也。城北枕沔水，即襄陽縣之故城，王莽之相陽矣。」襄陽可以為相陽，則襄水亦得為相水。楚辭湘水，或即襄之異字。樂史曰：「荊楚之地，水駕山而上者，皆呼為『襄』，其名無定。故陸澄之地記曰：『襄陽無襄水。』」其說與水經不同，然同謂楚地有襄水之名也。滄浪即襄之聲緩，故漁父歌滄浪，而屈子則曰：「寧赴湘流，葬江魚之腹中。」今鄂人猶呼漢水下流曰襄河。然則襄湘滄浪，皆漢水也。瀟湘亦即湘之聲緩，後人以湖南有瀟湘二水，而必謂山海經之瀟湘即是，此皆不識古代地名之造成及其遷徙之理者也。史公疑湘水在江南，故改漁父篇湘流為常流，乃成不辭。又涉江篇：「哀南夷之莫吾知，旦余濟乎江湘。乘鄂渚而反顧，欸秋冬之緒風。」鄂渚，漢志南陽有西鄂，其地望正值丹析漢北。則湘水所在，斷可知耳。余疑沅即溳，今漢北有溳陽。則所謂「乘舲船而上沅」者，亦在其地。

太平寰宇記卷一百四十三，均州風俗下，謂：「漢中風俗與汝南同，有漢江川澤山林，少原隰，多以力耕火種。人性剛烈躁急，信巫鬼，重淫祀，尤好楚歌。」原文引漢書地理志，而略變其辭。余意屈原九歌，蓋產其地，遠承二南遺響。自王逸以楚國南郢之邑，沅湘之間說之，近人乃有主九歌為湘江流域之民歌者。湘域在兩漢時，尚為蠻陬荒區，豈得先秦之世，已有此美妙典則之民歌哉？又寰宇記一百四十五，襄州風俗下，引襄陽風俗記：「屈原五月五日投汨羅江，今俗其日食粽，並有競渡之戲。」隋書地理志亦謂：「楚人因屈原赴汨羅，乃有競渡之戲，而以南郡襄陽為尤盛。」春秋：「楚屈瑕渡鄢伐羅。」杜注：「襄陽宜城縣西二十里羅川城乃羅故國。」水經江水注：「羅故居宜城西山。」又湘水注亦云。惟謂楚文王遷之長沙，則殊無確據。又按：水經湘水注：「秦滅楚，立長沙郡，即青陽之地也。秦始皇二十六年令曰：『荊王獻青陽以西，已而敗約，擊我南郡。』」漢書鄒陽傳：「越水長沙，還舟青陽。」蘇林曰：青陽，長沙縣也。不悟遠在昭襄時，秦已拔楚巫黔中，寧待至是復獻長沙以西乎？越世家：「讎龐長沙，楚之粟也，竟陵澤，楚之材也，越窺兵無假之關，此四邑者，不復貢事於郢矣。」此長沙青陽與無假之關，皆當在楚北。越之伐楚，亦循春秋時吳楚兵爭故道。知青陽以西，即指南郡一帶地矣。而後人都以大江以南地望釋之，此皆不知古地名遷徙之例，故每往而多誤也。然則羅之與湘，地望同近鄢郢，襄陽風俗，蓋有由來，安見屈原之死必在大江之南，長沙之外也哉？

附　楚雖三戶亡秦必楚辨

楚南公曰：「楚雖三戶，亡秦必楚。」其語解者不一。韋昭以為「三戶，楚三大姓昭屈景也。」此最得之。春秋列國宗族，其見於左氏內外傳者，如魯有三桓，鄭有七穆，宋有戴桓之八族，晉有八姓，見左昭三年傳。十一族，見晉語。及殷民六族，七族，懷姓九宗，見左定四年傳。祝融八姓，見鄭語。之類，以數字計宗姓者，不勝縷舉。楚之三戶，亦其例也。蘇林曰：「但令有三戶在，其怨深，足以亡秦。」臣瓚曰：「楚人怨秦，雖三戶猶足以亡秦也。」皆望文生解，非其義矣。蓋南公意謂楚之公族雖衹三家，足以亡秦，不泛指民戶言也。其後陳吳發難，亂者四起，皆重立六國後。楚懷以外，如魏豹趙歇韓成田市，皆以故國舊族。其他一時將率，亦多往時大家名族之裔。雖云將相無種，而平民崛起以亡人國，究是當時創局。雖陳嬰之母，亦知驟貴不祥，欲倚名族。況南公遠在亂前，其不以興滅繼絕，復國報仇之大任，期之誰何三家之小民，亦已明矣。而司馬貞索隱獨謂諸說皆非，按左氏「以畀楚師於三戶」之文，因謂三戶是地名。孟康遂稱後項羽果渡三戶津破章邯，是南公之善讖。不悟三戶之為地名，本由楚起丹陽，以其三族而名發跡之地。而南公之言，初不當以地名釋也。故三戶之解，蘇林臣瓚索隱，各得其一偏，孟康失之最遠，而韋昭為獨得也。

卷四

一二八　齊湣王在位十八年非四十年其元年為周赧王十五年非周顯王四十六年辨

六國年表齊湣王元年，為周顯王四十六年。今按：其時威王猶未死，後四年而威王卒，子宣王立。十九年卒，為周赧王之十四年。翌年湣王稱元，則赧王之十五年也。紀年於今王二十年稱齊王，以宣王亦未卒，尚無謚，故紀年惟有威王，無宣王。可證宣王卒在魏襄二十年後，亦證威宣非一王兩謚矣。今據余定齊威宣湣三世年代推之，孟嘗君入秦，在湣王二年，趙滅中山，在湣王六年。此姑據史表為說。為東帝在十三年，滅宋在十五年。其走莒在十七年，而終也。史記謂湣王在位四十年者非。荀子王霸篇論齊湣薛公云：「彊南足以破楚，西足以詘秦，北足以敗燕，中足以舉宋。及以燕趙起而攻之，若振槁然。」楊倞注：「史記齊閔王二十三年，與秦敗楚於重丘，南割楚之淮北。二十六年，與韓魏共攻秦，至函谷。三十八年，伐宋，宋王死於溫。」惟敗燕無注。盧文弨曰：「當在齊閔王十年，載史記燕世家。」今按：楊注所引年歲，皆依史表而誤。此三事均在湣王初年。盧說誤信史記，疑本文敗燕即子之之亂，亦非也。蘇代之說燕昭也，燕策誤為「噲」。曰：「今夫齊王，長主而自用也。南攻楚五年，畜聚竭。西困秦三年，士卒罷敝。北與燕人戰，覆三軍，得二將。然而以其餘兵，南面舉五千乘之大宋，而包十二諸侯。」其言湣王事，序次正與荀文一例。若敗燕誠當子之之亂，則應序於最先，不下列詘秦舉宋之間矣。鮑氏注燕策謂：「覆三軍得二將事，史竝不書。」志疑亦謂：「此齊與燕戰事無考。」二人皆不以為即子之之亂是也。今為證之於荀子書而益信。又史記樂毅傳云：「當是時，齊湣王強，南敗楚相當作「將」。唐昧於重丘，西摧三晉於觀津，遂與三晉

一二八　齊湣王在位十八年非四十年其元年為周赧王十五年非周顯王四十六年辨

擊秦，助趙滅中山，破宋，廣地千餘里，與秦昭王爭重為帝。已而復歸之，諸侯皆欲背秦而服於齊。湣王自矜，百姓弗堪。於是燕昭王問伐齊之事。」今考敗楚重丘，正湣王初立之歲。吳師道梁玉繩皆定是年趙已滅中山，謂湣王助之者，誣也。梁氏志疑亦力辨趙滅中山不借助於齊。又三年，與魏韓共擊秦。又十年，為東帝。其後三年，燕伐齊，湣王走莒，在位前後十八年。若以翌年改元計，則為十七年。其事略如此。毅傳不載敗燕事者，事輕故略。雷氏學淇說之云：「齊策司馬穰苴乃湣王大臣，而史記穰苴傳謂燕侵河上，穰苴追擊之，遂取所亡封內故竟，此即齊湣敗燕之一證。」介菴經說卷九觀於蘇代之言，北與燕人戰，覆三軍，得二將，其事啟釁自燕，齊則始敗而終勝，則雷氏之說洵信。史記穰苴傳，又以燕侵河上與晉伐阿甄並說，則誤混於田忌馬陵之役而言也。參讀考辨第八五。由此而論，湣王正一好戰喜事之君，而不久其位者。若如史記，敗楚重丘已為湣王之二十三年，其戰禍皆在晚年，而早歲則默無舉動。不應精壯務偷息，投老勤遠略也。蘇代稱其為「長主」，亦謂即位而年事已長，非言其在位之久。新序卷二：「齊婦人無鹽見宣王，諫其春秋四十，壯男不立，不務眾子而務眾婦，宣王乃立太子，拜無鹽君為王后」云云。列女傳亦同。劉向摭春秋戰國時事，往往多誤，不可盡信據，然如此條，似宣王亦以長君即位，參之孟子「見齊王之子」章而益信。蓋威王在位久，宣湣皆以壯歲始登極，此亦齊運隆昌之一因也。

齊策：「張儀為秦連衡說齊王曰。」高誘注：「齊宣王也。」史記則謂是湣王。張儀之說，在周赧王四年。（此姑依舊傳為說。若實論則本無其事，詳考辨第九五。）其時當齊宣王九年。又十年，湣王始立。則高說是也。楚世家：「懷王二十年，齊湣王欲為從長。」其時齊亦為宣王，非湣王。（參讀考辨第一二六。）秦策：「甘茂亡秦之齊，道遇蘇代，蘇代為說齊湣王。」史記甘茂傳取之。甘茂亡，在秦昭王元年，時當齊宣王十四年。下距湣王立尚五年。史記秦昭元當湣王十八年，不足據。剡川姚氏本作「蘇秦調王曰」。時秦已死，當係代字之譌。而王不作湣王，則為得之。馬驌繹史（卷一百二十六）採秦策此文，亦僅作齊王，無湣字。又水經汶水注引紀年：「梁惠成王二十年，齊築防以為長城。」今本紀年亦然。其時尚為威王，而蘇秦傳正義引紀年作齊湣王。顧氏日知錄（卷二十五）杞梁妻條已辨之。古書於此等處率多誤。通論大體，自不據此生疑也。

一二九　魏襄王十九年會薛侯於釜邱考　附　馮驩

水經濟水注引紀年：「魏襄王十九年，薛侯來會王于釜邱。」是年為齊湣王元年，即湣王立後一年也。史記孟嘗君列傳：「齊襄王立而孟嘗君中立於諸侯，無所屬。」今竹書稱薛侯，即中立於諸侯時矣。然則「齊襄王立」者，乃「齊湣王立」之誤。湣王立於魏襄王十八年，即孟嘗離齊稱侯之歲也。秦本紀昭襄王八年，魏公子勁韓公子長為諸侯，在孟嘗稱侯後二年。孟嘗君稱薛公者，孟嘗傳索隱：「嘗，邑名，在薛之旁。」集解：「詩云：『居常與許。』」鄭玄曰：『常或作嘗，在薛之南。』孟嘗邑於薛城。」方其封邑，避古侯稱而不居，故曰孟嘗君。及其自擬於諸侯，故曰薛侯也。其前田嬰未卒，孟嘗已為相於魏。詳考辨第一二九。其與襄王固有素。其後當宣王晚節，而孟嘗君握齊柄。方是時，魏自惠成王卒，襄哀王初立，聯三晉伐秦不勝，又東敗於齊，而霸國餘威，遂一蹶不振。參讀考辨第九五。自是乃成秦齊爭長之勢。楚世家云：「齊湣王伐敗趙魏軍，秦亦伐敗韓，與齊爭長。」是也。惟誤宣王為湣王耳。而楚懷王惑於張儀，反覆依違其間。秦武王卒，昭王立，楚懷又背齊合秦，而齊韓魏三國伐楚。時懷王二十六年，則齊宣王之十七年也。史誤為齊湣王二十一年。其時孟嘗方擅齊，特使公孫宏於秦，觀昭王之為人。參讀齊策及呂覽不侵。惟此事的在何年，已難考。所可知者，必昭王新立未久，孟嘗未入秦，未識昭王時，故有此舉。黃氏編略定在周赧王十三年，即齊宣王之十八年，亦以意言之，無確證也。而昭王問公孫宏則曰：「薛之地大幾何，而欲以難寡人。」則孟嘗在齊，固已戴震主之威名，天下知有薛，不知有齊矣。及楚失秦權，而秦亦聯齊伐楚，敗楚重丘。參讀楚世家。於是昭王慕孟嘗君，欲招之入秦，使涇陽君來質於齊，孟嘗以賓客諫，不果行。參讀孟嘗列傳。而是年，宣王卒，湣王初立。史記誤為湣王之二十四年。史記謂：「齊王惑於秦楚之毀，以為孟嘗君名高其主，而擅齊國之權，遂廢孟嘗君。」孟嘗列傳 齊策亦謂：「齊王謂孟嘗君曰：『寡人不敢以先王之臣為臣。』而孟嘗君就國於薛」者，正其時矣。孟嘗傳又謂：文乘間問其父嬰，君相齊於今三王矣云云，「三王」蓋指威宣湣言。呂氏大事記附田嬰卒於湣王元，林春溥戰國紀年依之。竊意史公於嬰文威宣年世多譌，此亦未足信據。今田嬰卒歲雖無考，要之在宣王時。而孟嘗見廢，則正湣王初立之際。此則大體可見也。孟嘗既見廢而之薛，於是乃有馮驩之歷說。史謂其至秦，策謂其至魏。今據水經注引紀年，魏襄王十九年，釜邱之會，適當湣王元年。即湣王立後之一年。孟嘗本為魏相，則其見逐於齊湣，使驩先容，而與魏為會，情事恰符。明年，秦昭王八年，即齊湣王二年，涇陽君復歸秦，而田文亦入相秦。則謂馮驩入說秦王，亦非盡無因也。孟嘗列傳謂：「湣王卒使孟嘗入秦。」固誤。而載馮驩事，又謂齊王恐秦召之，即復用孟嘗君，若孟嘗見逐復返，並未入秦者，亦誤也。孟嘗君在秦一年，失相東歸，重相齊，怨秦，聯韓魏共擊秦，則為湣王之三年。林氏戰國紀年謂：「薛侯會魏王之明年，齊與魏會，韓以兵合於三晉，因使孟嘗君入秦，即齊策所謂孟嘗君為從，先觀秦王之謀也。及秦覺其詐，孟嘗君幾不免，歸遂與韓魏伐敗秦軍。史但謂『孟嘗君怨秦』，而不知其謀從非一日也。」今按：孟嘗合從固非一日，然謂其入秦在詐觀秦王，則恐未必。馬驌繹史謂薛侯會魏王釜邱，即孟嘗合從伐秦事，亦誤。林氏則承襲馬說而誤也。若考定齊宣、湣之年代，則諸誤自釋矣。又同時復有趙武靈詐為使者窺秦事，未知信否。

至湣王七年，田甲劫王，田文走，湣王復召田文，則史記所載「舍人魏子」事也。自是孟嘗君謝病歸老於薛，不與齊政。其後乃如魏，魏昭王以為相。趙策：「李兌約五國伐秦，無功，留天下之兵於成皋，而陰構於秦。」或謂魏王曰：「今王挾故薛公以為相」云云。考李兌約五國伐秦在魏昭王之九年（一九五），則孟嘗相魏當在此年或稍前。又按：呂禮相齊，與蘇代孟嘗相嫉。秦昭王十九年，齊秦稱東西帝，而蘇代勸齊釋帝號，背秦約而攻宋。是歲齊稱帝二月即去之，秦亦不果稱帝。呂禮即以是年亡歸秦。不二年，齊遂滅宋。蓋當時欲合齊於秦者，呂禮也。欲離齊於秦者，蘇代孟嘗也。齊合於秦則存宋，齊離於秦而宋滅。齊去帝號即離秦，故呂禮亡歸。黃氏編略定呂禮逃歸秦在齊滅宋後，恐未是。荀子王霸篇：「齊閔薛公，彊南足以破楚，西足以詘秦，北足以敗燕，中足以舉宋。及以燕趙起而攻之，若振槁然。」若齊滅宋，孟嘗未去齊，尚預其事，亦非也。別有附辨詳後。後齊湣王敗，魏昭王十三年，秦取魏安城。孟嘗君為魏求救於趙燕。是年，乃齊襄王元年，孟嘗君尚在魏。以後孟嘗事無聞，蓋已年老，不久而卒。史稱：「齊襄王立而孟嘗君中立於諸侯，襄王畏之，與和。」誤矣。蓋史記之誤，由於不辨宣湣之年也。余因考湣王年，故並論孟嘗事以相證。又說苑善說篇有張祿掌門見孟嘗君，求為書寄秦王事。張祿即范雎也，為秦客卿，已在昭王三十六年，距孟嘗為魏求救燕趙又十二年，孟嘗若老壽，固未嘗不可及，然史公傳張祿，其事雖譎詭，委悉備至，不能謂不信。今向敘張祿告昭王語，似昭王之與孟嘗，為未嘗相知者，則年代先後不相當矣。說苑不可據，往往如是。

馮驩之事，昔人多疑之。史載魏子為孟嘗收邑入，評林唐順之曰：「魏子馮驩，豈一事而傳聞異邪？」考證張照按則謂：「晏子北郭騷事，與此亦大同小異。蓋戰國時習尚如此，則流言亦如此，舉不足信。」張氏又謂：「客背孟嘗，驩為客謝云云，本國策譚拾子語。馮驩各節，疑亦褚先生續為之，與史文不類。」又史記載馮驩事與策文不同，葉氏習學記言謂：「史記蓋別有所本，其義為勝。」而梁氏志疑又摘指其不合者有四，謂為倣撰無疑。余又考史記李牧傳索隱，以馮煖為龐煖，信如其說，馮驩在孟嘗後，蓋不及為孟嘗客也，參讀考辨第一五七。戰國雜說，附會假托，何可勝辨？馮煖之事，徒以其文采斐亹，為世傳誦。至於魏子譚拾子云云，則早已在若存若亡之間，孰信孰偽，無可深論。而傳說之興，亦有其因。雖其人姓名不必盡確，其事始末不必盡實，而其語時有可採以證史跡之真者，則馮驩一事之傳說，要本於宣王末湣王初，孟嘗離秦中立，而自附於秦魏以為重之際，如余前所考論，固甚彰彰也。

附　孟嘗去齊相魏考

孟嘗去齊之魏，在齊湣王滅宋前，凡有二證。魏策：「齊欲伐宋，或謂魏王曰：『臣偏事三晉之吏，奉陽君孟嘗君』云云，孟嘗奉陽同數為三晉吏，一證也。又趙策：「齊援趙以伐宋，齊人設謂魏王曰：『王挾故薛公以為相，善韓徐以為上交，（趙世家惠文王十三年，韓徐為將攻齊，即其人。）尊虞商以為大客。』」此皆齊人之去齊者是二證也。孟嘗曾主伐齊，亦有二證。東周策：「或謂周最曰：『魏王以國與先生，貴合於秦以伐齊。薛公故主，輕忘其薛，不顧其先君之丘墓，而君獨修虛信為茂行，不與伐齊以忿強秦，不可。』」一證也。秦策：「薛公為魏，謂魏冉曰：『君不如勸秦王令弊邑卒攻齊之事。齊破，文請以所得封君。』」是二證也。魏世家：「昭王十二年，與秦趙韓燕共伐齊，敗之濟西。湣王出亡。燕獨入臨淄，而魏王與秦王會西周。」蓋即其事矣。史記孟嘗君傳謂：「齊湣王滅宋益驕，欲去孟嘗君，孟嘗君恐，乃如魏。」一誤也。又於滅宋前載孟嘗君與穰侯書，於是穰侯言於秦昭王伐齊，而呂禮亡。考田齊世家、秦世家伐齊均在滅宋後一年，此在滅宋前，二誤也。呂禮亡，據秦紀、冉傳在齊秦稱帝之歲，而此又相歧，三誤也。至稱孟嘗齊襄時中立，其誤已辨在前，則四誤也。余考孟嘗以田甲劫君之歲見疑，即不任用。其後乃鬱鬱而之魏，而呂禮亦以田甲劫君之歲至齊。禮主合齊秦，而孟嘗居魏，不利齊秦之合，其相嫉誠有之。然其伐齊，即在燕與三晉合軍之歲，時呂禮已去。孟嘗之告魏冉曰：「若齊不破，呂禮復用，子必大窮。」此推言將來，非謂呂禮時值大用也。要之孟嘗去齊在滅宋前，主伐齊在滅宋後，事理甚顯。今史記孟嘗列傳載孟嘗召秦伐齊逐呂禮於滅宋之前，又於宋滅後書孟嘗去齊，則兩失之。梁氏志疑為孟嘗辨無主伐齊事，亦可不必。惟荀子王霸篇謂：「齊閔薛公，彊南足以破楚，西足以詘秦，北足以敗燕，中足以舉宋。及以燕趙起而攻之，若振槁然。」荀子親與湣王孟嘗同時，其言不應有誤。蓋破楚詘秦，孟嘗皆在齊。燕事無考，或亦孟嘗在齊時。故行文牽連而下，遂若舉宋時孟嘗猶在齊。此乃古人為文未分析處，當分別善觀也。史記范雎傳：「昔齊湣王南攻楚，破軍殺將，辟地千里，而齊尺寸無得焉。諸侯見齊之罷弊，興兵伐齊，大破之。皆咎其王，曰：「誰為此計者？」王曰：「文子為之。」大臣作亂，文子出走。」此史公載范雎告秦昭王語，亦不言孟嘗去齊在滅宋之後。」

一三〇　宋元王兒說考

韓非外儲說左上：「兒說，宋人善辯者也。持白馬非馬也，服齊稷下之辯者。乘白馬而過關，則顧白馬之賦。」呂覽君守篇：「魯鄙人遺宋元王閉，元王號令於國，莫之能解。兒說之弟子請往解之。」淮南人間訓高誘注：「兒說，宋大夫也。」莊子外物篇有宋元君得神龜事，釋文：「宋元君，李云：『元公也。』」案元公名佐，平公之子，在春秋世。而史記龜策傳元君作元王，且云問博士衛平。春秋固無博士，名家白馬之論，亦戰國後起之說。是宋於戰國時別有元王，亦稱元君，不得謂即春秋時之元公也。莊書雖有仲尼聞之之說，然寓言無實，正猶魯哀公問莊子，固不可據。然宋自王偃稱王，及身而滅，諸書俱以偃謚康王，荀子王霸篇則稱獻王，不見稱元王。考趙策李兌之謂齊王曰：「宋置太子以為王，下親其上而守堅，今太子走，諸善太子者皆有死心。」是王偃時曾置太子為王，竊疑宋元君即其人，乃王偃所置太子為王者，故稱元君，亦稱元王也。又考李兌之說曰：「臣之所以堅三晉以攻秦者，非以為齊得利秦之毀也，欲以使攻宋也。此謂非為毀秦有利於齊，特以便齊之乘間攻宋而已。而宋置太子以為王，下親其上而守堅，臣是以欲天下之速歸休士民也。今太子走，諸善太子者皆有死心，若復攻之，其國必有亂，而太子在外，此亦舉宋之時也。」是宋置太子為王，正三晉攻秦之際。其時齊先已攻宋而無利。其後太子去國，齊乃乘隙而殘之耳。齊湣王二年，楚懷王入秦不返。其明年，齊湣王三年，陳軫說魏韓趙燕齊五國合縱而戍魏韓之西邊以擯秦。詳據繹史卷一百三十一，周季編略卷八上。此即李兌所謂「臣之堅三晉以攻秦」之事也。然是時孟嘗新自秦歸，方怨秦，故率韓魏以攻秦，而趙宋則持兩端。東周策：「或謂周最曰：『仇赫之相宋，將以觀秦之應趙宋，敗三國。三國不敗，將與趙宋合於東方以孤秦。亦將觀韓魏之與齊也，不固，則將與宋敗三國。』」是也。趙策：「富丁欲以趙合齊魏，樓緩欲以趙合秦楚。」亦其時事。其後湣王六年，秦與楚粟五萬石。九年，楚迎婦於秦，秦楚既和，故策言：「齊將攻宋而秦楚禁之。齊因欲與趙，乃說李兌以攻宋而定封，李兌乃對」云云，是已在湣王十三年後，至十五年間也。據此知當楚懷王入秦，三國攻秦之際，正宋置太子為王之時。考楚懷入秦之年，趙武靈王傳國少子，自稱「主父」。宋置太子為王，正與趙同時，特不能定其孰先孰後爾。按：戰國策：「秦孝公疾，且不起，欲傳商君。」又犀首謂張儀曰：「請令魏王讓先生以國，王為堯舜，先生不受，亦許由。」呂氏春秋：「魏惠王謂惠施曰：『寡人實不若先生，願得傳國。』」其時學者方唱尚賢傳國之高論，策士和之，時君震於其說，燕噲竟讓子之而國亡。今去其事僅十五年，趙武靈宋偃皆六國賢君，好名，同傳其國於子。後武靈餓死沙丘，而宋亦父子失和。太子出走，仇之者乘機覬利。宋王既老，國人解體，而四鄰皆敵。李兌本主殺武靈者，至是亦贊齊攻宋，而宋遂以亡。觀李兌其民親上守堅之說，亦足證桀宋之為誣也。神龜所在，亦有天下之徵兆，此必當時民間傳說，與周鼎入宋同例，參讀考辨第九九。又按：韓非子說疑：「燕君子噲不安子女之樂，不聽鐘石之聲，內不堙汙池臺榭，外不畢弋田獵，又親操耒耨以修畎畝，子噲之苦身以憂民，如此其甚也，雖古之所謂聖王明君者，其勤身而憂世，不甚於此矣。然而子噲身死國亡，奪於子之，而天下笑之。」據此，則燕噲實亦賢君也。以燕噲趙武靈之賢，可以旁推宋偃。凡其時能感動於學者所高唱禪賢讓國之美論，而不惜身親為之者，要之皆一時非常之君，必有其可取之一端，惟宋偃燕噲皆身死國亡，不如趙武靈尚有功業震赫於當代，身雖不終，而國祚幸保，故宋偃燕噲獨膺世俗譏詬之鋒。韓非書距燕噲特近，其言必可據信，亦猶如孟子之論宋王之仁政也。（參讀考辨第九九。）又考穰侯傳：「趙人樓緩來相秦，趙不利，乃使仇液之秦，請以魏冉為秦相。」索隱：「仇液，戰國策作仇郝，蓋是一人而記別也。」今按：仇液即宋相仇赫。蓋宋趙時相睦。至於趙惠文十一年，齊秦稱帝之歲，趙使董叔與魏氏伐宋，得河陽於魏。（見趙世家。）而蘇代於是年自燕至齊，亦勸齊伐宋，不兩年宋亡。則宋之逐太子而招來外患，蓋在是年，即王偃五十年，正齊秦稱帝之歲。兒說弟子為宋元王解閉，則兒說亦與元王同時，而年不後於元王可知。是時惠施卒逾十年，下距公孫龍說燕尚十五年，兒說年輩，蓋在施龍兩人間。上承惠施，下接公孫龍。公孫龍白馬非馬之論，殆自兒說啟之。莊周年先於龍，而齊物論已有「以馬喻馬之非馬，不如以非馬喻馬之非馬」之論，足證白馬非馬，非創始於龍矣。又王應麟漢藝文志考證，引呂東萊說：「告子彼長而我長之，彼白而我白之，斯言也，蓋堅白同異之祖。孟子累章辨析，歷舉玉雪羽馬人五白之說，借其矛而伐之，而其技窮。」今考墨經亦有仁義內外之辨，則名家論題淵源，固自甚遠，不始兒公孫。余既為宋康王辨誣，又考元王兒說，聊為言故宋文獻者鉤沉焉。

附　唐鞅田不禮考

又按：趙世家：「惠文王三年，主父滅中山，還歸行賞，封長子章為代安陽君，又使田不禮相章。李兌數見公子成以備田不禮之事。主父欲分趙而王章於代，計未決，主父及王游沙丘異宮，公子章與田不禮作亂。公子成與李兌入距難，殺公子章及田不禮。因圍主父宮三月餘，主父餓死。」今按田不禮其先蓋宋臣。墨子所染篇：「宋康染於唐鞅佃不禮。」呂氏當染篇作田不禋，人表亦作田不禮。唐鞅則為宋所殺。荀子解蔽篇：「唐鞅蔽於欲權而逐戴子。」又曰：「唐鞅戮於宋。」楊倞注：「戴不勝使薛居州傅王者，見孟子。」蓋宋偃初政，多出其手。今信唐逐戴，故荀子譏之，謂康王染於唐鞅田不禮以致家國殘亡也。呂氏春秋淫辭篇：「宋王謂其相唐鞅曰：『寡人所殺戮者眾矣，而群臣愈不畏，其故何也？』唐鞅對曰：『王之所罪，盡不善者也。罪不善，善者故為不畏。王欲群臣之畏，不若無辨其善不善而時罪之，則群臣畏矣。』居無幾何，宋君殺唐鞅。」此見宋偃初政固無不善，殆在位既久而稍荒也。

沈欽韓漢書疏證謂：「田不禮死趙事在赧王二十年，齊滅宋在二十九年，則非一人。」

今按：沈說殊拘。兩田不禮同時，安見非一人？田不禮死於趙，固在宋亡之前，然田不禮仕宋，猶可在死趙之前也。余疑宋偃初政奮發，及後稍怠，乃信唐鞅與田不禮。後又置太子為王，宋政復治。唐鞅見殺，田不禮則避而之趙，均當在此時前後。及宋偃逐太子而亡國，則與唐田皆無涉矣。

一三一　楚頃襄王又稱莊王考

余考楚頃襄王又稱莊王。楚策「莊辛謂楚襄王」，高誘注荀子，作：「莊辛謂楚莊王。」其證一也。（金氏國策補釋亦言之。）韓非喻老：「楚莊王欲伐越，杜子諫曰：（王先慎據楊倞注荀子，改作莊子，文選廣絕交論注引作莊周子。莊周年世固可與楚襄相接，（參讀考辨第八八。）然此莊子或乃莊辛，「周」字蓋或人旁注耳。）王之兵自敗於秦晉，喪地數百里，此兵之弱也。莊蹻為盜於境內，而吏不能禁，此政之亂也。王之弱亂，非越之下也。」莊蹻之事，又見荀子議兵篇，云：「楚兵殆於垂沙，唐蔑死。（金氏國策補釋云：「垂沙乃重丘之譌，唐蔑即唐眛也。」）莊蹻起，楚分而為三四。秦師至，而鄢郢舉，若振槁然。」此三事相續。垂沙之敗在懷王時，鄢郢之舉在襄王時，莊蹻為盜，據韓非書在莊王時。然懷襄之間別無莊王，則莊王即襄王之證二也。楊倞注荀子引韓非書杜子諫曰作莊子。莊子即莊辛，與楚襄王同時，此莊王即襄王之證三也。（御覽八十二，文選鮑照擬古詩注，引韓詩外傳云：「楚襄王聘莊子為相。」亦莊辛。自史記誤以莊子為莊周，謂與楚威王同時，遂誤以莊蹻亦楚威王時。故西南夷傳云：「始楚威王時，使將軍莊蹻將兵循江上，略巴蜀黔中以西。」高誘注淮南主術，亦從史記，謂莊蹻在威王世。又高注呂氏介立云：「蹻在楚成王時。」同出一人，不應互歧。「成」亦「威」字形近而誤。而曰：「莊蹻者，故楚莊王苗裔也。」此由史公見先秦古籍以莊蹻為莊王時人，而不知莊王即襄王，遂誤謂莊王在春秋世，不得其解，而以莊蹻乃莊王苗裔矣。索隱云：「莊蹻，楚莊王弟。」則亦謂莊王時人。惟謂莊王弟，未審何據。又云：「蹻定滇欲歸報，會秦擊奪楚巴黔中郡，道塞不通，因還，以其眾王滇。」通典辨之曰：「楚自威王後，懷王立三十年，至頃襄王之二十二年，秦取巫黔中。若蹻自威王時將兵略地，屬秦陷巫黔中，道塞不還，凡經五十二年。豈得如此淹久？後漢書則言頃襄王時莊豪王滇，豪即蹻也。」通志亦以范史為定。志疑謂：「蔚宗蓋依華陽國志。」今按：史記西南夷傳正義、漢書地理志、顏師古注引國志，皆云頃襄之時，則梁說是也。惟今本國志南中志云：「楚成王遣莊蹻伐夜郎。」蓋經後人妄改。此又莊王即襄王之證四也。韓非姦劫弒篇又云：「楚莊王之弟春申君。」夫春申君侍頃襄太子質秦，則韓非所指莊王，上不能為懷王，下不能為考烈王，其即謂襄王明矣。此又莊王即襄王之證五也。史記滑稽列傳，楚莊王時，有優孟語王曰：「齊趙陪位於前，韓魏翼衛其後。」集解：「裴駰案：『楚莊王時，未有趙韓魏三國。』」然史序優孟事在淳于髡後，優旃前，楚莊王在齊威王秦始皇之間，亦即襄王也。惟史公不能辨，又誤以牽涉於春秋時之莊王與孫叔敖，遂轉迷歧耳。戰國時君多有異謚兼行，後人不考，如莊蹻之事，遂糾結而不可解矣。

一三二　春申君乃頃襄王弟不以游士致顯辨

史記春申君列傳有說秦昭王書，其文見秦策四，鮑氏本僅作「說秦王曰，物至而返」云云，無起首一節，並不以為春申語。高注：「秦王名正，莊王楚之子。」則亦不以為昭王。其下又云：「先帝文王莊王王之身，三世而不接地於齊，以絕從親之要。」高注：「文王始皇祖，莊王始皇父，故曰『三世』。」史記亦作文王莊王。金正煒國策補釋云：「秦至文莊以後，齊君王后事秦謹，秦地得接於齊，則要絕天下。韓非所謂『荊趙之意絕』、『趙危而荊孤』也。魏策：『梁者山東之要也。』秦之連年伐魏，意即在此。若昭王時，齊方與秦爭帝，說者不為此言矣。」則其文顯出昭王後。鮑改莊為武，是誤從史記黃歇說昭王之說而妄改策文也。新序收此事，無先帝文王莊王以下三句，亦誤於史記，知其不合而削之。又拔燕酸棗、虛，集解徐廣曰：「在始皇五年。」事見始皇本紀。又「今王三使盛橋守事於韓，盛橋以地策文誤「北」字，據金氏補釋改。入秦策文誤「燕」字，據補釋改。」。金云：「史記始皇紀，王弟長安君成蹻將軍擊趙反，此即其人。」均見此文在始皇時。其下又云：「王申息眾二年，然後復出。策文誤「之」字，據補釋改。」則此文至早乃始皇八年事。九年李園殺春申君，則為此說者，決非春申。李善注文選辨亡論引此文，「楚魏之兵雲翔而不敢校」，以為頓弱說秦王，蓋蒙上章為說。知鮑氏本無起首一節，實為國策舊文。自新序後語皆本史記，襄此文在頃襄遷陳後秦昭王時。至剡川姚氏據以增補入策，後人遂群以此文歸諸春申矣。余考史記載春申事，不足信者頗有之。韓非書姦劫弒臣第十四以春申為楚莊王弟，莊王即頃襄王，見前考。與史記絕不同。韓非親與春申同時，其言當可信。如屈原以楚宗姓，為懷王左徒之例，春申以游學博聞事頃襄王，為左徒，蓋不以游士躋要職。申包胥國策作棼冒勃蘇；棼冒即蚡冒，勃蘇則包胥。蓋楚武王兄蚡冒之後，食邑於申，因以為氏。然則黃歇猶申包胥之例，其先或封於黃耳。且七國自秦外多用宗戚主政。四君並稱，如信陵平原孟嘗皆貴戚，知春申正亦以王弟當朝。太史公不得其說，以為春申必有大功奇績，始獲信任，而考實無從，因以或人之說始皇者，誤以屬之春申也。史記游俠列傳：「近世孟嘗春申平原信陵之徒，皆因王者親屬，藉於有士卿相之富厚，招天下之賢者。」則亦以春申為王者親屬矣。漢書游俠傳：「由是列國公子，魏有信陵，趙有平原，齊有孟嘗，楚有春申，皆藉王公之勢，競為游俠。」亦稱春申為公子。金氏國策補釋云：「春申與孟嘗信陵平原並稱四公子，當亦楚之疎屬，故朱英說以代立。」

又按：楚策：「虞卿說春申君曰：『楚王春秋高，君之封地不可不早定。為主君慮封，莫如遠楚。今燕之罪大而趙怒深，君不如北兵以德趙，踐亂燕以定身封。』春申君曰：『魏齊新怨，雖欲攻燕，將何道？』虞卿因請使魏。」吳師道注謂：「按：史考烈王元年，封歇春申君，賜淮北地。後十五年以地邊齊，言於王，以為郡，請封江東，因城故吳墟。此策言『楚王春秋高，君之封地不可不早定』，則在未封之前，頃襄之時乎？頃襄之三十四年，趙嘗伐燕，豈或此時勸以踐燕定封，亦欲其取地於他國，如魏冉乎？淮北邊齊，猶難之，況燕地乎？亦非計之便也。然遠楚徙封，卒用於城吳之時，皆斯言有以啟之。」及門黃少荃謂：「魏世家安釐王十一年齊楚相約攻魏，秦救魏，乃罷兵，此在頃襄三十三年，故曰『齊魏新怨』。又虞卿言：『秦惠王封冉子，惠王死而後王奪之。』秦逐穰侯正在頃襄三十四年，乃眼前事，故虞卿以說春申遠封自全也。知吳說大體可信。」據此則春申自為頃襄弟，非以游士致顯。左徒既要職，諒無留秦十年侍太子久不歸之理。蓋亦往來道途，時返楚廷，故虞卿為之慮封。考烈王即位，即封之淮北，蓋仍是虞卿遠楚之初教。後以其邊齊，遂請徙吳。要之其為遠楚，一也。黃氏編略繫虞卿游說在考烈王十五年春申徙吳時，其時春申久有封地，何云「以定身封」乎？且謂「楚王春秋高」，亦不似。

一三三　平原君為相考

六國表：「趙惠文王元年，以公子勝為相，封平原君。」今按：魏公子傳云：「趙惠文王弟平原君。」范雎傳同。趙策：「諒毅曰：『平原君，親寡君之母弟。』」則平原君為惠文王同母弟也。平原傳稱「趙之諸公子」，恐未是。又考趙世家，武靈王納惠后在十六年，惠文王平原君皆惠后子。武靈王二十七年傳國，是惠文王不過十一歲，平原君不過十歲。其時國政主於肥義。四年，公子章作亂，殺肥義，公子成李兌平亂，遂圍主父，餓死沙丘宮。是時惠文王不過十五歲，平原君不過十四歲，皆少，成兌專政。知平原不為相矣。年表於孝成王元年又書「平原君相」，余疑平原君相殆始是時。惠文元年，或主父寵而封之，固非為相。列傳謂其相惠文及孝成，三去相，三復位，恐未可信。志疑以惠文相樂毅，孝成相田單，證平原三相三去之說。然樂毅相在惠文十四年，十八年魏冉來相，孝成又相虞卿，此未可刻劃求之。

一三四　王氏古本竹書紀年輯校補正

余著繫年粗就，得讀海寧王氏所為古本竹書紀年輯校，喜其持論與余正合。其訂正史記晉世家索隱引敬公十八年魏文侯初立，謂「十八」二字乃「六」字誤離為二之類，與余說若合符節。知考古之事，其究歸於一是，無可逃避遯逸，有如此也。惟其書頗有脫誤，不及一一寫入考辨，爰逐條彙記於此。三晉以上與余書無涉者不復及。王氏自云：「考證所得，當別為札記。」恨未見其成書也。

輯校　出公十九年，（燕孝公卒，次成侯載立。）史記燕世家：「孝公十二年，韓趙魏滅智伯。十五年，孝公卒。」索隱曰：「紀年智伯滅在成公三年。」又曰：「案：紀年成侯名載。」今據此補。

案：索隱作智伯滅在成侯二年，輯校誤作三年。成侯之立，應在晉出公二十年。明年稱元，又明年智伯滅，則成侯之二年也。

輯校　敬公（十一年），田莊子卒。史記田敬仲世家索隱引紀年：「齊宣公十二年，田莊子卒。」案：宣公十二年，當晉敬十一年。

案：索隱本作宣公十五年，正當晉敬十一年。此作宣公十二年者，乃字之誤。

輯校　（十二年），燕成公十六年。卒，燕文公立。史記晉世家索隱

案：燕世家索隱燕成公不注年數，知紀年與史合。則成公十六年卒，為晉敬公十三年，輯校誤前一年。注稱「晉世家」，亦字誤。

輯校　幽公（十四年），於粵子朱句三十四年。滅滕。史記越世家索隱

案：朱句立在晉敬公三年，翌年稱元，至晉幽公十四年，實為朱句二十九年。輯校誤為三十四年者，蓋誤依今本紀年謂晉敬公在位二十二年之故。余考晉敬在位實祇十八年，

語詳考辨第三六。

又按：即依輯校作晉敬在位二十二年，朱句立在晉敬三年，翌年稱元，晉敬四年為朱句元年。晉敬二十二年，則朱句之十九年也。明年幽公元，為朱句之二十年。則幽公十四年，乃朱句之三十三年也。今輯校以朱句三十四年繫之，誤前一年矣。以後越事即依次遞誤。

輯校（十五年），於粵子朱句三十五年。滅郯。史記越世家索隱

案：朱句三十五年當晉烈公三年，輯校與前條同誤。

又按：即依輯校推算，亦當在晉幽公十六年。輯校誤前一年，說詳前條。今本偽紀年朱句伐郯在周威烈王十二年，則不誤。

輯校（十七年），於粵子朱句三十七年。卒。史記晉世家索隱

案：朱句卒年當晉烈公五年，輯校誤與前同。

又按：即依輯校推算，亦應在幽公十八年，今遞次誤前一年。今本紀年朱句卒在周威烈

王十四年，則不誤。

輯校　烈公元年，趙簡子城泫氏。（水經沁水注）

案：水經注作趙獻子。其時實獻子，簡係字誤。

輯校　五年，田公子居思伐邯鄲，圍平邑。（水經河水注）

王氏原案：「田居思即戰國策之田期思，史記田敬仲世家之田臣思，（巨思之譌。）水經濟水注引紀年作田期，史記田敬仲世家（按：此下原本似脫「索隱」二字。）引紀年謂之徐州子期。而據濟水注，『齊田期伐我東鄙』在惠成王十七年，距此凡五十三年，且此時三家尚未分晉，趙不得有邯鄲之稱，疑河水注所引『晉烈公五年』，或有誤字也。」

案：水經河水注引紀年：「晉烈公四年，（初學記卷八、太平寰宇記卷五十四，所引同，官本校作二年。）趙城平邑。五年，田公子居思伐邯鄲，圍平邑。十年（官本校作九年。）齊田肸及邯鄲韓舉戰於平邑，邯鄲之師敗逋。獲韓舉，取平邑新城。」輯校移十年韓舉之敗於惠成王後元十年。朱氏右曾曰：「此事水經注引作晉烈公十年。索隱云紀年『敗韓舉當韓威王八年』，計相距七十八歲，不應有兩田肦，兩韓舉。考趙世家云：『肅侯二十三年，韓舉與齊魏戰，死於桑丘。』肅侯元年，當梁惠王二十二年，下逮後元十年，為肅侯之二十五年。蓋趙世家誤五為三，水經注誤惠成後元十年為晉烈公十年也。至韓世家以韓舉為韓將，則更舛矣。」今案：朱氏謂誤以惠成王為晉烈公，是也。說苑尊賢：「田忌去齊奔楚，楚王問曰：『齊楚常欲相并，為之柰何？』對曰：『齊使申孺將，楚發五萬人禽而反耳。齊使田居將，楚發二十萬人分別而相去也。齊使眄子將，楚發四封之內，王自出將，忌從，僅得存耳。』」齊果使申孺，楚發五萬人禽之。於是齊使眄子，楚僅得存，如田忌之言。」今按：田居即田居思田期也。眄子即盼子，亦即田盼田肦也。齊敗楚事不知的在何年，要之田居思田肦不在晉烈公時。黃式三周季編略，亦謂：「輯紀年者以魏惠後十年為晉烈公十年。」與朱氏說同。惟於趙世家肅侯二十三年文，亦無說可通。顧年表、世家肅侯均二十四年卒，無二十五年，則謂「趙世家誤五為三」者非矣。又考韓世家：「韓宣惠王八年，魏敗我將韓舉。」索隱云：「按：此則舉是韓將不疑，而紀年云韓舉，趙將。又紀年云其敗當威王八年，是不同也。」余疑索隱此條蓋有誤字。夫紀年既不以韓舉為韓將，又其敗於齊魏，則以趙齊魏三國事，又出魏史記載，不應系諸韓威王之八年，可疑一也。且韓威王次昭侯，即史記之宣惠王。若韓舉敗在韓威王八年，則與史記韓宣惠王八年時代正合，索隱何以又謂不同，可疑二也。余意趙世家肅侯二十三年本不誤，是歲為梁惠王後元八年。索隱本記韓舉之敗在惠王八年，而後人以其事在韓世家，乃妄改為威王耳。水經洙水注：「趙肅侯二十年，韓將舉與齊魏戰於乘丘。」此條必據史記，而脫一「三」字，衍一「將」字。若引紀年，不當改算為趙肅侯之年。而趙與齊魏戰，亦無緣及韓將。至水經注九年十年皆字誤。又考趙世家：「肅侯十八年，齊魏伐我，我決河水灌之，兵去。」田敬仲世家、六國年表均載此事，去韓舉之敗五年，其時為梁惠王後元三年。則水經注五年，田居思伐邯鄲圍平邑，或即此事，而誤三為五也。則此兩條，均係惠王後元以後事，水經注均以事關平邑，牽聯而引，遂以誤承晉烈公之後。故後二事皆稱邯鄲，而前一事獨稱趙，則事之先後顯然。又前條「晉烈公四年，趙城平邑」，輯校脫漏未載，不曉何故。今考趙世家：「獻侯十三年，城平邑。」時為周威烈十五年，實當晉烈公之六年。而今水經注作四年，官校本作二年，三說參差，必有一誤。疑水經注本文當為「晉烈公二年，趙城平邑，後三年云云，後八年云云」，「後三年」、「後八年」者，本指惠成王後元，而誤承晉烈公之後。後人不察，遂以「後三年」謂「二年後之三年」，而改為「五年」；以「後八年」謂「二年後之八年」，而改為「十年」也。今本紀年趙獻子城泫氏在威烈王七年，原注晉烈公元年。趙城平邑，在威烈王八年，則亦是晉烈公二年矣。知趙世家「獻侯十三年城平邑」者誤。陳氏集證亦本今本紀年，主趙城平邑在晉烈公二年，是也。然亦誤謂田居思伐邯鄲在烈公五年，故有邯鄲之都，自趙獻侯烈侯已然之說，皆由未能細讀水經注原文而誤。楊守敬水經注疏要刪，據朱謀瑋箋，謂：「戌邯鄲本作伐趙鄗，趙戴據今本竹書作邯鄲者誤。」不知今本竹書亦有來歷，未必朱箋是水經注原本。當通觀其全，以定從違。楊氏徒以趙敬侯始都邯鄲，故疑此條不應作邯鄲，其實田居思已出趙敬侯後，所誤不在「邯鄲」二字，而別有在也。

輯校

（六年），秦簡公九年卒，次敬公立。史記秦本紀索隱

案：史表秦簡公元年，在周威烈王十二年，當晉烈公之三年。其「九年」，應為「晉烈公十一年」。輯校依今本紀年謂晉烈公元年當威烈王七年，故誤。又案：秦本紀：「簡公十六年卒。子惠公立。」秦紀曰：「簡公從晉來，享國十五年。」而索隱引紀年：「簡公九年卒，次敬公立，十二年卒，乃立惠公。」是竹書與秦紀復異。竹書乃魏史，其記秦事，較史記可信與否不可決，姑誌其異，無可詳奪矣。

輯校

（九年），三晉命邑為諸侯。史記燕世家索隱

案：燕世家索隱：「文公二十四年卒，簡公立，十三年而三晉命邑為諸侯。」成公之卒，

既為晉敬公十三年，則文公元在晉敬十四年。文公二十四年，當晉烈公二年，簡公即以是年立。十三年，為晉烈公十四年，即周威烈王二十三年，是歲魏文侯之四十四年也。輯校亦以晉敬公在位二十二年，故誤。今略表晉燕兩國世次年數如下：

晉燕兩國世次年數表

晉		燕	
出公二三（二三卒。）	智伯滅	成公二（一六卒。）	
敬公一（一八卒。）		……四	
……六	魏文侯元	……九	
……一四		文公一（二四卒。）	
幽公一（一八卒。）		……六	
烈公一	即幽公之十八年	……二三	
……二		簡公一	即文公二十四年，簡公以是年立

……一四	魏文侯四四，三晉命邑為諸侯	……一二	即簡公立後第十三年

輯校 十一年，田悼子卒（次田和立），田布殺其大夫公孫孫，公孫會以廩丘叛于趙。田布圍廩丘，翟角、趙孔屑、韓師救廩丘，及田布戰于龍澤，田布敗逋。（水經瓠子水注。史記田敬仲世家索隱引「宣公五十一年，公孫會以廩丘叛于趙」十五字，「次田和立」四字，亦據索隱補。）十二月，齊宣公薨。（史記田敬仲世家索隱）

輯校 十二年，王命韓景子趙烈子翟員伐齊入長城。（水經汶水注）

案：此實一事也。翟員即翟角字訛。趙韓皆係國名，而翟角否者，以紀年乃魏史，故省略也。齊宣王五十年，當晉烈公之十一年，其年田悼子卒，田會反，皆在宣公卒前。索隱引紀年，乃在「宣公五十一年」者，疑索隱此條實衍一「一」字。宣公實薨於五十年之十二月，而於周正則為明年二月，是即史記所謂「五十一年」矣。輯校以宣公五十一年當晉烈公十一年，誤前一年。餘詳考辨第五六。

輯校 （十五年），魏文侯（五十年。）卒。（史記魏世家索隱）

案：魏文侯五十年，當晉烈公二十年，輯校誤，說見前。

輯校（十六年），齊康公五年。田侯午生。史記田敬仲世家索隱

案：齊宣公薨於晉烈公十二年，說已見前。康公逾年改元，當在烈公十三年。是康公五年，實晉烈公之十七年，當周安王之二年，輯校誤前一年。

輯校二十二年，國大風，晝昏，自旦至中。明年，大子喜出奔。太平御覽八百七十九引史記，今史記無此文，當出紀年。

王氏原案：「史記晉世家索隱引紀年：『魏武侯以晉桓公十九年卒。』以武侯卒年推之，則烈公當卒於是年。烈公既卒，明年，大子喜出奔，立桓公。後二十年，為三家所遷。是當時以桓公為未成君，故紀年用晉紀元，蓋訖烈公。明年桓公元年，即魏武侯之八年，則以魏紀元矣。御覽引晉烈公二十二年，知紀年用晉紀元，訖於烈公之卒。史記索隱引魏武侯十一年、二十二年、二十三年、二十六年，而無七年以前年數，知紀年以魏紀元自武侯八年始矣。至魏世家索隱引『武侯元年封公子緩』，則惠成王元年之誤也。」

案：王氏以武侯卒年推烈公當卒於魏武侯之七年者，是也。其謂紀年以魏紀元自武侯七

年後始，雖無的證，而亦若可信。至據御覽此條，謂晉烈公二十二年而卒，則誤也。夫汲冢舊書，既已不可見。今所據以推知其一二者，首有賴於司馬氏之索隱。索隱引紀年，特見與史記之駁異不同處耳。則凡索隱所不引者，史記與紀年相同，亦可推知。索隱不引晉烈公年數，知紀年亦作二十七年，與史記相符也。據以排比推算，亦無不合。詳考辨第三六。今王氏以索隱無明文，乃別據御覽。不知御覽僅云「二十二年國大風，晝昏，自旦至中」，並未明言「君卒」，何以知烈公卒於是年？其下云「明年，大子喜出奔」，此亦不足為烈公卒於前年之證。如見衛靈公二十九年大子蒯聵出奔，即據以斷靈公薨在是年，可乎不可耶？且御覽乃引史記，王氏以今史記無此文，而謂此文當出紀年，論斷亦疏，未可據信。今本偽紀年桓公立在周安王九年，大子喜出奔在周安王十五年，故徐氏統箋疑大子喜乃晉桓公子。陳氏集證亦謂當是靜公之兄。余考晉烈公實在位二十七年，大子喜出奔在二十三年，明是烈公之太子。徐陳說皆誤。大子喜出奔，蓋尚在魏武侯三年。越四年，烈公乃卒，則魏武之七年矣。

又按：朱右曾錄此條在晉烈公十二年，云：「御覽誤衍一二字。」未詳其何據。

輯校魏武侯十一年，宋悼公十八年。卒。史記宋世家索隱

案：魏武十一年，乃當宋休公十八年，詳考辨第六九。輯校非也。

輯校（十七年），於粵子翳三十三年。遷于吳。史記越世家索隱

案：粵翳遷吳，據推當在魏武侯十八年，輯校誤前一年，說詳前。今本偽紀年在周安王二十三年，得之。

輯校（十八年），齊康公二十二年。田侯剡立。史記田敬仲世家索隱

案：田侯剡立，當在齊康公二十年。今本索隱衍一「二」字。詳考辨第六五。又齊康公二十年，當魏武侯之十二年。齊康公二十二年，當魏武侯十四年。輯校亦誤。

輯校（二十年），於粵子翳三十六年。七月，於粵大子諸咎弒其君翳。十月，粵殺諸咎，粵滑，吳人立孚錯枝為君。史記越世家索隱

案：粵翳見弒當在魏武侯二十一年，此亦依次遞誤一年，說詳前。今本紀年在周安王二

十六年，得之。

輯校（二十一年），於粵大夫寺區定粵亂，立無余之。（史記越世家索隱）

案：粵無余之立，應在魏武二十二年，輯校亦誤前一年。今本偽紀年無余立在周安王元年，則不誤。

輯校（二十一年），齊田午弒其君及孺子喜而為公。（史記田敬仲世家索隱）

王氏原案：「史記田敬仲世家索隱引紀年：『齊康公五年，田侯午生。二十二年，田侯剡立。後十年，齊田午弒其君及孺子喜而為公。』又據索隱引紀年，齊宣公薨，與公孫會之叛同年。而據水經瓠子水注引，則公孫會之叛，在晉烈公之十一年，宣公於是年卒，則康公元年當為晉烈公十二年。二十二年，當為魏武侯十八年。此事又後十年，當為梁惠成王二年。然索隱又引：『梁惠王十三年，當齊桓公十八年，後威王始見。』（又案：魏世家索隱引：「齊幽公之十八年而威王立。」幽公或桓公之譌。）則桓公（即田午。）十八年，當惠成王十三年，其自立當在是年矣。年代參錯，未知孰是。」

案：田侯剡立當在齊康公二十年，即魏武侯十二年。其後十年，為魏武侯二十一年，（即田侯剡之十年）是年，桓公午弒君自立。自此下至惠成王十三年，適得十九年。以即位之翌年稱元，故為桓公十八年也。其間並無參錯。王氏案語諸誤點，已一一詳辨在前，茲不再論。

輯校（二十一年），韓滅鄭，哀侯入于鄭。（史記魏世家索隱）

輯校（二十三年），晉桓公邑哀侯于鄭，韓山堅賊其君哀侯而韓若山立。（史記魏世家索隱。晉世家索隱引：「晉桓公十五年，韓哀侯卒。」）

案：兩引均見史記韓世家，注作「魏世家」，係字誤。二十三年，韓世家索隱作「二十二年」，「三」亦字誤。晉桓公十五年，正當魏武侯二十二年，蓋即哀侯入鄭之翌年也。

輯校趙敬侯卒。（史記晉世家索隱引：「晉桓公十五年，趙敬侯卒。」）

案：與韓哀侯卒同年，亦魏武之二十二年也。

輯校（二十六年），燕簡公（四十五年。）卒。（史記燕世家索隱）

案：索隱云：「紀年作『簡公四十五年卒』，妄也。」索隱不信紀年，故遂以為妄。今考桓公以下燕君年數，索隱不復引紀年為說，知史與紀年相同。桓公元在周烈王四年，自周威烈王二十三年燕簡公立，說見前。下數至周烈王三年卒，得四十三年。是年桓公立，翌年改稱元年也。然則簡公四十五年，乃四十三年之誤。若以即位翌年改元之例，則簡公得四十二年。索隱數其始立至於卒歲，故云四十三年耳。此條當移前至魏武侯二十四年，方合。

輯校 惠成王六年，於粵寺區弟思殺其君莽安，次無顓立。史記越世家索隱

案：無顓之立，應在惠成王七年，輯校誤前一年，說詳前。今本偽紀年在周顯王四年，亦誤前一年。

輯校 八年，齊桓公十二年。弒其君母。史記田敬仲世家索隱

案：索隱作十一年，此注十二年，乃字誤。齊桓十一年當梁惠成王六年，齊桓十二年，當惠成王七年，輯校年代亦差。

輯校 十四年，於粵子無顓八年薨，是為菼蠋卯。史記越世家索隱

案：無顓立在梁惠成王七年，則無顓之八年乃惠成王十五年也。此亦誤前一年，說統見前。

輯校 十七年，宋景敾、衛公孫倉會齊師，圍我襄陵。（水經淮水注）

齊田期伐我東鄙，戰于桂陽，我師敗逋。（水經濟水注）

東周與鄭高都、利。（水經伊水注）

鄭釐侯來朝中陽。（水經渠水注）

案：今本僞紀年此四條皆有，而襄陵一條在三條後。陳氏集說云：「齊救趙，戰于桂陽，雖勝魏，而魏圍邯鄲如故。故齊又合宋衛二國之師以圍襄陵。」朱氏存真亦序桂陽在前，襄陵在後，似當仍之。（王氏輯校原本朱氏，而多滅其案識，亦有移易而轉不如朱者，讀者當取兩家並觀。）

輯校 （二十四年），楚伐徐州。（史記越世家索隱）

朱氏紀年存真曰：「索隱云『在無顓薨後十年』，則楚宣王之二十三年，齊威王之十一年也。楚世家云：『威王七年，齊田嬰欺楚，楚威王伐齊，敗之于徐州。』與此不合，蓋兩事也。」

案：無顓卒在惠成王十五年，則其後十年，乃惠成王之二十五年，當楚宣王二十四年，齊威王之十二年也。輯校誤前一年，均依朱氏存真而誤，說詳前。朱氏又辨與楚世家威王七年事不同，則是也。徐文靖紀年統箋以楚策「齊魏戰馬陵」一節說此，誤矣。陳氏集證亦有辨。

輯校 二十六年，敗韓馬陵。史記魏世家索隱

案：今本偽紀年顯王二十四年，魏敗韓馬陵。陳氏集證云：「顯王二十四，當魏惠二十六，魏世家于此年無韓魏戰馬陵事，而於惠王二年有『魏敗韓于馬陵，敗趙于懷』之語，與韓世家『懿侯二年魏敗我馬陵』合。蓋烈王七年事，正梁惠王懿侯二年。按：此實韓懿侯之六年，陳氏本史記年表誤，詳考辨第七一。魏伐韓趙，所以報濁澤之役。原注：「中緩爭立，韓趙來伐，大敗魏于濁澤。」六國年表載韓魏馬陵之戰，亦同在烈王七年。惟敗趙于懷在前一年，與世家不同。魏策亦云：『魏公叔痤為魏將，而與韓趙戰澮北，禽樂祚。敗韓馬陵，敗趙于懷。』鮑注云，惠王二年，樂祚趙將。

並以此為惠王二年事，則當在烈王七年，我師伐趙圍濁陽之上。又魏世家索隱云：『案：紀年二十八年，與齊田肦戰于馬陵；又上二年，魏敗韓馬陵；十八年，趙又敗魏桂陵。桂陵與馬陵異處。』夫所謂『又上二年』者，蓋指惠成王之二年而言，非謂在戰馬陵上二年也。輯紀年者似誤會此語。」今按：陳氏說極是。輯校與今本偽紀年同一誤會。朱氏存真錄敗韓馬陵於惠王十八年，則涉索隱下文趙敗魏桂陵之年而誤。

輯校　二十七年十二月，齊田肦敗梁馬陵。（史記孫子吳起列傳索隱）

王氏原案：「魏世家索隱引：『二十八年，與齊田肦戰于馬陵。』二十七年十二月，在周正為二十八年二月，是魏世家索隱已改算為周正也。田敬仲世家索隱引：『齊威王十四年，田肦伐梁，戰馬陵。』考紀年齊威王以梁惠王十三年立。至此正得十四年。」

按：王氏謂索隱改紀年夏正為周正之說，他無可驗。而水經泗水注引紀年：「梁惠成王二十九年五月，齊田肦及宋人伐我東鄙，圍平陽。」與魏世家索隱所引「二十九年五月，齊田肦伐我東鄙」同為一事，而又加詳。水經注所引正亦作五月，不得謂其亦已改從周正。若水經注所引係紀年原文，則索隱又何以改於彼而仍於此？王說不足信。蓋齊師自以上年冬出征，魏師自以翌年敗北耳。詳考辨第八四。

輯校 二十九年，（秦孝公會諸侯于）逢澤。史記六國表，惠王二十九年，秦孝公二十年，「會諸侯于澤」。徐廣曰：「紀年作『逢澤』。」水經渠水注引徐說略同。

按：會諸侯于逢澤者乃梁惠王，非秦孝公，詳考辨第八三。輯校誤。

輯校 後元（九年，鄭）威侯七年與邯鄲圍襄陵。五月，梁惠王會威侯于巫沙。十月，鄭宣王朝梁。史記韓世家索隱

按：索隱此條五月上脫「八年」二字，詳考辨第一〇二。輯校隨文鈔錄，未能訂正。

輯校 後元（十年），齊田肦及邯鄲韓舉戰于平邑，邯鄲之師敗逋，獲韓舉，取平邑新城。水經河水注

按：敗韓舉事在惠王後元八年，輯校誤從朱說，已詳前辨。參讀考辨第一〇二。

輯校 後元十一年，（會韓威侯齊威王于）平阿。史記孟嘗君列傳：「田嬰與韓昭侯魏惠王會齊宣王東阿南，盟而去。」索隱曰：「紀年當惠王之後元十一年，作平阿。但齊之威宣二王，文舛互並不同也。」按：韓昭侯紀年亦當作韓威侯。

按：輯校改齊宣王為齊威王，是也。然據上條韓世家索隱梁鄭會巫沙後，鄭威侯已稱鄭

宣王，則此處亦當作鄭宣王。

一三五　宋康王滅滕考

宋策：「康王滅滕伐薛，取淮北之地。」金正煒戰國策補釋云：「世本稱『齊景公亡滕』；漢地理志、水經注並云『齊滅滕』；竹書紀年書『於越滅滕』；春秋正義謂『滕三十一世為楚所滅』；春秋釋例又云『滕自叔繡以下至公丘三十一世，為秦所滅』。今據趙策蘇代所言，『秦起中山與滕，而趙、宋同命』，以證此策，自視諸書為可據。」趙策作「起中山與勝」，金云：「廣雅：『起，立也。』勝當為滕。宋策於是滅滕伐薛，中山滅於趙，滕滅於宋，秦起復二國，故曰『趙、宋同命』也。」今按：滕先滅於越，後又復立，其詳已不可考。參讀考辨第四九。孟子至滕，當梁惠王後元十三年，為宋王偃之十六年。滕文公好賢，行仁政。時定公初薨，問孟子而定三年之喪。又使畢戰問井地。惜不壽，孟子遊梁返齊為卿，而文公卒。參讀考辨第九八及考辨第一一一。計其在位先後不逾八年。其後，滕事復無考。蘇代之說，在五國攻秦後，當趙惠文王三年。時中山新滅，在五年前。與滕俱舉，則滕滅亦不甚久。春秋經傳集解後序謂竹書今王終二十年，今王者魏襄王。魏襄王二十年，正趙武靈王傳國少子何，自稱主父之歲。明年為趙惠文王元年。索隱不謂竹書有宋滅滕，知宋康滅滕在魏襄二十年後，故竹書不及載。然則滕滅於宋，正在趙惠文王元年，至三年間，其後逾十年而宋亦為齊滅矣。呂氏大事記，王氏通鑑答問，馬氏文獻通考，皆謂滕滅在周赧王二十九年，此由史記齊滅宋在赧王二十九年而誤。

又按：譚貞默孟子編年略云：「傳記滕文公卒，再傳二十一年，滅於宋。」此所謂「傳記」者，不審何書。然余定滕滅之年，上推二十一年，適滕文公卒，固無誤。任啟運孟子考略謂：「記言孟子去滕二十一年而滕亡」，則決不然。或任氏誤記文公卒後二十一年為孟子去後二十一年也。

一三六　荀卿自齊適楚考

桓寬鹽鐵論論儒篇云：「及（齊）湣王，奮二世之餘烈，南舉楚淮北，并巨宋，苞十二國，西摧三晉，卻強秦，五國賓從，鄒、魯之君泗上諸侯皆入臣。矜功不休，百姓不堪。諸儒諫不從，各分散。慎到、接子亡去，田駢如薛，而孫卿適楚。內無良臣，故諸侯合謀而伐之。」今按：湣王滅宋在十五年，（年表誤謂三十八年，詳考辨第一二八。）其明年為燕昭王二十七年，燕使樂毅謀伐齊。又明年，齊湣王之十七年，而樂毅以秦魏韓趙之師入齊至臨淄。湣王走莒。是荀卿諸人之去，當在湣王十五、十六年間也。是時荀卿年當五十五、六。殆自遊燕以後，重復至齊，亦為稷下列大夫，而慎到、田駢之屬為老師，至是而相率散亡也。（胡元儀郇卿別傳據鹽鐵論此文，謂是郇卿湣王末年至齊。鹽鐵論明謂荀子以湣王末年去，何得即推以謂湣王末年來？胡說非也。）史記孟荀列傳敘荀卿至楚在齊襄王時三為祭酒之後，蓋誤。至春申君以荀卿為蘭陵令，益不足信，辨詳後。

汪中荀子年表謂：「荀書彊國篇荀子說齊相國曰：『今巨楚縣吾前，大燕鰌吾後，勁魏鉤吾右，西壤之不絕若繩，楚人則乃有襄賁開陽以臨吾左。是一國作謀，三國必起而乘我。如是則齊必斷而為四，三國若假城耳。』其言正當湣王之世。湣王再攻破燕、魏，留楚太子橫以割下東國。故荀卿為是言。其後五國伐齊，燕入臨淄，楚、魏共取淮北，卒如荀卿言。」又曰：「此齊相為薛公田文，故曰『相國上則得專主，下則得專國』。」今按：田文相齊湣，其去位在齊湣之七年。詳考辨第一二九。若汪氏言可信，則荀卿之說，乃在湣王七年前。自是迄於湣王之敗尚十年，則荀卿在齊殊久。若以燕子之之亂即來齊，則前後可得二十許年矣。近人有疑荀卿來齊，已在王建之世者，不徒與鹽鐵論背，而荀子本書王霸一節，更為難通。

一三七 慎到考

孟子：「魯欲使慎子為將軍，孟子曰：『不教民而用之，……一戰勝齊，遂有南陽，然且不可。」慎子勃然不悅曰：「此則滑釐所不識也！」」趙注：「滑釐，慎子名。」焦循云：「『釐』與『來』通。詩周頌思文『貽我來牟』，楚書劉向傳作『飴我釐麰』是也。爾雅釋詁云：『到，至也。』禮記樂記云：『物至知之。』注云：『至，來也。』到與來為義同。然則慎子名滑釐，其字為到，與墨子之徒禽滑釐同名。或以為慎子即禽滑釐，或以為慎子師事禽滑釐，稱其師滑釐不識，皆非是。」今按：焦說是也。（馬氏莊子義證，又以孟子書慎子，乃墨子耕柱篇駱滑釐，說益支離，不可信。）漢志法家者流，有慎子四十二篇，注：「名到，先申韓，申韓稱之。」夫到與孟子同時，而按鹽鐵論，慎子以湣王末年亡去，則慎子輩行猶較孟子稍後，豈得先申子？荀子非十二子以慎到田駢齊稱。莊子天下篇稱彭蒙田駢慎到，田駢學於彭蒙而與慎到同時，是慎到後於彭蒙也。近人胡適（中國哲學史大綱卷上）謂慎到稍在前，彭蒙次之，田駢最後，亦非矣。

至孟子慎子在魯相遇之年，今已不可確指。薛方山云：「魯為齊弱久矣，安能伐齊？此必因湣王敗而走莒時。」黃鶴四書異同商辨之云：「薛說非也。燕人畔，立昭王，孟子因此致為臣而歸矣。史記載昭王立二十八年始伐齊，孟子此時未必猶存。」今按：孟子以齊威王晚年（三十六年。）曾返魯。（詳考辨第一一二。）後於宣王八年去齊至宋，其後或仍返老於魯。慎子亦居稷下，至湣王末而去。疑其居魯或當以威王晚節為近是。姑以是時慎子年三十計，則湣王之末，慎子年垂七十矣。魯欲使慎子為將軍，乃一時擬議之辭，其事成否不可知。至一戰勝齊，孟子特假為之說耳，非必魯將慎子，必以伐齊取南陽為幟志也。薛說自不可從。（林春溥孟子年表後說，及開卷偶得卷七，至謂：「魯使慎子之役，竟取南陽。」益復失之。其戰國紀年，又引呂氏春秋「齊以東帝困於天下，而魯取徐州」為證。惟謂：「此事距孟子卒已十年，又不可以強合。」總緣看文字太死殺也。）

慎子雖戰國一顯士，然其事跡流傳者少，已難詳定。明人慎懋賞偽為慎子書，綴其事若較備，然均不足信，茲再略辨如次。

楚策：「襄王為太子之時，質於齊。懷王薨，太子辭於齊王而歸。」齊王強索東地五百里。襄王退而問其傅慎子。今亦見慎氏書。按：懷王入秦為周赧王十六年，其時齊湣王之二年也。豈慎子遂以其時為楚襄傅乎？校其年代尚無不合，惟慎氏書顯係鈔撮偽造，不足據。

史記正義云：「慎子，戰國時處士。」亦不以為楚王傅。（風俗通義姓氏篇：「慎到為韓大夫。」亦無據。疑從其「先申韓，申韓稱之」而誤。）

趙策「鄭同北見趙王」，說以兵事。今慎氏書引之，而云「慎子侍」。按鄭同之說云：「先見魏昭王。」魏昭王元年在楚襄王之四年。慎子既為襄王傅，豈復重至於趙？惟年代亦略可及。今既趙策無此語，則「慎子侍」云云，乃慎氏襲趙策以為慎子書，以慎子乃趙人，故云侍趙王也。此亦不足據。又云「藺相如困秦王歸，有矜色，謂慎子」云云。秦趙會澠池在魏昭王十七年，其獻璧在趙惠文王十八年秦拔趙石城之前，亦在魏昭王十三、四年，與鄭同事時亦相當，而又稍後。豈慎子誠晚年及見藺子哉？

慎氏書又有「許犯問慎子」云云，許犯學於禽滑釐，即許行。見考辨第一三一。慎氏以孟子有「滑釐不識」之語，故偽撰「許犯問慎子」矣。又「田繫問」云云，益不足據。

又有「環淵問慎子」云云，今按：史記稱：「自騶衍與齊之稷下先生，如淳于髡慎到環淵接子田駢騶奭之徒各著書。」故慎氏妄造「環淵問」。又稱：「孟子輿說齊宣王而不說，謂慎子。慎子曰：『行無隱而不形，夫子居魯而魯削，何也？』」是又襲淳于髡之言為慎子也，皆不足信。

又有「鄒忌以鼓琴見齊王，稷下先生淳于髡慎到田駢接子環淵相與往見鄒忌子」云云，此事見史記田齊世家及劉向新序，皆僅說淳于髡。慎氏竊取其說，又加以孟荀列傳所舉慎到田駢諸人，遂以實慎子書，其偽跡益顯。

今據史記孟荀列傳，慎到趙人，為齊稷下先生，與田駢齊名，至湣王時而去，則慎子事之可信者。太平寰宇記卷十三謂「慎子墓在濟陰縣西南四里」，則慎子自湣王末亡去，蓋老死於齊，或未適他國。又郡齋讀書志以慎子為瀏陽人，未識何據。唐志十篇，而讀書志只一篇，蓋已偽物矣。至其學術宗旨，則荀子非十二子篇評之曰：「尚法而無法，下修而好作，上則取聽於上，下則取從於俗，終日言成文典，反紃察之，則倜然無所歸宿，不可以經國定分……，是慎到田駢也。」荀子解蔽亦稱之，曰：「慎子蔽於法而不知賢。」天論篇又稱之，曰：「慎子有見於後，無見於先。」此則慎子之學也。其持論蓋為後來道法開源。其「蔽於法而不知賢」，則韓非法家之言也；其「有見於後，無見於先」，則老聃道家之旨也。此與「宋子有見於少，無見於多」，同為稍後老子書所取。故史記稱之曰「學黃老道德之術」，而漢志則謂「申韓稱之」。其實慎到為稷下學士，尚在前，老聃韓非道德刑名之說自在後。漢人誤認老子在孔子前，遂若慎到學老子，而韓非采慎到。以荀卿之論定之，可知其誤也。

一三八　接子考

莊子則陽篇：「季真之莫為，接子之或使，二家之議孰正於其情，孰偏於其理？」成玄英疏：「季真接子，齊賢人，俱遊稷下。」今按：季真事迹多在梁，其一時交遊亦以梁為盛。參讀考辨第七九。成氏謂之「齊人」、「遊稷下」，未審所據。豈以接子而連類說之耶？接子又見史記田完世家、孟荀列傳，與淳于髡田駢慎到並稱。鹽鐵論謂，湣王之末，「慎到接子亡去，田駢如薛，而孫卿適楚」。接子年世，蓋與慎到相先後，較孟軻淳于髡略晚，亦與惠施季真同時。季惠或先接子而亡也。漢志、人表皆作捷子，「接」、「捷」古字通。通志氏族略四引風俗通：「本鄒公子捷菑之後，以王父字為氏。」人表捷子在尸子後，鄒衍前，年亦相當。孟荀列傳稱其：「學黃老道德之術，因發明序其指意。」漢志捷子二篇，在道家，其殆主命定之論者耶？季真「莫為」，則近於機械的自然論。要之二人，既不信有天神主宰（莫為），又不許有人力幹旋（或使），皆處不得已而為隨順。與莊周同時而持義亦相近。孟荀列傳索隱，環淵接子，「古著書人之稱號」，其事不詳，無可考矣。

一三九 田駢考 附 彭蒙 王斶

史記孟荀列傳：「田駢、接子，齊人。……皆學黃老道德之術。」漢志道家有田子二十五篇，（呂覽高誘注云：「道書十有五篇。」）班固曰：「名駢，齊人，遊稷下，號『天口駢』。」（莊子釋文引慎子云：「田駢名廣。」）七略曰：「田駢好談論，故齊人為語曰『天口駢』。『天口』者，言田駢子不可窮其口，若事天。」（語見文選宣德皇后令注。）莊子天下篇稱其學，與彭蒙慎到並列。呂覽不二篇：「陳駢貴齊。」高誘注：「齊生死，等古今也。」田子之「齊生死」，蓋與莊生略似，皆承楊朱「重生貴己」之說而微變之者。

齊策：「齊人見田駢，曰：『聞先生高議，（與「義」通。）設為不宦，而願為役。』田駢曰：『子何聞之？』對曰：『臣聞之鄰人之女。……臣鄰人之女，設為不嫁，行年三十而有七子。……今先生設為不宦，貲養千鍾，徒百人，不宦則然矣，而宦過畢也。』」今按：稷下學士皆不治而議論。田駢淳于髡之徒，雖溺情富貴，而復抗不仕之名。此由當時墨學既盛，如陳仲子以兄戴蓋祿為不義，故亦相炫以為名高也。淮南人間訓：「唐子短陳駢於齊威王，威王欲殺之，陳駢子與其屬出亡奔薛。孟嘗君聞之，使人以車迎之。」而鹽鐵論論儒篇則謂田駢如薛在湣王世。兩說相較，以後說為勝。此殆淮南之誤記也。繹史謂：「威王不與孟嘗君同時，此或靖郭君之事。」竊謂易靖郭為孟嘗，不如易威王為湣王也。又淮南稱田駢之言曰：「臣之處於齊也，糲粢之飯，藜藿之羹，冬日則寒凍，夏日則暑傷。」亦與策文不合。

又莊子天下篇稱田駢「學於彭蒙，得不教焉」，又曰「彭蒙田駢慎到不知道」，則彭蒙為田駢師，故序列居最先。今尹文子乃謂田子讀書，彭蒙越次而對，田子曰：「蒙之言然。」轉謂彭蒙師田駢。偽書固不足信。而偽尹文子序又謂尹文居稷下，與宋鈃彭蒙田駢同學。詳考辨第一二四。若其說有據，則彭蒙亦稷下先生，其年世既先於田駢，殆或上及齊威矣。又成玄英莊子疏謂：「彭田慎皆齊之隱士，俱游稷下，各著書數篇。」未詳其據。慎到既趙人；謂蒙齊人，未必信。今漢志無彭蒙書，人表亦不著彭蒙姓字，蓋已湮沒無傳矣。而莊書又稱：「彭蒙之師曰：『古之道人，至於莫之是莫之非而已矣。其風窢然，惡可而言？』」是彭蒙之學尚亦遠有端緒。余考齊威王梁惠王前，學者如列禦寇南郭子綦楊朱彭蒙之倫，其學皆主「重生貴己，全性葆真」，為後來道家濫觴。蓋孔主殺身成仁，墨主貴義輕生。如吳起孟勝之徒，皆不惜捨身殉節。列南楊彭承其後，而倡重生貴己，亦有激而然也。不教亦貴己之一節。至田駢莊周齊死生，則較楊彭立說，又深一層矣。

又按：齊策：「齊宣王見顏斶。」吳師道曰：「春秋後語作王蠋。」又有先生王斗，吳師道曰：「一本標文樞鏡要作『王升』。」今按：漢人表有王升顏歜。竊疑王升即王斶之脫譌，又誤分顏王為兩姓。觀顏斶對宣王曰：「夫斶前為慕勢，王前為趨士。」而王升之對亦然，知其為一事兩傳矣。其後當湣王之亡，有畫邑人王蠋，樂毅聞其賢，令環畫三十里毋入，而使人請之，蠋自經而死。蓋即宣王時高論士貴之王斶也。今齊策顏斶語引老子，疑出後人傳述，或較王升一篇稍晚出。而顏斶王斗王蠋，遂儼若三人。其人蓋亦稷下先生之賢者。當湣王之末，諸儒散亡，彼殆以邦土未去，遂以死節也。因誌所疑附此。

一四〇　春申君封荀卿為蘭陵令辨

後世言荀卿事，悉本司馬遷劉向。然向言最難憑。既曰「孫卿後孟子百餘年」，又謂其「與孫臏議兵於趙孝成王前」，其無稽如此。史記於卿事亦疏略不備。余既別為考定，而於春申君封荀卿為蘭陵令一事，則不能無疑。蓋其說始於司馬遷，成於劉向，而實未足為信史也。史記言：「齊人或讒荀卿，荀卿乃適楚，而春申君以為蘭陵令。」今考荀卿去齊適楚，乃當湣王末世，（詳考辨第一三六。）下距黃歇為春申君尚二十餘年，則史說非也。又謂：「春申君相楚八年，……以荀卿為蘭陵令。」（春申君列傳）考荀卿是時年逾八十。（昔人疑荀卿年者多矣。唐仲友謂：「春申君死而卿年已百三十七。」晁公武謂：「荀卿去楚時近百歲。」皆考核未精。）又曰：「春申君死而荀卿廢。」是卿以八十老人為一縣令，至十八年之久，至於春申之死，荀卿年已百齡，失所憑依，乃不得已而見黜。卿縱貪祿好仕，一何老不知退，為駑馬之戀豆，至於若是其甚耶？向之言則尤謬，謂：「春申既以卿為蘭陵令，或讒之曰：

『湯以七十里，文王以百里，孫卿賢者，與之百里，楚其危乎！』春申君遂謝去孫卿。」夫卿之在齊，為稷下老師。稷下之祿，如齊人之譏田駢，則曰：「貲養千鍾，徒從百人。」宣王之留孟子，則曰：「中國授室，致祿萬鍾。」優異如此。昔孟子遊梁，惠王尊之曰「叟」，問以利國之大計。以荀卿較之，年為高矣，位為尊矣。退自稷下，而至於楚。荀卿至楚，尚在齊襄王前，茲姑據劉向敘錄為說耳。使春申賢荀卿耶，不應抑以百里之小令；使春申不賢荀卿，何以或人之一言，遽謝而去之耶？又謂：「荀卿既之趙，春申君又以或人之言聘荀卿。荀卿遺春申君書，刺楚國，因為歌賦以遺春申君。」此汪中荀卿子通論已辨之，曰：「春申君請孫子，孫子答書，或去或就，曾不一言，而泛引前世劫殺死亡之事，未知其意何屬。且靈王雖無道，固楚之先君也，豈宜向其臣子斥言其罪？不知何人鑿空為此，韓嬰誤以說詩，劉向不察，采入國策。其敘荀子新書又載之，斯失之矣。此書自厲憐王以下，乃韓非子姦劫弒臣篇文，其賦詞乃荀子佹詩之小歌，見於賦篇。由二書雜采成篇，故文義前後不屬。幸本書具在，其妄不難破。」向又謂：「春申君得書，恨，復因謝孫卿。孫卿乃行，復為蘭陵令。」此尤無理。黃式三周季編略信有荀卿答書，而亦不信有反楚復仕，曰：「荀卿是時年已八十餘，反趙之後，無棄趙卿而再仕蘭陵之理。」又曰：「書賦之辭嚴厲，無應召之意。」余謂春申誠賢荀卿而再聘，亦不仍以蘭陵屈。凡此皆史記之所無，而尤不近情理之甚者。且余觀荀卿書，如說齊相，應秦昭王，應侯問，議兵於趙孝成王前，凡其行迹所至，皆有記載。其論列時事亦詳，然至於邯鄲之解圍則止。獨自為蘭陵令後十八年，無片辭涉及，又絕不言春申君。有之惟成相一語，曰：「春申道綴，基畢輸。」盧文弨疑之，曰：「此『春申』句有誤，必非指黃歇。」郝懿行則云：「此荀卿自道。荀本受知春申，為蘭陵令，蓋將借以行道。迨春申亡而道亦連綴俱亡，基亦墮輸矣。」今按：卿以八十頹齡，為令蘭陵垂二十年，親著書數十篇，曾無一語自道政績。其弟子如韓非李斯之徒眾矣，亦不一語及其師治道，並又不見於他之稱述。則所謂「畢輸之基」者安在？郝氏道「亦連綴」之語，尤強解非文理，則盧氏之疑是也。劉師培荀子斠補云：「春中當作魯申，左傳定四年『晉重魯申』，魯申即魯僖公，此句承上文『展禽三絀』言，展禽與魯僖同時，魯不用展禽，周公之基業至僖公而竟墮也。」此承盧氏而創新解，殆可信。

余讀成相一詩，皆有遭讒憤世之辭，殆卿當齊湣王時以讒去楚之所感而作也。故卿之遭讒在齊湣王世，非楚春申也。其之楚在為齊襄王時稷下老師之前，非在襄王後也。其至趙在自齊至秦之後，非為令蘭陵而後之趙也。其退老而著書，所論止於邯鄲之役，正卿八十之年，非其後尚為縣令二十年，然後乃廢退而家居也。史記所傳，失情實者多矣。荀卿春申之事，豈必以見於史記而信之哉？然則史說無本，何以又確指其年，謂荀卿封蘭陵在春申為相之八年乎？曰：「非也。」蘭陵屬東海，為魯地，故史姑附之楚滅魯之歲。史固未能確指，而後人乃確信之也。又按：史記滅魯年亦誤，詳考辨第一五四。曰：「然則荀卿之為令蘭陵，果盡無稽乎？」曰：「是不然。」荀卿適楚在湣王末年，當頃襄王之十五年。是年取齊淮北，蘭陵或以其時歸楚，而荀卿為之令，非不可有之事。又春申既頃襄弟，其時或已用事，而進言荀卿於楚王。史自誤為春申為相之後也。又按：荀子堯問篇，荀卿弟子慨述其師之所以不遇，亦無一語及春申。史記又云，荀卿卒，「因葬蘭陵」。劉向敘錄云：「蘭陵多善為學，蓋以荀卿，長老至今稱之，曰：『蘭陵人喜字為卿，蓋以法荀卿。』」蓋卿與蘭陵洵有淵源，至於是否卒而葬焉，而遂令後人思慕之如是，則亦無可詳考矣。要之，史說之誤，自有可得而辨者，因為之辨如此。

又按：應劭風俗通卷七窮通篇：「齊人或讒孫卿，乃適楚，楚相春申君以為蘭陵令。人或謂春申君云云，春申君謝之，孫卿去之，游趙，應聘於秦。……作書數十篇。……春申君使請孫況，況遺春申君書，刺楚國，因為歌賦以遺春申，因不得已，乃行復為蘭陵令焉。」此以卿為蘭陵令在游趙聘秦之前，是也。又序其事於在齊三為祭酒後，則誤於史記。並謂其為歌賦遺春申，因不得已復為蘭陵令，則誤於劉向。然通觀諸書所載，應氏最得荀卿行實矣。

一四一　公孫龍說燕昭王偃兵考

呂氏春秋應言篇：「公孫龍說燕昭王以偃兵，昭王曰：『甚善。寡人願與客計之。』公孫龍曰：『竊意大王之弗為也。』王曰：『何故？』公孫龍曰：『日者大王欲破齊，諸天下之士，其欲破齊者，大王盡養之；……其卒果破齊以為功。今大王曰「我甚取偃兵」。諸侯之士，在大王之本朝者，盡善用兵者也，臣是以知大王之弗為也。』」燕昭以二十八年破齊，至三十三年卒。龍之說燕昭在二十八年後，是為龍事跡最先可考之年。又下至平原君卒，凡三十三年。參讀考辨第一五二。此下無公孫龍事。龍卒蓋亦在是時。則其生當在燕噲齊宣時，惠施已老。施之死在魏襄王九年前，龍蓋未能逾十齡也。龍壽當在六十、七十間。相傳莊周卻楚威王聘，威王卒歲，周年最少亦三十，多至四十。下逮惠施之卒，周年五十至六十。時公孫龍不出十歲。若周年逾七十，龍亦二十、三十以上，猶及見周也。莊書徐无鬼篇，莊子謂惠子曰：「儒墨楊秉四，與夫子為五，果孰是邪？」列子釋文：「公孫龍字子秉。」然惠施卒，龍在童年，莊周之死，龍亦其學初成，豈遽與儒墨楊惠為五？若公孫龍誠字子秉，則其語蓋出莊子卒後，公孫龍成名之際又按：洪頤煊曰：「『秉』疑『宋』誤。」馬氏莊子義證謂：「尸子廣澤篇『料子貴別囿』，即宋子字譌。宷、料形音均相近，故尸子作料。秉與宷形亦近，故此又作秉也。」

又按：淮南道應訓：「公孫龍在趙之時，謂弟子曰：『人而無能者，龍不能與遊。』有客能呼，龍與之弟子之籍。「後數日，往說燕王，至於河上，而航在氾，使善呼者呼之，一呼而航來」。史記孟荀列傳：「龍為趙人。」又見漢藝文志班固注，及列子釋文。則龍之說燕，蓋自趙而往，為初出也。

一四二　公孫龍說趙惠文王偃兵考

呂氏春秋審應覽：「趙惠文王謂公孫龍曰：『寡人事偃兵十餘年矣，而不成，兵不可偃乎？』公孫龍對曰：『偃兵之意，兼愛天下之心也。兼愛天下，不可以虛名為也，必有其實。今藺離石入秦，而王縞素布總；東攻齊得城，而王加膳置酒。……所非兼愛之心也。此偃兵之所以不成也。』」史記趙世家：「惠文十七年，秦拔我兩城。十八年，秦拔我石城。十九年，秦敗我二城。志疑云：『「敗」當作「取」。』趙奢將攻麥邱，取之。二十年，廉頗將攻齊。」龍言蓋指是時事。石城者，通鑑胡注謂即漢西河之離石縣。高誘注呂覽，亦謂藺離石二縣，今屬西河。梁氏志疑據趙世家肅侯二十二年，秦取代藺離石，謂何待是時始拔。然考同篇武靈王十三年，亦云「秦拔我藺」，已復複出，況惠文時乎？趙策：「秦攻趙，藺離石祁拔，趙請納焦黎牛狐三城以易之。已而背之。秦怒，令衛胡傷伐趙，攻閼與，趙奢敗之。」年表閼與之役在趙惠文二十九年。秦本紀在昭王三十八年，較年表後一年。合之趙策，是其事由藺，離石。此惠文時秦拔趙藺離石之的證也。又西周策：「蘇厲謂周君曰：『敗韓魏，殺犀武，攻趙，取藺離石祁者，皆白起。』」高注：「殺犀武於伊闕。」按年表，其事在秦昭王十四年，前攻趙拔兩城十一年，然則兩城者，藺與祁也。云藺離石者，兼言兩年事。若當武靈王十三年，則白起尚未用事。此亦秦拔藺離石當趙惠文時之的證也。志疑又不信趙奢廉頗伐齊得地之事，云：「是時齊尚止二城，麥邱屬燕，齊無可攻。年表、田完世家他處皆無其事，疑史誤。」不知史、策言齊獨存二城者，指其五年中最後而言，非齊一敗而諸城皆下，即無地可攻也。謂餘城皆屬燕，特舉大數言之，以燕獨入齊臨淄，又始終主其事也。非謂其他三晉諸國，均不得尺土一城。不博觀會通，而一切以繩，失者多矣。林氏戰國紀年謂：「據國策，鄒忌謂齊地方千里，百二十城，是在威王之世已然。況宣湣以來，取燕滅宋，楚割淮北，西侵三晉，拓地愈廣。而謂七十餘城之外惟餘莒與即墨，其他別無可取，豈其然乎？」此亦一說。

今以呂覽公孫龍之言參之，知趙世家所記固不誤，然則公孫龍對惠文王之言，乃在惠文二十年後審矣。考燕昭王以惠文二十年卒，公孫龍蓋即以燕昭卒後去燕適趙。趙惠文初立年幼，主父尚在，未能當國。四年李兌殺主父，其後惠文始自臨事。此云事「偃兵十餘年」，語亦適合。龍之說燕昭趙惠文兩君，皆以偃兵兼愛，蓋亦治墨學之遺緒，而文以妙辨，故乃與惠施齊名也。

又呂覽淫辭篇：「空雄之遇，秦趙相與約。約曰：『自今以來，秦之所欲為，趙助之；趙之所欲為，秦助之。』居無幾何，秦興兵攻魏，趙欲救之。秦王不說，使人讓趙王。曰：『非約也。』趙王以告平原君，平原君以告公孫龍。公孫龍曰：『亦可以發使而讓秦王曰：「趙欲救之，今秦王獨不助趙，此非約也。」』」高注：「趙王，趙惠王也。」梁云：「空雄，聽言篇作空洛，此疑本作空雒，寫者誤耳。」今按年表，趙惠文二十年，與秦會澠池，藺相如從。二十三年，秦拔魏兩城。空洛疑澠池字誤。公孫龍正以會澠池之年來趙。據此文，龍蓋自始即客平原君家。林春溥戰國紀年，以公孫龍此說係於周赧王三十二年秦取魏安城，孟嘗君求救於燕趙事下。時值燕昭入齊之翌歲，公孫龍方在燕。又不悟空雄乃澠池字訛，臆定無據，不足信。自此至邯鄲解圍凡二十年，公孫龍常在趙。平原君之厚待公孫龍，可見也。文選鄒陽上書吳王注，引新序：「公孫龍謂平原君曰：『臣居魯則聞下風，高先生之知，悅先生之行。』」今按：劉向新序、說苑多不可信，此殆以史記有公孫龍為孔子弟子而誤。

一四三　荀卿齊襄王時為稷下祭酒考

史記孟荀列傳：「荀卿，趙人。年五十，始來游學於齊。騶衍之術迂大而閎辨；奭也文具難施；淳于髡久與處，時有得善言。故齊人頌曰：『談天衍，雕龍奭，炙轂過髡。』田駢之屬皆已死齊襄王時，而荀卿最為老師。齊尚修列大夫之缺，而荀卿三為祭酒焉。」此文謂荀卿初來，稷下尚盛，及後諸儒零落，而荀卿獨在，最為老師也。然騶衍騶奭尚在荀卿後，不當與淳于髡並列。參讀考辨第一四四。至年五十，乃十五誤倒。荀卿自十五游學來齊，其後曾至燕，見燕王噲。燕王噲不之用，後重適齊，則為稷下列大夫。至湣王滅宋驕矜，稷下先生慎到田駢之徒皆散，其時荀卿則適楚。以上均詳考辨第一〇三及一三六。是皆為史文所不具。此云「齊尚修列大夫之缺」者，以稷下之制壞於湣王末年，至襄王而重修也。今考襄王五年，田單殺騎劫。重修列大夫之缺，當在此後。是時荀卿年逾六十，自楚復返齊。而往者田駢之屬同時散亡者，皆已死，故荀卿最為老師也。汪中荀子年表謂：「荀子年五十，始游學來齊，則當湣王之季，故傳云『田駢之屬皆已死』也。」是誤謂田駢已死於荀子來齊之前。近人有疑史文「騶衍之術」以下一節為衍文，謂當以「田駢之屬」一語直接「始來游學」云云，是荀卿始來，乃在齊襄王時，亦不與田駢諸人相接，皆與鹽鐵論所記背繆，殊不足信。（參讀考辨第一二三。）及襄王死，荀卿乃游秦，（詳考辨第一四九。）史謂「齊人或讒荀卿，荀卿乃適楚」，亦誤。蓋史記述荀子行跡，僅及齊楚兩國，不知其有之秦適趙之事。又謂其為蘭陵令而終老於楚，故以適楚移之三為祭酒而去齊之後。今自襄王六年至襄王十九年，前後凡十有四年，荀卿之三為祭酒，當在其時。

一四四　騶衍考　附騶奭

史記孟荀列傳：「（騶衍）適梁，惠王郊迎，執賓主之禮適趙，平原君側行襒席。如燕，昭王擁彗先驅。」漢志道家有鄒子四十九篇，班注云：「名衍，齊人，為燕昭王師，居稷下，號「談天衍」。」又騶子終始五十六篇，師古曰：「亦鄒衍所說。」王應麟引封禪書「齊威、宣之時，騶子之徒，論著終始五德之運，及秦帝而齊人奏之」為證。今按：衍至趙，見平原君，在信陵破秦存趙之後，事見平原君列傳。其時梁惠王死已七十二年，燕昭王亦死二十二年矣。張守節云「鄒衍與公孫龍同時」是也。衍已不及見燕昭齊宣，遑論齊威梁惠乎？文選阮嗣宗詣蔣公奏記注，揚子雲解嘲注，引七略曰：「方士傳言鄒子在燕，其遊諸侯，畏之，皆郊迎而擁彗。」其言或為史公所本，而語差無誤。燕世家又云：「（昭王）卑身厚幣以招賢者。……樂毅自魏往，鄒衍自齊往，劇辛自趙往，士爭趨燕。」燕策亦云然。大戴禮保傅篇：「燕昭王得郭隗，而鄒衍樂毅以齊至。」無劇辛。然其說殊誤。時僅有一樂毅耳，鄒衍劇辛皆在後。史、策為盛言「士爭趨燕」，遂誤攀後來者為說，非情實也。韓非飾邪篇：「鑿龜數筴，兆曰大吉，而以攻燕者，趙也。鑿龜數筴，兆曰大吉，而以攻趙者，燕也。劇辛之事燕，無功而社稷危。鄒衍之事燕，無功而國道絕。趙代先得意於燕，後得意於齊，國亂節高，自以為與秦提衡，……將劫燕以逆秦，……地削兵辱，主不得意而死。」此記趙悼襄王時事。劇辛以趙悼襄三年敗死，時為燕王喜十三年，去燕昭王伐齊已四十二年。燕昭招賢，猶在其前。劇辛不在燕昭招賢時仕燕明矣。據韓非書，則鄒衍乃與劇辛同僚。去信陵破秦十五年。其自齊赴趙，當齊王建時，在平原君晚節。自趙往燕，則仕燕王喜，絕不與齊宣燕昭相涉。史公云云，蓋誤於燕齊方士之說耳。方士以神仙愚秦始皇，乃引燕昭王、齊威、宣王以為重。若僅言齊王建燕王喜，亡國之君，不足以歆動始皇之心也。

御覽四引淮南云：「鄒衍事燕惠王，盡忠，左右譖之王，王繫之獄，仰天哭，夏五月，天為之下霜。」文選卷三十九注亦引此條。據此則衍先已仕燕，後之齊。此似衍早年事，然亦不謂事昭王。至史記梁惠王郊迎，或乃由燕惠而誤。今姑定燕惠王元年，鄒衍年二十五左右，則邯鄲解圍後，鄒衍自齊使趙，年四十八、九。劇辛之死，鄒衍亦逾六十，其生當在齊宣之晚年也。

史記孟荀列傳：「齊有三騶子。」其前鄒忌，其次騶衍騶奭。「騶奭者，齊諸騶子，亦頗采騶衍之術以紀文。……齊人頌曰：『談天衍，雕龍奭。』」集解引別錄曰：「騶衍之所言，五德終始，天地廣大，盡言天事，故曰『談天』。騶奭修衍之文，飾若雕鏤龍文，故曰『雕龍』。」漢志陰陽家有鄒奭子十二篇。文選江淹別賦、任昉宣德皇后令注引七略作鄒赫子。沈欽韓曰：「赫、奭通用。」據此則騶奭在騶衍後。而史記以奭與淳于髡慎到田駢同稱稷下先生。余考騶衍自齊使趙，已在王建八年前後，則稷下故事，疑下逮王建時，猶未全泯矣。

又漢書人表有軋子郰子。錢大昕三史拾遺謂：「即治春秋之夾氏鄒氏。『軋』與『夾』音相近，『郰』即『聚』字，『鄒』與『聚』聲亦不遠。」沈欽韓前漢書疏證亦謂：「郰子乃鄒子之誤。藝文志有春秋鄒氏傳，蓋孟荀列傳所稱三騶子之一。」今按：人表軋子郰子後，即次以沈子北宮子魯子公扈子尸子，皆治春秋，則錢氏之言信矣。而史記孟荀列傳稱「騶衍深觀陰陽消息，稱引天地剖判以來，五德轉移，治各有宜，而符應若茲」。漢書嚴安傳，嚴安上書曰：「臣聞鄒（衍）曰：『政教文質者，所以云救也，當時則用，過則舍之，有易則易也。』」此皆言鄒子學術大旨之僅存者。凡漢儒治公羊春秋，言通三統，改制質文諸說，其實源自陰陽，與鄒衍說合。今所謂春秋鄒氏傳，雖不知於三鄒子中當何屬，又不知其所論者何若，要之或亦與公羊家言相近，淵源同自鄒衍，則沈說亦可從也。漢王吉能治鄒氏春秋。又鹽鐵論論儒篇，謂：「鄒子以儒術干世主，不用，即以變化始終之論，卒以顯名。」則鄒衍陰陽之術，其先本之儒，漢儒尚多能言之者。

附　鄒衍著書考

漢書藝文志陰陽家鄒子四十九篇，班注：「名衍，齊人，為燕昭王師，居稷下，號『談天衍』。」又鄒子終始五十六篇，師古曰：「亦鄒衍所說。」是鄒衍書有四十九篇，與終始五十六篇兩種。考史記封禪書：「自齊威、宣之時，騶子之徒，論著終始五德之運，及秦帝而齊人奏之，故始皇采用之。」此終始五十六篇書，出於齊也。集解引如淳曰：「今其書有五德終始。五德各以所勝為行。秦謂周為火德，滅火者水，故自謂水德。」是也。史又云：「宋毋忌正伯僑充尚羨門高最後皆燕人，為方僊道，形解銷化，依於鬼神之事。騶衍以陰陽主運顯於諸侯，而燕齊海上之方士傳其術，不能通，然則怪迂阿諛苟合之徒自此興，不可勝數也。」漢志五行家有羨門式法二十卷，疑即羨門高，亦傳騶子之術而不能通者也。此騶子四十九篇傳於燕齊海上之方士，而尤盛於燕也。集解引如淳曰：「今其書有主運。五行相次轉用事，隨方面為服。」索隱：「主運是騶子書篇名。」是也。然則兩書雖俱出鄒子，而實不同。周禮夏官司馬：「司爟掌行火之政令，四時變國火以救時疾。」鄭司農說：「鄹子曰：『春取榆柳之火，夏取棗杏之火，季夏取桑柘之火，秋取柞楢之火，冬取槐檀之火。』」王應麟謂即鄒衍四十九篇文，其語良是。論語陽貨篇「鑽燧改火」，集解馬融曰：「周書月令有更火之文，春取榆柳之火，夏取棗杏之火，季夏取桑柘之火，秋取柞楢之火，冬取槐檀之火。一年之中，鑽火各異木，故曰『改火』也。」皇疏云：「改火之木，隨五行之色而變也。榆柳色青，春是木，木色青，故春用榆柳也。棗杏色赤，夏是火，火色赤，故夏用棗杏也。桑柘色黃，季夏是土，土色黃，故季夏用桑柘也。柞楢色白，秋是金，金色白，故秋用柞楢也。槐檀色黑，冬是水，水色黑，故冬用槐檀也。」禮運孔疏說與皇同。淮南時則訓謂，春，「爨萁燧火」；夏、秋，「爨柘燧火」；冬，「爨松燧火」。五時三木，亦承鄒說而小變。鄭司農所引，蓋出鄒子四十九篇，非出終始五十六篇，其說與月令、時則為類。如淳所謂「五行相次轉用事，隨方面為服」，即以五木改火之例觀之可見。又考淮南齊俗訓高注引鄒子曰：「五德之次，從所不勝，故虞土，夏木，殷金，周火。」

文選魏都賦注引七略亦云然，此終始五十六篇文也。月令、時則言五行，分列四時，始於木，主相生。鄒子終始言五行，分列虞夏商周，始於土，主相勝。說各不同。鄒子四十九篇，蓋出其所自著，故史稱：「鄒衍以陰陽主運顯於諸侯。」（封禪書）又曰：「（騶子）如燕，昭王擁彗先驅，請列弟子之座而受業，築碣石宮，身親往師之。作主運。」（孟荀列傳）其謂燕昭王，縱不信，然主運書出鄒子手著，亦可證矣。至於終始五十六篇，師古曰：「亦鄒衍所說。」謂之「所說」，則或其徒述之。故封禪書謂：「騶子之徒，論著終始五德之運，及秦帝而齊人奏之。」然則藝文志分別兩書先後，及其書題名之意，參之史記所載，知兩書有別，未可混并，昭然顯矣。荀子以五行出孟軻，考月令、時則言五行，重在勿奪民時，其義洵自孟子來。五行分配方色，其說亦古。而五德終始，則為晚起。呂氏春秋應同篇始見其說，已在秦始皇時。齊人之奏鄒子終始，明以媚秦，而上托於鄒子。其果為鄒子說否，未可定。後人皆言鄒衍言五德主相勝，若與月令、時則言相生一派不同。余考漢志鄒子書，及班固如淳諸家舊注，乃知鄒子言五行，實為月令、時則所祖，而五德終始之篇，其果為鄒子當時創說，抑其徒所托，轉屬未定之疑問也。

一四五　莊子見趙惠文王論劍乃莊辛非莊周辨

莊子說劍篇：「昔趙文王喜劍。」太子悝請莊子。釋文：「司馬彪云：『趙文王，惠文王也。名何，武靈王子，後莊子三百五十年。』洞紀云：『周赧王十七年，趙惠文王之元年。』一云：『按長歷推，惠文王與莊子相值，恐彪之言誤。』」今按：自惠文王元上推三百五十年，乃當齊桓管仲之世，彪言固誤，然不應一誤至此。田子方篇：「莊子見魯哀公。」釋文：「司馬云：莊子與魏惠王齊威王同時，在哀公後百二十年。」今自周貞定王元魯哀公卒下數百二十年，乃為周顯王二十一年，其時當梁惠王二十三年，齊威王之十年也。（依年表乃三十一年。）自此而下五十年，適當趙惠文王元年。因知釋文所引司馬本云「趙惠文王後莊子五十年」傳寫之誤，乃為「三百五十年」。古書多誤，而於年世數字尤甚，率如此矣。然考周顯王二十一

一四五　莊子見趙惠文王論劍乃莊辛非莊周辨

年，莊子年僅十齡，至二十齡。則下至趙惠文元年，莊周亦六十、七十，固與惠文相值，如長歷所推不虛矣。惟依趙世家，惠文初立，年不過十一歲。今說劍篇謂其太子悝患王之好劍，乃募能說王止劍士者。量其意緒，非甚童弱。則其事最早當在惠文初元二十餘年後。世家，惠文二十二年，「置公子丹為太子」，即孝成王，不言其前有廢太子事，烏得別有太子悝？且其時莊子年最少亦逾八十，而謂其遠道而來，為太子治劍服三日，以見趙王論劍，而冒不測之險，必不然矣。昔人均斷說劍為偽篇不足信，然未能詳考其年者，余故為論定如此。參讀考辨第八八。

又按：抱朴子欽士謂：「莊周未食而趙惠諫立。」不知是即據說劍，抑別有他據。若使別有他據，是莊周固曾至趙，然亦仍無以證說劍篇之真。

又按楚策，莊辛說楚襄王，不聽，去而之趙。留五月，新序雜事二作：「不出十月。」「秦果舉鄢郢巫上蔡陳之地」。新序雜事二作：「王果亡巫山江漢鄢郢之地。」襄王於是使人徵莊辛於趙。秦拔巫，在頃襄王二十二年，正趙惠文王二十二年，置公子丹為太子之歲。周季編略亦定楚召莊辛在此歲。然則莊辛嘗留趙，推其時，與說劍篇所云略相當。豈傳說之初，本以為莊辛而後乃誤以屬之莊周者耶？韓非喻老：「楚莊王欲伐越，莊子諫。」亦莊辛，而文選卷五十五注引，亦誤作莊周。

金正煒國策補釋云：「史記楚世家，頃襄王二十一年，秦『拔我郢，燒先王墓夷陵』。襄王『東北保於陳城。二十二年，秦復拔我巫黔中郡』。白起王翦列傳：『白起攻楚，拔鄢鄧五城。其明年，攻楚，拔郢，燒夷陵，遂東至竟陵。楚王亡去郢，東走徙陳。』秦本紀載武王二十八年取鄢鄧，二十九年取郢，與起傳同。是楚失鄢郢不在一歲。策云莊辛留趙五月，疑當作五年。襄王十九年，楚『割上庸漢北地予秦』。辛去楚當在頃襄十八年，迄於秦人取巫，適為五年也。」據此莊辛留趙實久。又辛係文學之士，其說天子諸侯庶人三劍，層累敷陳，亦與蜻蛉黃雀黃鵠蔡聖侯之喻，取逕相似。則其文亦疑本出莊辛也。今說劍篇屢及周名，蓋非其朔矣。

一四六　魏牟考

漢書藝文志道家有公子牟四篇，班固云：「魏之公子也，先莊子，莊子稱之。」今按：莊子秋水篇載公子牟稱莊子之言以折公孫龍，龍既後於莊子，牟與龍同時，其年輩亦較莊後明甚。秋水所記，亦謂牟稱莊，非莊稱牟也。班說自誤。列子仲尼篇云：「中山公子牟者，魏國之賢公子也。……悅趙人公孫龍。樂正子輿之徒笑之。」公子牟為公孫龍釋七辨。此為牟龍同時之證。張湛注云：「公子牟，文侯子。」公孫龍時，文侯沒且百年，張注誤也。後人疑列子為張湛偽書，然如此條陳義精卓，蓋得之古籍，或即四篇之遺，非湛所能偽。湛注蓋本高誘。高誘注呂覽云：「公子牟，魏公子也，作書四篇。魏伐中山，得之，以封公子牟，因曰『中山公子牟』也。」魏滅中山在文侯世。史記魏世家索隱：「文侯既滅中山，使子擊守之，後尋復國。」史記志疑論中山復立事云：「中山復立不知的在何時，國策述常莊談謂桓子，中山復立之故，殊不可信。中山滅於魏文十七年，當趙烈侯元年，安得在桓子之世？」按：中山，策言桓子自誤，然志疑依史記言文侯年亦誤，辨已見前。樂毅傳有「中山復國」之語，亦不言在何時也。經史問答謂中山復立在魏惠王二十八年後，亦非。趙世家書「與中山戰於房子」，在敬侯十年，即魏武侯十年，按：此記趙魏年數亦誤。明年，趙「伐中山，又戰於中人」。安得復立在惠王之二十八年後？殆不可考矣。今按：韓詩外傳卷八，文侯封子擊於中山，其使趙倉唐來言曰：「北蕃中山之君，有北犬晨雁，使倉唐再拜獻之。」又曰：「臣聞諸侯不名，君既賜敝邑，使得小國侯，君問不當以名。」則自擊時，中山已儼為一國，同諸侯矣。說苑奉使篇亦載此事，謂倉唐曰：「君出太子而封之國，君名之，非禮也。」然則中山非能復國，乃魏之別封耳。趙襄子滅代，乃封其兄子周為代成君，與此略似。其後更出少子摯封中山，而復太子擊，則中山之君乃魏文侯少子魏摯之裔，而公子牟亦其後人。墨子所染篇：「中山尚染於魏義樞長。」閒詁引蘇說云：「中山為魏之別封，非春秋時之鮮虞也。魏文侯滅中山而封其少子摯，至赧王二十年，為趙武靈王所滅。其君有武公桓公，見世本。此名為尚者，當為最後之君。」今按：呂氏春秋高注：「尚，魏公子牟之後，魏得中山以邑之。」其說誤。蘇氏謂中山封自文侯少子摯，是也。考太平寰宇記卷六十一，引史記：「趙武靈王以惠文王三年滅中山，遷其君尚於膚施。」則中山最後一君名尚，又得其證矣。閒詁據水經滱水注，及太平御覽一百六十一，引十三州志，並謂：「中山桓公，為魏所滅。」謂：「尚或即桓公。」不知桓公為魏滅，尚為趙滅，不得混并為說。然則桓公乃中山之君，而武公則為魏滅中山後，中山別封之君。蘇說姑引世本，未能剖辨，亦失之。（參讀考辨第五四。）又魏世家索隱：「魏文侯滅中山，子摯守之，後尋復國。」張文虎札記據毛氏單行本索隱，乃「其弟守之」。按：呂覽自知：「任座曰：『君不肖君也。得中山，不以封君之弟，而以封君之子，是以知君之不肖也。』」其弟即指少子摯。索隱此條，下語未瞭，疑有脫誤。余考中山復立，蓋在趙烈侯十年，詳考辨第四三，又第五四。即魏文侯之四十八年也。年表梁惠王二十九年，「中山君為相」，正以魏與中山本屬一家，猶如齊封田嬰於薛，而薛公父子入為齊相。故中山公子亦或以魏氏稱，而公子牟亦稱魏牟。後人不察，因臆測為即魏文侯公子封中山者也。

雷氏義證亦主中山乃文侯少子摯後，惟謂惠王時為相者即公子牟，則年代亦誤。魏策：「中山恃齊魏以輕趙。」又云：「齊魏伐楚而趙亡中山。」則中山固猶恃魏宗國，為其後援矣。燕策蘇代說魏王決宿胥之口，鮑彪引徐廣曰：「紀年，魏救中山，塞集胥口。」徐廣引見史記蘇秦列傳，今脫一「中」字。朱氏存真云：「此未詳何年事。趙世家趙武靈王二十、二十一、二十三年，俱攻中山，當魏襄王之十三、十四、十六年也。」今考吳師道梁玉繩皆定中山亡在武靈二十五年，正韓魏齊秦敗楚重丘之歲。所謂「齊魏伐楚而趙亡中山」也。其前魏嘗救中山。宿胥口，朱氏謂「今衛輝濬縣西南有宿胥故瀆」。魏救中山而塞宿胥，正如齊救邯鄲而圍襄陵矣。陳氏集證疑：「中山之地與宿胥遼絕，何由魏救中山而塞宿胥口乎？」因不信有魏救中山事，其實非也。然則中山固恃魏援，魏亦救中山，良以魏與中山，本出一宗故也。又中山策云：「主父欲伐中山，使李疵觀之。李疵曰：『可伐也。……中山之君，所傾蓋與車而朝窮閭隘巷之士者，七十家。』主父曰：『是賢君也，安可伐？』李疵曰：『不然。舉士，則民務名不存本；朝賢，則耕者惰而戰士懦。若此不亡者，未之有也。』」此與列子書言子牟「好與賢人游，不恤國事」正合。淮南人間訓：「徐偃王為義而滅，燕子噲行仁而亡，哀公好儒而削，代君為墨而殘。」代乃中山之誤。參讀考辨第三三。呂氏春秋應言篇：「司馬喜難墨者師於中山王前，以非攻。」可證當時中山之信墨。寰宇記引國策云：「中山專行仁義，貴儒學，賤壯士，不教人戰，趙武靈王襲而滅之。」此則即據李疵一節潤澤自為文也。公子牟與公孫龍交好，而篤信其說。龍為墨徒，則牟亦墨徒，其所好皆墨徒也。其書漢志入道家，如宋鈃亦墨徒，而班注稱其言黃老意。戰國晚世道家，本頗取墨義也。故後人謂中山為墨而亡矣。公子牟或如平原信陵，當國而見信於其君者也。

趙策：「平原君謂平陽君曰：『公子牟游於秦，且東，而辭應侯。應侯曰：「公子將行矣，獨無以教之乎？」曰：「且微君之命命之也，臣固且有效於君。夫貴不與富期，而富至；富不與粱肉期，而粱肉至；粱肉不與驕奢期，而驕奢至；驕奢不與死亡期，而死亡至。累世以前，坐此者多矣。」』」此可以定公子牟之年代，又可以窺公子牟之為人。牟雖亡國之公子，其見重於當時者，有以也。考應侯封在秦昭王四十一年，明年為趙孝成王元年，上距趙武靈攻中山三十六年。其後十一年，應侯免相，又四年平原君卒。上距滅中山五十年。慮中山之滅，公子牟年不出三十。至平原之卒，牟年已逾七十。趙策，「建信君貴於趙，公子魏牟過趙，趙王迎之」，論尺帛。建信君與秦文信侯、呂不韋，楚春申君黃歇同時，其貴幸或在平原卒後。則公子牟之卒，殆亦後於平原，年壽當近八十也。說苑敬慎篇作公子牟遊秦辭穰侯，穰侯較應侯稍前，亦無不合。然固當從趙策為是。余前論莊子卒歲當在周赧王二十六年至三十六年間，考辨第八八周赧二十六年，公子牟至少亦三十二歲，以武靈攻中山，牟年二十計之。則牟自及見周矣。吳師道云：魏牟上及莊子，下及應侯，無疑。

附　論詹何環淵年世　附召滑

又按：莊子讓王篇：「中山公子牟謂瞻子曰：『身在江海之上，心居魏闕之下，奈何？』瞻子曰：『重生。重生則利輕。』中山公子牟曰：『雖知之，未能自勝也。』瞻子曰：『不能自勝，則從，神無惡乎！不能自勝而強不從者，此之謂重傷。重傷之人，無壽類矣。』魏牟，萬乘之公子也，其隱巖穴也，難為於布衣之士。雖未至乎道，可謂有其意矣。」竊疑子牟身在江海，心在魏闕，其殆為中山既亡之後事。故曰「隱巖穴，難為於布衣」。瞻子，淮南道應訓作詹子，即詹何。其與子牟問答，應在趙惠文王楚頃襄王世。淮南仝篇又云：「楚莊王問詹何：『治國奈何？』對曰：『何明於治身而不明於治國？』」此莊王即頃襄王也。（參讀考辨第一三一。）

又考楚策：「楚王問於范環曰：『寡人欲置相於秦，孰可？』」其事又見史記甘茂傳，甘茂奔齊，「齊使甘茂於楚，楚懷王新與秦合婚而驩。而秦聞甘茂在楚，使人謂楚王曰：『願送甘茂於秦。』楚王問范蜎」。茂奔齊在秦昭王元年，秦迎婦於楚在二年。然則懷王范環問答，亦在是時也。疑范環范蜎，皆蜎環字訛。蜎環即環淵，值楚懷晚節。其遊齊稷下，則當宣王末，或湣王時。其人尚應與莊周並世。而詹何與中山公子牟問答，中山亡已值楚懷暮年，則詹何環淵宜亦得並世，而環淵稍前，詹何稍後。（即猶謂關尹在前，老聃在後也。參讀考辨第七二。）殆或有類於荀況之於孟軻，否則莊周之於公孫龍也。漢志顧謂「環淵師老子」，其然，豈其然？

又按：范環之語楚王曰：「王嘗用召滑於越，而納句章，昧之難，越亂，故楚南察瀨湖而野江東。」（策、史文略同。）韓非內儲說下作干象告楚王「前王使邵滑之越，五年而能亡越」云云，賈誼過秦論，齊明周最陳軫召滑樓緩翟景蘇厲樂毅之徒通其意，則召滑蓋楚懷王時，而為楚亡越有功者。

一四七　虞卿著書考

秦昭王為范雎召平原君，虞卿棄趙相，偕魏齊逃之魏，史記范雎傳在昭王四十二年，而虞卿傳記虞卿與趙謀事皆在秦破長平後。古史云：「意者魏齊死，卿自梁還相趙，而太史公失不言耳。」經史問答亦辨之，曰：「長平之役，在昭王四十七年。史公所謂『虞卿料事揣情，為趙畫策』者，反在棄印五年之後，則虞卿嘗再相趙，何嘗窮愁以老？」梁氏志疑云：「虞卿嘗再相趙，則其著書非窮愁之故。史通雜說篇譏太史公自序傳『不韋遷蜀，世傳呂覽』，以為思之未審。何不云『虞卿窮愁，著書八篇』？劉氏亦未審思。」黃氏周季編略云：「司馬通鑑，朱趙綱目，書秦誘執趙公子於周赧王五十六年，由讀虞卿傳而誤。秦自趙取韓上黨，與趙仇怨甚深，豈於此時佯為好書以召平原君？平原君搠取上黨之策者，豈此時敢入秦乎？」崔適史記探源亦謂：「信陵救趙後留趙十年。若在十年內，信陵不在大梁。如當返魏之年，應侯免矣，昭王薨矣，平原卒矣，侯嬴自信陵至晉鄙軍之日自殺矣，安得其事？」此證虞卿棄趙相至魏事在長平役前也。然余考虞卿著書，尚有可論者。

漢志儒家有虞氏春秋十五篇，春秋家有虞氏微傳二篇。王應麟曰：「劉向別錄云：『虞卿作抄撮九卷，授荀卿，荀卿授張蒼。』」又釋文敘錄云：「鐸椒授虞卿。」考之諸人年世，似不足信。何者？齊襄王六年時，重興稷下，荀卿為老師祭酒，其時年已逾六十，學成名尊矣。而虞卿棄趙相與魏齊逃之魏，事尚在後十許年。時虞卿初出有聲，其年事當不出四十，是荀卿為前輩碩學，而虞卿乃後進遊士，何從有虞卿著書以授荀卿哉？又鐸椒楚威王時太傅，其書應在威王早歲。今姑自威王卒年計之，下至趙孝成王元年，凡六十三年。鐸椒死，虞卿尚未生，豈得謂鐸椒以授虞卿哉？至張蒼之卒，在孝景前五年。即謂其年百餘歲，則生年當在秦昭王晚節。（昭王末年至孝景前五年凡九十九年。）今姑謂魏信陵破秦邯鄲之歲蒼生，（則蒼凡百有五歲。）下至春申君死，蒼年二十，而荀卿已及百齡。荀卿年壽今既不可詳考，要之以鐸椒授虞卿，虞卿授荀卿之例觀之，謂荀卿授左傳於張蒼，恐亦未見其必信也。

余又考虞卿行事，邯鄲解圍後，曾欲為平原君謀封。此後即少見。惟魏欲合從，虞卿過平原君一事，的在何時，已難定。黃氏編略系之秦昭王五十三年，平原君下二年即卒，黃說蓋近是。若依其說，上距虞卿棄相印，偕魏齊走大梁，亦不過十二年。虞卿以游說士，躡蹻擔簦而說趙孝成王，量其年事當在四十左右。則其息影謝事，亦僅逾五十。若非早世，其耽意著述，當在五十之後。時荀卿已耄，或者抄撮九卷，正受之荀卿。由是而下傳張蒼，則世隔庶乎近是。然虞卿年壽既不詳，則此亦姑備之一說，非可據以推左氏之傳統也。又按：孔叢子：「虞卿著書，名曰春秋。魏齊曰：『子無然也。春秋，孔聖所以名經也。今子之書，大抵談說而已，亦以為名何？』卿答云云。齊問子順，子順曰。」云云。余考孔穿來趙，略與虞卿魏齊奔魏同時，虞卿著書，既不在此以前，又其時子順年不過三十，恐難據信。若此條可據，則虞卿著書，遠在初為趙相時。或者殆其經始草創之事乎。要之孔叢偽書，則此亦無可確論也。（參讀考辨第一六〇。）

附　國語采及鐸氏虞氏鈔撮考

史記十二諸侯年表序，鐸椒虞卿呂不韋之徒，「各往往捃摭春秋之文以著書」，此春秋謂左氏也。鐸氏虞氏書並不傳，然劉向別錄記左氏源流云：「左邱明授曾申，申授吳起，起授其子期，期授楚人鐸椒，鐸椒作鈔撮八卷，授虞卿，虞卿作抄撮九卷，授荀卿，荀卿授張蒼。」見王應麟考證。其傳授不可信，已辨如前。則鐸椒虞卿於傳授左氏之外，別自有抄撮，正史記所謂捃摭其文以著書矣。余讀今國語周語上中下三卷，魯語上下二卷，鄭語一卷，楚語上下二卷，共八卷，其文略相近，是豈鐸氏所抄撮耶？又晉語九卷，則殆虞氏之所捃摭歟？而漢志又云有左氏微二篇，鐸氏微三篇，虞氏微傳二篇。余疑「鐸氏微三篇」者，即其抄撮之八卷，鄭語僅一事，蓋以語涉楚先而錄合於楚為一篇。周語、魯語各自分篇，則凡為三篇也。「左氏微二篇」者，或出吳起子期所抄撮，殆即周、魯二篇。鐸椒又益以楚事成三篇也。故別錄有鐸氏鈔撮八卷，而漢志無之；漢志有左氏微二篇，鐸氏微二篇，而別錄不之及。殆以此。至於虞氏書，漢志既錄虞氏微傳二篇於春秋家，而儒家又著虞氏春秋十五篇。余疑別錄所謂「抄撮九卷」，與史記所稱「捃摭春秋之文以著書」者，當在儒家十五篇中。今國語晉語九篇，最後多言趙簡子事，良以虞卿居趙著書，故終晉之事而獨詳於趙。又今戰國策記六國事多出秦孝公後，獨趙策最前，詳及知伯之滅及豫讓行刺，其文近儒家言，與其後策士縱橫不類。又記趙武靈胡服，亦侈陳儒義，非出縱橫策士之手。疑劉向集國策，此蓋采自虞氏十五篇中。「虞氏春秋十五篇」者，其前春秋時事，則多捃摭左氏，即今晉語九卷，故劉氏別謂之抄撮。杵臼程嬰事，左氏所無，或可亦出虞氏。而尚有及春秋後事，在抄撮九卷之外者，則合而為儒家虞氏春秋十五篇也。今趙策所錄三晉滅知伯、豫讓行刺，及趙武靈胡服，或係其書之一部，而其全不可得而考。史公謂虞氏八篇，有「節義、稱號、揣摩、政謀，以刺譏國家得失」。竊疑豫讓事在節義，趙武靈胡服事在政謀。推此以求；或可鉤沉發覆，頗得其一二。至微傳二篇，其與春秋十五篇同異出入何如，更難詳論。史記云鐸氏「卒四十章」，亦不可說。惟余疑今國語有出鐸氏虞氏之鈔撮者，則殆為可有之事也。

清儒自武進劉逢祿為左氏春秋考證，及康有為承其說而益肆，乃謂左傳為漢劉歆析國語偽造，崔適和之，近人頗多信者。實則其說無據，可以破之者非一端。余讀國語諸篇，文體不相類。如越語之與魯，楚語之與齊，晉語之與周，皆不同，其非出一手甚顯。而左氏敘諸國事，非若是可以國別邦異，分體而列也。且今左傳既析國語而成，設為之復分左氏歸國語，其一事兼綜諸國，未能定誰屬者，當居十五六，決不若今國語晉記晉事，齊載齊故，為昭晰而無疑矣。又左氏文字上下二百四十年，有可循次年代而比量其不同者。隱桓之文異於成襄，成襄復異於定哀。文字隨時變易，猶可考見。而國語所採文體，以國別，不以年異，與左氏自判。烏得謂左氏析自國語哉？余既考周魯鄭楚四國語八卷，出自鐸氏，晉語九卷出虞氏，其餘惟齊吳越三國。齊語同於管子，吳、越語疑本當時范蠡大夫種書。漢志兵權謀有范蠡二篇，大夫種二篇，今吳語及越語上篇蓋採大夫種，而越語下則采范蠡也。漢書甘延壽傳注，左傳桓五年疏，文選潘安仁賦注，皆引范蠡兵法，惟及「飛石」一事，與權謀無涉，後人以此當兵權謀之范蠡二篇，其信否不可必。若取今越語下篇為范蠡兵權謀，乃宛肖。賀濤松坡集讀國語亦曰：「吳語以越事為主，又詳及大夫種之謀而不及范蠡，越之上篇亦如之，下篇則專言范蠡而不及大夫種，皆非史法，而近於晚周諸子之所為，疑後人取種、蠡書附之國語。」是國語綴緝為書，與國策正相似。太史公曰：「予觀春秋、國語，其發明五帝德帝繫姓章矣。」（五帝紀贊）又曰：「表見春秋、國語，學者所譏盛衰大指著于篇。」（十二諸侯年表）其所謂春秋，即指左氏，與國語分言，亦不以兩書為一書也。若史公僅見國語，何說而謂之春秋、國語耶？史公既言之，曰：「魯君子左丘明，……因孔子史記具論其語，成左氏春秋。」又曰：「左丘失明，乃著國語。」正以國語并包鐸椒虞卿諸家，而諸家書皆採左氏，故史公亦遂以國語歸之左氏爾。（史公上言仲尼厄而作春秋，避上春秋字，故左氏書改舉國語，此行文遷就法也。）其後劉向校書，定國策為三十三篇，亦本非一家之言，其號亦不一，或曰國策、或曰國事、或曰短長、或曰事語、或曰長書、或曰修書。其有國別者八篇，他篇未盡以國分。劉向乃彙萃編次而成今書。（葉適習學記言序目卷二十，蒯通論戰國權變，八十一首，太史公記有戰國策所無者，豈取之於此乎？今按：今國策亦必採及蒯通權變，惟或不盡備耳。）考漢志縱橫家有蘇子三十一篇，張子十篇，為國策所收者必多。正如鐸氏、虞氏之見收於國語也。而虞氏「上採春秋，下觀近世」，（史記十二諸侯年表語。）其論近世者，因亦採於國策。古書之重見疊出，如此者夥矣。故韓詩外傳、大、小戴皆採荀子，呂氏春秋採並世諸家，何論國語、國策本屬綴集？余謂其採及鐸氏、虞氏、種、蠡、儀、秦書，其論雖創，例繁，情近，非任臆逞怪之比也。又葉適習學記言序目卷十二，謂以國語、左氏二書參較，左氏雖有全用國語文字者，然所採次僅十一而已。至齊語不復用，吳、越語則採用絕少，蓋徒空文，非事實也。左氏合諸國記載成一家言，工拙煩簡，自應若此。惜他書不存，無以徧觀。而漢魏相傳，乃以左氏、國語一人所為，左氏雅志未盡，故別著「外傳」，餘人為此語不足怪，若賈誼司馬遷劉向不加訂正，乃異事爾。今按：葉氏言，若亦不知國語文字有儘多出左傳後者，此亦可異也。

又漢志春秋家有新國語五十四篇，班氏注云：「劉向分國語。」夫國語分二十一篇，周魯齊晉鄭楚吳越八國，固已甚細，何待於再分？余疑此五十四篇者，蓋國語二十一篇，合之國策三十三篇，并而為書，適得五十四篇。晚世以國語、國策合刻，其例先啟於向矣。向蓋以二書大體既類，故為合續，如古虞夏商周書合為尚書，先有其事。而班氏不深考，遂輕名曰新國語，而謂劉向所分。實則應曰向所并合，乃得耳。康有為乃疑新國語乃國語原本，未經劉歆竄取，故卷數較今國語為多。不悟劉歆主中祕，若誠竄國語為左傳，決不留原書以自白己偽。且其書至東漢猶存，當時學者亦不應昧昧不辨如此也。

又余考史記十二諸侯年表，其分年繫事，多據左氏。如魯桓六年，楚武王「侵隨，隨為善政得止」。八年，楚「伐隨，弗拔，但盟，罷兵」。莊公四年，楚武王「伐隨，夫人心動，王卒軍中」。（志疑：「『夫人』上缺『告』字，毛本有。」）此等皆明據左氏，而孔子春秋無其事。若如康氏說，今左氏春秋，由劉歆於國語析出。國語固不編年，豈史記十二諸侯年表，復為歆所偽羼也？（如此例極多，姑舉一端言之。）劉逢祿謂：「左氏後於聖人，未聞口授微言大義，惟取所見載籍，如晉乘、楚檮杌等，相錯編年為之，本不必比附夫子之經。故往往比年闕事。劉歆強以為傳春秋，或緣經飾說。」則謂左氏體本編年，尚不以為即是國語，惟不傳春秋，而劉歆強附之。其說較康氏遠勝。然劉說亦殊未可信。陳澧辨之曰：（見東塾讀書記卷十。）「劉申受左氏春秋考證，凡書曰之文，以為劉歆所增益，未確也。桓五年甲戌，己丑，陳侯鮑卒。左傳云：『再赴也。』公疾病而亂作，國人分散，故再赴。史記陳杞世家採此數語。可見史遷所見左傳，有解經之語矣。」今按：十二諸侯年表亦云：「國亂再赴。」（惟誤下一格。）然則左氏在史公前，本編年，又有解經語，顧必謂其不傳春秋，何也？若謂其書本稱左氏春秋，與虞氏、呂氏等類，（此亦劉氏說。）則公羊在漢初，亦稱春秋，何以又與虞氏、呂氏不同？至於左氏、公羊，孰為得孔子之真傳，此則別是一事。不得以經生門戶家法之見，遂不認有左氏書，乃輕語自國語析出也。（史有事有義，左氏詳事，公羊重義，謂各傳春秋之一偏可也。清代公羊家深斥左氏，謂孔子春秋主義不主事。春秋經世之志，豈反不主於事哉？

一四八　孔穿與公孫龍辨於平原君所考

附　子思以下孔裔生卒年表

孔穿與公孫龍辨於平原君所，其事見呂氏淫辭、公孫龍子跡府，及孔叢公孫龍篇。孔叢偽書，跡府尤晚出，殆皆襲取淫辭以為文。跡府「白馬非馬」，孔叢作「白馬非白馬」，誤多一「白」字。淫辭「臧三牙」，孔叢作「臧三耳」，則實今呂覽字誤。畢氏沅、盧氏文弨皆據孔叢以改呂覽，是也。黃式三曰：「莊子天下，惠子言『雞三足』，與『臧三耳』相似。龍意兩耳形也，又有一司聽者以君之，故為三耳。」今按：黃說甚是，惟改「臧」為「羊」則非。呂氏下文有「荊柱國莊伯令其父『視日』，曰『在天』」云云一節，均所答非所問，正證明臧獲之聽言從令，於兩耳之外更有一耳之意。則臧是臧獲，謂僕人耳。而其事自為先秦故實，則無可疑者。周季編略書其事於趙孝成王元年，平原為相之始，此亦無所繫而歸之，非確有證驗也。余考史記孔子世家載子思子上子家子京子高子順孔鮒年歲均備。雖不必盡可據，然史公親受業於安國，又先秦傳記或猶有遺文可徵。今捨此亦無以推尋孔裔之年世。姑依以為排比推算，若亦無大乖謬者，則子高之卒，或在趙敗長平之前，而鄒衍至趙，則在邯鄲解圍之後。要之穿龍之辨，雖不能證其的在何年，而大略則前於鄒衍公孫龍之相辨也。今姑約略擬列子思以下孔裔生卒年世如次表，上下前後以求之，倘亦不中不遠之意乎！

周敬王三十七（四八三）……子思生，伯魚卒。年五十。

周敬王四十一（四七九）……孔子卒。年七十四。

周考王十二（四二九）……子上生。子思年五十五。

周威烈王二十四（四〇二）……子思卒。年八十二，參讀考辨第五八。

檀弓：「子上之母死而不喪，門人問諸子思，曰：『昔者子之先君子，喪出母乎？』曰：『然。』『子之不使白也喪之，何也？』子思曰：『昔者吾先君子無所失道，道隆則從而隆，道汙則從而汙。伋則安能？為伋也妻者，是為白也母；不為伋也妻者，是不為白也母。』故孔氏之不喪出母，自子思始也。」今按：子思非適子，乃庶出，生於伯魚晚年，已詳前考。考辨第五八 今以孔氏年世推之，則子上之生，亦在子思五十以後，殆亦非適出。所謂「出母」者，乃其生母，猶「康公我之自出」之出，非出妻也。既為妾媵，非正妻，故子思曰「不為伋也妻」爾。先君子謂孔子，孔子母顏徵在，其嫁叔梁紇，亦在紇之晚年，非正妻。正妻施氏無子，其妾生孟皮，顏氏生孔子。孔子既早孤，故生母死而喪之。至子上母卒，子思尚在，故不使其子喪出母也。伯魚之母死，期而復哭，孔子止之。顧氏日知錄謂：「此自父在為母之制當然，疏以為出母者非。」其辨甚是。古人正妻卒，其子尚止期服，妾媵之卒，故不使為後之子喪之也。後世乃謂孔氏三世出其妻，細按皆誤。

周安王十二（三九〇）……子家生。子上年四十。

周安王十九（三八三）……子上卒。年四十七。闕里譜系載齊威王召子上為相，史、策均無證。今考其年世亦不合，殆妄者之誇詞也。

周顯王十八（三五一）……子京生。子家年四十。

周顯王二十三（三四六）……子家卒。年四十五。

周赧王三（三一二）……子高生。子京年四十。

周赧王九（三〇六）……子京卒。年四十六。

周赧王二十二（二九三）……子慎生。子高年二十。
周赧王五十一（二六四）……孔鮒生。子慎年三十。
周赧王五十三（二六二）……子高卒。年五十一。
秦始皇十（二三七）……子慎卒。年五十七。
秦二世二（二〇八）……孔鮒卒。年五十七。

一四九　荀卿赴秦見昭王應侯考

齊襄王十八年，當秦昭王四十一年，范雎相秦，封應侯。荀子儒效篇載秦昭王與荀卿答問之語，彊國篇載應侯與荀卿答問之語，是荀卿在齊襄王十八年後曾赴秦也。至昭王五十二年應侯罷相，荀卿赴秦當在此十二年間。惟自劉向已不曉其的在何時，故為荀卿書錄敘之最後。胡元儀郇卿別傳以入秦謂在為蘭陵令去而之趙以後，並謂不出秦昭王五十四至五十六三年中，是誤讀劉向文也。凡如此類甚多。史記魏世家敘文侯受經子夏於二十五年後，讀者遂謂其事即在二十五年；孔子世家敘適周見老子在十七歲後，讀者遂謂其事即在十七年。不悟古人行文，自有伸縮。刻劃以求，宜其謬也。今考荀卿與應侯問答，稱秦「四世有勝」，（彊國篇，指自孝公至昭王也）而曰：「憂患不可勝校也，諰諰然常恐天下之一合而軋己也。」（彊國篇）並不及秦師失利事，則荀卿遊秦尚在邯鄲一役之前。周季編略列荀況如秦於周赧王五十一年，是年為齊王建元年，荀卿殆以襄王死而去齊，如孟子以惠王死去梁之例，黃氏之說則信。

一五〇　陳仲考

孟子曰：「仲子，齊之世家也。兄戴，蓋祿萬鍾。以兄之祿為不義之祿，而不食也；以兄之室為不義之室，而不居也；避兄離母，處於於陵。」「身織屨，妻辟纑。」「三日不食，耳無聞，目無見也。」又曰：「仲子，不義與之齊國而弗受，人皆信之。」故曰：「於齊國之士，吾必以仲子為巨擘焉。」然又譏其「亡親戚君臣上下」。今按：仲子蓋墨徒也。韓非外儲說左上：「齊有居士田仲者，宋人屈穀見之，曰：『穀聞先生之義，不恃仰人而食。』……亦無益人之國，亦堅瓠之類也。」凡其「不恃仰人而食」，與其「亡親戚君臣上下」，皆墨子兼愛節用之旨也。時其邦人匡章子亟稱之。孟子與匡章自齊威王時已交游。（詳考辨第九八。）而匡章孟子論陳仲子廉士一節，則在宣王世。以年事論，孟子最長，匡章次之，陳仲為後。匡章曰：「陳仲子，豈不誠廉士哉？」孟子曰：「於齊國之士，吾必以仲子為巨擘焉。」其時匡孟皆仕甚顯，而陳仲壯歲苦行，名譽已播，故二人之言如此。而仲子既名高，為當時在上位者所深嫉。趙威后問齊使，「於陵仲子尚存乎？是其為人也，上不臣於王，下不治其家，中不索交諸侯，此率民而出於無用者，何為至今不殺乎？」見齊策。則仲子之傾動天下，而為世貴所忌者，可知矣。鮑彪注：「此自一人，若孟子所稱，已是七八十年矣。」周柄中辨之云：「陳仲子齊宣王時，趙威后齊王建時。考六國表自宣王元年至王建元年，凡七十有九年。仲子若壽考，何妨是時尚在？」今按：自宣王元至王建元，實祇五十六年，六國表誤也。今姑定宣王元年仲子年三十左右，則至王建時亦僅八十許人。趙太后所謂「於陵仲子尚存乎」、「何為至今不殺乎」，正是遲之之意。鮑氏遽以生疑，非也。其時荀子盛毀之，曰：「盜名不如盜貨，田仲史鰌不如盜也。」（不苟篇）又曰：「忍情性，綦谿利跂，苟以分異人為高，不足以合大眾，明大分，然而其持之有故，其言之成理，足以欺惑愚眾，是陳仲史鰌也。」（非十二子）此乃儒墨門戶之爭，然可以證陳仲之譽聞焉。（史記索隱引孟子曰：「陳仲子適楚，居於於陵。」四書異同商引宋云：「觀下其母殺鵝與食，則去其母不遠。又趙威后問齊使：『於陵仲子尚存乎？』使其適楚，則威后亦不得問齊使。閻若璩四書釋地云：「顧野王輿地志：「齊城有長白山，陳仲子隱處，漢於陵故城。」章懷注：「在今淄州長山縣南。」」計仲子家離其母居二百里。」則仲子信居齊。劉向列女傳有楚王聞於陵子終賢，願以為相，其妾諫之，遂相與逃，為人灌園。皇甫謐高士傳因謂陳仲子將妻子適楚，其實非也。鄒陽獄中上梁王書：「於陵子仲辭三公，為人灌園。」此謂仲子可以希三公之貴而不為，猶論語稱泰伯「三以天下讓」也。劉向遂以楚王聘為相實之，皇甫氏乃謂仲子適楚。近人又疑楚實有於陵其地，別有子終其人，皆失之。又按：於陵子：齊楚有重丘之役，人問於陵子，曰「齊，子產也；楚，子居也」云云，於陵子乃偽書，更不足據。）

一五一　荀卿至趙見趙孝成王議兵考

范雎為相之明年，為趙孝成王元年。孝成王二十一年而卒，荀卿嘗至趙，論兵趙孝成王前。今亦不能考其的在何年。劉向敘錄謂：「孫卿為蘭陵令，客或讒之春申君，春申君謝之，孫卿去而之趙。客又說春申君，春申君使人聘孫卿，孫卿遺春申君書，刺楚國。春申君固謝孫卿，孫卿乃行，復為蘭陵令。」今按：春申以荀卿為蘭陵令，事既不足信，詳考辨第一四〇。則避讒適趙，愈益無據。汪中荀卿子通論謂：「本傳稱『齊人或讒荀卿，荀卿乃適楚』。韓詩外傳、國策所載或『說春申君』之詞，即因此以為緣飾。周秦間記載若此者多。」是也。至為荀子年表，謂：「荀卿去齊遊秦，不遇而歸趙。王建初年，復自趙來齊。至楚考烈王八年，齊王建十年，乃至楚，為蘭陵令，終老於楚。」則復誤。余考荀卿自齊避讒適楚，乃當湣王季年。其後重返齊，為稷下祭酒，當襄王時。至王建之立，乃去齊適秦。返而歸於趙。大抵荀卿留秦決不久，其去秦東歸，當在長平一役之前。遂留趙而值邯鄲之圍。荀子臣道篇極稱平原信陵兩人功，即為邯鄲解圍事發。以荀卿在趙，身歷其事，故盛加稱許如此也。汪中荀子年表謂：「荀子歸趙，疑當孝成王九年十年時。故臣道篇亟稱平原信陵之功，是時信陵故在趙也。」余按：臣道一篇，不徒可證為荀卿在趙所作，且可推想荀卿實身經邯鄲之圍，故特為作論歎揚耳。汪氏疑為荀卿以邯鄲圍解後來趙，亦恐未是。其與臨武君議兵趙孝成王前，亦疑在邯鄲解圍後。參讀考辨第一五七。時荀卿年已八十逾外，殆終老於趙也。參讀考辨第一四〇。蓋史記敘荀卿行迹，僅及自齊適楚，而無游秦游趙之事。劉向敘錄荀書，始以適趙綴諸為令蘭陵之後，而適秦見昭王則散敘文後，意亦不能定在何時。今詳審荀子原書，參以諸家記載，合諸當時史實，重為考定，則情節宛符矣。楚策又云：「孫子去之趙，趙以為上卿。」姚校云：「荀子未嘗為上卿，後語作『上客』，當是。」金正煒國策補釋云：「按：韓詩外傳亦云：『孫子去而之趙，趙以為上卿。』此策不必為誤。墨子耕柱篇：『子墨子使管黔敖游高石子於衛，衛君致祿甚厚，設之於卿。』史記田敬仲完世家：『賜列第為上大夫，不治而議論。』漢書陳平傳：『賜爵卿。』張晏曰：『禮秩如卿，不治事。』孟荀之上卿，蓋致祿而已，非任之也。秦策：『賜之上卿，命而處之。』即此類也。」

一五二　鄒衍與公孫龍辯於平原君家考

附　綦母子　毛公　桓團

史記平原君列傳，邯鄲圍解，虞卿欲為平原君請封，公孫龍聞之，夜駕見平原君，勸勿受，平原君遂不聽虞卿。又云：「平原君厚待公孫龍，公孫龍善為『堅白』之辯，及鄒衍過趙，言至道，乃絀公孫龍。」是龍之見絀，當在邯鄲解圍後也。此後五年而平原君卒。趙世家，平原君卒在孝成王十四年，年表在十五年。年表格線前後易誤。又據秦記，秦以十月為歲首，或平原君卒在十月後，在秦已為翌年也。今從世家。龍卒當亦在其時前後。又與孔穿相辯，未詳在何時。要先於鄒衍。集解引劉向別錄云：「齊使鄒衍過趙，平原君見公孫龍及其徒綦母子之屬，論『白馬非馬』。」漢志名家有毛公九篇，班固云：「趙人，與公孫龍等並游平原君趙勝家。」師古曰：「劉向別錄云：『論堅白同異，以為可以治天下。』此蓋史記所云『藏於博徒』者。」其從信陵平原遊，在邯鄲圍解後。可證公孫龍之絀，尚在毛公遊平原君家後也。莊子天下篇稱：「桓團公孫龍，辯者之徒。」桓團，列子仲尼篇作韓檀，成玄英疏莊子，亦謂是趙人，客游平原君家，未詳何據。當時平原君之門，名家之學蓋亦盛矣。公孫龍著書，漢志名家著錄十四篇。揚雄法言稱：「公孫龍詭辭數萬。」今所傳僅五篇，凡二千言，則傳者無幾也。廣弘明集卷十一釋法琳對傅奕廢佛僧事有云：「昔公孫龍著堅白論，罪三王，非五帝，至今讀之，人猶切齒。」是唐初公孫龍書猶與今傳詳略不同。

一五三　魯滅在楚考烈王七年非八年非十四年辨

余考史記載魯滅，凡分數說：

一、魯世家：「頃公二年，秦拔楚之郢，楚頃王東徙於陳。十九年，楚伐我，取徐州。

二十四年，楚考烈王伐滅魯。」則魯滅在考烈王七年也。

二、春申君列傳：「春申君相楚八年，為楚北伐滅魯。」則魯滅在考烈王八年也。

三、年表：「楚考烈王八年，取魯，魯君封於莒。十四年，楚滅魯，頃公遷下邑，為家人，絕祀。」則楚取魯在八年，滅魯在十四年，凡分兩節。

又按之漢書曆律志劉歆之說，魯滅在周滅後六年，則楚考烈王之十三年也。今覈而論之，魯世家與歆譜皆詳載魯列君年數，並引同時列國大事為準，其言明備，應較無訛。而兩書相差凡六歲。余考魯世家載隱公前列君年，與歆譜差至七十餘歲，而實合於孟子、紀年諸書。則史公為魯世家應有古文舊史為據，非苟而已也。其記哀公以下列君年，如穆公元、平公元，皆較今年表及漢志、歆譜為前。余既詳為考論，又知其合於檀弓、孟子、紀年諸書，則史記魯世家實有古文舊史為據，非苟，可信，益顯。其載魯滅，不應獨誤。歆譜記哀公以下列君年，本與魯世家盡同，惟悼公較世家多六年，故魯滅亦遂遞後六年。其載隱公前年數，既不如史記之確，其於穆公平公年世，亦不如史記為得。則記魯滅，亦當不如史記可信。至年表記取魯滅魯凡分兩節者，世家本有取徐州及滅魯兩事，今年表取魯一條文有脫誤，當云「取魯徐州封魯君於莒」，春申君列傳索隱引表，正作「封魯君於莒」，而「徐州」兩字已脫。正與世家合。惟年表僅於楚譜附載魯君元，不別著年數，先後易誤。如與取魯一條同格秦譜取西周，即係前年誤移而下者。或後人妄動年表，以同歆曆，因與世家違異。而復年格遷移，遂亦與歆曆有岐也。至春申君列傳「相楚八年，為楚北伐滅魯」，言「滅」不言「取」，知指頃公二十四年滅魯而言。余本魯世家考定頃公二十四年為楚考烈王七年，則史記此語，實差一歲。上云：「春申君為楚相四年，秦破趙之長平軍。」實三年，亦差一歲。又云：「五年，圍邯鄲。邯鄲告急於楚，楚使春申君將兵往救之。」圍邯鄲在六年，復差一歲。蓋春申君列傳自與魯世家合，後人以年表取魯脫文，疑謂即指春申君列傳之滅魯而言，則又失之。志疑云：「魯頃公在位二十四年始滅，當楚考烈王十三年，是歲楚取魯，封魯君於莒。此言滅，誤。」梁氏此條，僅引年表，忘卻世家，故失之耳。余故詳為分別論定之如此。

又按：春申君列傳：「考烈王元年，以黃歇為相，封為春申君，賜淮北地十二縣。後十五歲，黃歇言之楚王曰：『淮北地邊齊，其事急，請以為郡便。』因并獻淮北十二縣，請封於江東。考烈王許之，春申君因城故吳墟。」年表亦謂十五年「春申君徙封於吳」。考諸魯世家，楚取魯徐州，應在考烈王之二年，豈即春申君之以功自定其身封者耶？參讀考辨第一三二。至考烈王十四年，今年表書「楚滅魯」。其時魯久滅，豈即春申君獻淮北地以為郡之時耶？要之年表有誤，而魯世家、春申君列傳同符，分別而觀，當為近之耳。

附　武內義雄六國年表訂誤論魯譜之誤辨

余草諸子繫年，積稿五六載，於民國十八年春，得讀日人武內義雄所著六國年表訂誤，刊載高瀨博士還曆紀念支那學論叢。發明魯魏田齊三國年譜誤處。其言雖疏，然亦主以紀年校史記，與余取徑正同。其論魯譜，亦主從世家，並改悼公三十七年為三十一年，均與余合。惟其所以為說者，則異。武內氏兼引漢書律曆志論之，余謂其間猶有辨。六國表、魯世家、漢書律曆志載魯哀公以下至頃公列君年數，異同具如下表：

	六國表	魯世家	漢書律曆志
哀公	二八	二七	二七
悼公	三八	三七（一本三〇。）	三七
元公	二一	二一	二一
穆公	三一	三三	三三
共公	二四	二二	二二
康公	九	九	九
景公	二九	二九	二九
平公	一九	二二	二〇
文公	二三	二三	二三
頃公	二四	二四	

武內氏謂：「漢志年數即襲世家。」余謂非也。悼公三十七年，乃三十一年之誤，即據世家本文可證。何者？為有其下「平公十二年，秦惠王卒」，以及集解「徐廣曰：『一本云悼

公即位三十年，乃於秦惠王卒，楚懷王死年合。」，兩語為準也。若非本作悼公三十一年，則平公十二年不值秦惠王卒歲，故知史文之誤。至漢志悼公年數，則正作三十七，決不為三十一。何以言之？漢志記魯列君年數，具如下舉：

一、定公七年正月己巳朔旦冬至，殷曆以為庚午，距元公七十六歲。其細數如下：

定公　九　定公十五年，自七年起算共九年。

哀公　二七

悼公　三七

元公　三　適得七十六歲。若悼公為三十一年，則差六歲。故知漢書年數，決非字誤。

二、元公四年正月戊申朔旦冬至，殷曆以為己酉，距康公七十六歲。其細數如下：

元公　十八　元公二十一年，自四年起算共十八年。

穆公　三三

恭公　二二
康公　三　亦適得七十六歲。
三、康公四年正月丁亥朔旦冬至，殷曆以為戊子，距湣公七十六歲。其細數如下：
康公　六　康公九年，自四年起算共六年。
景公　二九
平公　二〇
湣公　二一　亦適得七十六歲。
四、湣公二十二年正月丙寅朔旦冬至，殷曆以為丁卯，距楚元七十六歲。其細數如下：
湣公　二　湣公二十三年，自二十二年起算，共二年。
頃公　十八　秦滅周。
秦昭公　五　無天子五年。
秦孝文王　一　楚考烈王滅魯，頃公為家人，則頃公亦二十四年也。

秦莊襄王　三

秦始皇　三七

秦二世　三　凡秦五世，四十九歲。

漢高祖　七　亦適得七十六歲。

則漢志於魯悼公年決不作三十一，灼然可見。漢志本劉歆曆譜，歆推魯年本與史說不同。自伯禽以下至隱公，已與史記相差有七十餘年之多，其不本史記，明矣。武內氏謂：「史記世家記悼公年數，本當作『三十一』，『十』、『一』兩字誤合為『七』字，遂成『三七』年，傳寫者疑脫一『十』字，因改為『三十七』年。周禮職方氏『方三百里則七伯』，鄭玄注『七伯』乃『十一伯』之誤，即其證。」其立說殊巧。然謂史記至劉歆時即已傳鈔有誤，而歆顧輕據誤文以草成其三統曆，不加別察乎？斯不然矣。則與其謂史文本三十一，誤為三十七者，無寧謂歆曆本作三十七，或人乃據歆曆以改史記之為得耳。武內氏又據漢志魯平公年數校改世家，謂：「漢志云：『平公，世家即位二十年。』此世家即指史記魯世家。」然余讀漢志：

「世家，煬公即位六十年。」而今史記魯世家煬公僅六年。又云：「世家，獻公即位五十年。」而今魯世家獻公僅三十二年。又：「武公，世家即位二年。」而今魯世家作九年。則漢志所稱世家自別有據，非即史記之魯世家，又可見矣。今證魯世家平公二十二年乃二十年之誤者，即據魯世家本文「平公十二年，秦惠王卒」、「文公七年楚懷王死於秦」兩語合算已定。至漢志之魯平公二十年，僅足為其旁證，不得謂漢志即本魯世家也。

且余謂漢志記列君年數，不本魯世家，又別有說。蓋今世家年數既有誤，而即據世家本文可以訂正，說已詳前。今重為具列如次：

哀公　二七　十六年孔子卒。二十二年，越滅吳。

悼公　三一（今誤作三七。）十三年三晉滅智伯。

徐廣曰：「一本云悼公即位三十年，乃於秦惠王卒、楚懷王死年合。又自悼公以下盡與劉歆曆譜合，而反違年表，未詳何故。」

今按：此處徐廣云「一本云悼公即位三十年」，必係三十一年之誤。否則仍不與秦惠王卒、楚懷王死年合也。又其云「自悼公以下盡與劉歆曆譜合」者，正指悼公三十七年為言，非指一本之三十一年言之。否則當云「歆曆作悼公三十一」矣。

元公　二一
穆公　三三
共公　二三
康公　九
景公　二九
平公　二〇（今誤作二二。）平公立時，六國皆稱王。
十二年，秦惠王卒。
文公　二三　七年，楚懷王死於秦。

據本文「秦惠王卒」、「楚懷王死」兩語對勘，非文公五年楚懷王死，即平公二十年而卒，世家兩語必有一誤。證之於其下「頃公二年秦拔楚之郢」一條，定知誤在平公也。

頃公　二四　二年，秦拔楚之郢，楚頃王東徙於陳。

十九年，楚伐我，取徐州。

二十四年，楚考烈王伐滅魯。頃公亡，遷於下邑，為家人。魯絕祀，頃公卒於柯。

上列世家原文，見世家誤字即據世家可正，初不必涉及漢志。而世家記魯君年數，（指自哀公以下。）實與漢志相差有六年之多。其歧點可自魯滅一端論之。世家記頃公二十四年，二年秦拔楚之郢，下至二十四年而滅，則為楚之考烈王八年。漢志記魯頃公僅十八年，然其時魯尚未滅，下六歲魯滅，則亦得二十四年。惟漢志頃公十八年秦滅周，正值史記魯世家魯滅之歲，則豈非世家與漢志記魯滅前後相差六年乎？至今年表於楚考烈王八年書「取魯」，又於十四年書「滅魯」，重見疊出，兼存世家、漢志兩說，無所抉擇，轉與世家矛盾，其跡甚顯。史記既兩載魯滅，（見考辨第一五三。）又魯世家於隱公以前與歆譜相差七十餘年，此又相差六年，可見當時實別有兩種之記載，史公所取與歆固不合也。魯世家載隱公以前年數合於孟子，合於紀年，余已論之。其記哀公以下，穆公元移前八年，其與陳莊子之關係合於紀年、檀弓；其與子思之關係，合於孟子、韓非、呂覽。其記平公元移前六歲，又合於孟子諸篇。余為之詳考其異同得失，而確見其可信。知世家所下「平公十二年秦惠王卒」、「文公七年楚懷王死」云云，史公當時自有據，初非漫然也。至漢志引歆曆，於魯世家秦惠王卒、楚懷王死諸點，皆已滅去，蓋兩處推排本異，不得襲以為說。於頃公十八年僅云「秦始滅周」，不言「楚取魯」，以下「無天子五年」，至孝文王元而「楚考烈王滅魯」，則亦頃公二十四年也。頃公僅記至十八年，以下即著秦歲者，緣著魯年本以代周。其時周曆已盡，故即轉書秦年。然則史記魯世家與漢志所引歆曆，明係兩本，各持一說，不得混并。武內氏謂漢志即襲世家，其誤決矣。

一五四　再論魯譜歧點

余論魯悼公以下列君年數，均主世家駁年表，俱詳考辨第四七、一〇六、一一二、一一五三諸篇。既檢魏世家索隱引紀年：「梁惠成王十四年，魯共侯宋桓侯衛成侯鄭釐侯來朝。」是魯共公至梁惠王十四年尚在也。又六國表：「梁惠王十五年，魯衛宋鄭侯來。」集解徐廣曰：「紀年一曰：『魯共侯來朝。』」是魯共公至梁惠王十五年尚在也。魏觴諸侯於范臺，今本僞紀年錯簡在周烈王二年。又莊子胠篋篇：「魯酒薄而邯鄲圍。」釋文云：「楚宣王朝諸侯，魯恭公後至而酒薄，……宣王怒，乃發兵與齊攻魯。梁惠王常欲擊趙，而畏楚救。楚以魯為事，故梁得圍邯鄲。」圍邯鄲在梁惠王十七年，是又魯共公至梁惠王十七年尚在也。據此則年表魯共公卒於梁惠王十八年，明年，魯康公元，未必誤。然則世家固未必信，徐廣所見一本悼公即位年數固未必可憑耶？然則今世家自平公以下所記注秦楚諸國大事，合之魯君之某年某年者，又皆為虛耶？今世家即誤，又從何而致誤？是必有說。余意魯世家記平公以下未必盡屬誤文。或者今世家所載穆公共公康公景公四君之年，其間尚有上下，經後人據劉歆曆譜改之。故徐廣有「自悼公以下盡與劉歆曆譜合，而反違年表，未詳何故」之疑。今并年表亦無甚異，則後人又據世家改年表也。惟世家記自平公立，「六國皆稱王」、「十二年，秦惠王卒」以下，記注秦楚大事，合之魯某君之某年者，猶未變易，故遂致糾紛而不可理也。又索隱注魯世家並不引紀年，則知史記魯世家記悼公以下年數，應與紀年亦合，故索隱不復列。今既無可參證，姑定共公為三十二年，康公九年，景公十九年，庶於世家、紀年及並時諸書言魯事者均合。惟絕無明證，其事近於溫公通鑑之移易齊宣、湣之年代者然。因特揭出，俟更詳索，亦期讀吾書者為之剖辨焉。

又按：宋翔鳳過庭錄卷十一謂：「太史公六國表，俱以秦記傅合，中間容有錯亂。而魯世家獨與年表及列國世家異者，以有魯曆可據也。漢書律曆志云：『三代既沒，五伯之末，史官喪紀，疇人子弟分散，或在夷狄，故其所記有黃帝顓頊夏殷周及魯曆。』即世家所據也。」若如宋說，史公據魯曆言魯事，當無大誤。今魯世家記共公康公景公諸君年，必有後人妄改，故徐廣有未詳何故之疑。余茲所論，特取其平公立時，「六國皆稱王」、「十二年，秦惠王卒」、「文公七年楚懷王死於秦」三語，而凡今世家記平公前諸君年數全同劉氏者不盡據守。冥心會古之士，其亦有契於斯乎？

一五五　魯仲連考

漢志儒家魯仲連子十四篇，已亡，不可考。史記正義引魯仲連子云：「齊辯士田巴，服徂丘，議稷下。（藝文類聚引新序，稱「齊王聘田巴先生，而將問政焉」。知巴亦稷下學士。）毀五帝，罪三王，服五伯，離堅白，合同異，一日服千人。有徐劫者，其弟子曰魯仲連，年十二，號『千里駒』，往請田巴曰：『臣聞堂上不奮，郊草不芸。白刃交前，不救流矢，急不暇緩也。今楚軍南陽，趙伐高唐，燕人十萬，聊城不去，國亡在旦夕，先生奈之何？若不能者，先生之言有似梟鳴，出城而人惡之，願先生勿復言。』……巴終身不談。」（御覽四百六十四引略同。）今按：秦圍邯鄲，魯連義不帝秦，尚在信陵君奪兵救趙前，則為趙孝成王之七、八年。至孝成王十五年，趙敗殺燕將栗腹，魯連與聊城燕將書，所謂「栗腹以百萬之眾，五折於外，……公聞之乎」者也。詳其語氣，知距栗腹敗不遠。故徐廣以聊城事為在長平後十餘年，而通鑑、大事記均系之栗腹死後一年，即燕王喜五年者，蓋為得之。是上距邯鄲之圍已十年。若其時魯連年十二，則義不帝秦時，其殆為襁褓之嬰孩乎？從來為偽書者，好事誇飾，而於年數每不仔細。此雖小節，可以示例。其「堂上不奮」云云，乃襲荀子書。

今史記魯連傳載不帝秦及與聊城燕將書二事，又見於趙策、齊策。余考趙策不帝秦篇，蓋襲史記，詳玩其文體而可知。史作湣王，齊策作閔王，而今趙策不帝秦篇亦作湣王，其為採自史記甚顯。文中「此時魯仲連適游趙，會秦圍趙」云云，在史記時有此類語法。又前後敘事極鬭湊。在策文徑自秦圍趙說起，至此亦云「此時魯仲連適游趙，會秦圍趙」云云，殊為不稱。當云「齊人魯仲連游趙聞之」，即得也。推此類尋之，自見乃策文襲史記，非史襲策文矣。國策襲史記，昔人多有論及，此篇亦其一例。余讀其文，亦多謬。邯鄲之圍，湣王已死二十餘年，文云：「今齊湣王已益弱。」似其人尚存，一誤也。余據紀年考齊威王與周烈王不同時，此云：「昔齊威王嘗為仁義矣，率天下諸侯而朝周。……周烈王崩，……齊後往。」則齊威周烈同時，乃與史記、六國表合。然又曰：「尊秦昭王為帝。」鮑注：「稱謚，非當時語。」吳注：「追書之辭。」然則此文自出後人追記文飾，語已多誤，決非魯連當日之言，更非魯連親筆所記，則亦不可為典要。當與上舉兩例同等視之。否則齊湣事去魯連不遠，不應有誤。其言齊湣不可信，言齊威又可知也。雷氏義證亦謂：「烈王字未確。劉向國策序所謂『錯亂相揉莒，本字多誤』矣。史記因此遂謂齊威王十年當周烈王七年，此時齊威王尚未立。惟威之末年周顯王陟，是趙策烈王或顯王之訛，史記承其誤而不悟，故凡言田齊事多與周秦以前古書不合。」今按：史記之誤，乃由漏去兩世，非由據趙策，且趙策此文，亦未必定先於史記也。余疑史公此文，或亦採自魯仲連子十四篇中，正與年十二彈田巴先生同例耳。

又按：魯連傳：「居歲餘，周烈王崩。」徐廣曰：「烈王七年崩，威王之十年。」正義：「周本紀及年表云烈王七年崩，齊威王十年也，與徐不同。」其語盡同，何云不同？顯係有誤。張氏札記依毛本改集解作「烈王十年崩，威王之七年」，謂：「此『十』與『七』互誤，故正義引紀、表以糾之。各本依紀、表改，則正義贅矣。」又「天子下席」，索隱云：「謂烈王太子安王驕也。」考證：「烈王太子宜為顯王。」今考周本紀顯王乃烈王弟，亦不應稱太子。索隱此條，顯係有誤。雷氏義證謂：「索隱誤以此烈王為威烈王。」其說是也。惟雷氏極斥索隱，謂：「此烈王漢書人表作夷烈王，乃威烈王之孫，元安王之子。威烈王時，齊田和始立，威王安得而及之？」余疑齊威王不及威烈王，其事至顯，索隱不應於此有誤。或者索隱本自以率諸侯而朝周者為齊太王，而今索隱復異其初，如集解之類歟？蓋齊太公田和亦稱太王，如墨子書稱「墨子見齊太王」是也。而威王與太王則常相混。如史記司馬穰苴傳：「至常曾孫和，因自立為齊威王。」是以太王誤為威王也。戰國秦策：「魏伐邯鄲，因退為逢澤之遇，乘夏車，稱夏王，朝為天子，天下皆從。齊太公聞之，舉兵伐魏，……梁王身抱質執璧，請為陳侯臣。」其事乃齊威王，是又以威王誤為太王也。疑魯仲連書所謂「齊威王嘗為仁義矣，率天下諸侯而朝周」者，其實乃自梁惠王朝周而齊威王伐之一事所誤。又誤齊威王為齊太公，因有威烈王崩而太王後至之說。故索隱以威烈王為說耳。否則烈王之後為顯王，及烈王七年卒，為齊威王十年，此俱一按年表即得，何以集解、索隱於此俱誤？且張氏札記據毛本，知各家本集解均已依紀、表改動，則安保集解、索隱原文不又先有改動耶？張氏稱：「裴氏集解序稱：『採經傳百家，并先儒之說，豫是有益，悉皆鈔納。』今史文之下著注寥寥，大非完帙。」索隱亦多改竄。今僅知集解、索隱於此條統有誤，又安從而推見其誤前之真哉？毛氏本集解此條已誤，故正義糾之，今諸本乃誤中又誤。至集解原文，其在唐前有無更竄，則不可知。且正義經後人刪削，舛誤彌甚。則此條之糾集解，其原文是否如此，亦不可考也。集解、索隱可以經後人之改竄，即史記正文亦安保無之？余於此條，殊深有疑。

其敘與聊城燕將書一事，錯誤亦多。史云：「田單攻聊城。」又云：「遂屠聊城。」吳師道皆辨之，謂非事實。其言曰：「考之單傳，自復齊之後，無可書之事。齊襄王十九年，當趙孝成王元年，趙割地求單為將，次年遂相趙，必不復返齊矣。距聊城之役凡十六年，單豈得復為齊將哉？此因歲餘不下之言，聊莒即墨之混，而誤指以為單也。」又云：「燕將被讒懼誅，連書亦無此意，此因樂毅而訛也。史又稱燕將得書自殺，單遂屠聊城，尤非事實。齊所殺燕將惟騎劫耳，不聞其他，此因騎劫而訛也。」梁氏志疑亦引孫侍御云：「聊城齊地，田單齊將，何以反屠聊乎？」今按：縱非田單，要為齊將可知。此論史記之誤也。而策文亦有誤。云：「燕攻齊，取七十餘城，惟莒即墨不下。齊田單以即墨破燕，殺騎劫，燕將懼誅，遂保守聊城不敢歸。」誤并聊城事於湣襄昭惠之際，其誤尤甚於史記。吳師道已詳辨之，而云：「論此事者，一考之仲連之書，則史、策之舛訛混淆，皆可得而明矣。」余謂魯連此書，史公或亦採諸魯仲連子十四篇中。魯連十四篇，如田巴之辯、不帝秦之議，語出後人文飾，皆非當時信史。

至此書雖無破綻，亦未能定其果為魯連手筆與否。惟史、策之誤說，則彰灼甚顯也。

又按：今策文記聊城事，又有「初，燕將攻下聊城，人或讒之」十一字。據吳師道說，為他本所無，當是後人又據史記羼入。而史記燕世家有「齊城之不下者，獨惟聊莒即墨」一語。志疑云：「考史樂毅、田單傳及齊、燕策，並無聊，惟燕策又有三城未下之語，史或因此增加以實之。蓋牽合燕將守聊城不下事，而與莒即墨亂也。」按：本為燕守聊城不下於齊，今訛為齊守聊城不下於燕，其誤甚顯。然後書李通傳論注，引史此文無聊字，與今本異，則見今本有聊字又係後人據燕策羼入。蓋策因史誤，史又因策誤，其跡可見有如此。

余為此書，據紀年校史記六國表，重定齊威、宣、湣年世，不徒合於紀年，亦復合於史記，合於諸子之書。惟國策、史記載魯連「周烈王崩，齊後往」二語，顯背於紀年，而轉合於年表，若足為余說病。余故詳為指陳策文之襲史記，而史記與國策又各有訛誤，並多經後人改竄，多可疑之跡，不足為信史。俾考古者勿輕據單文，盡疑余前後所論引也。

又按：齊策：「孟嘗君有舍人而弗悅，欲逐之。」魯仲連說孟嘗君勿逐。又魯連面論孟嘗君未為好士。余考孟嘗為魏求救於燕趙，當魏昭王十三年，即齊襄王元年。時孟嘗已老，殆不久而卒。而魯連遊趙論帝秦利害尚在此後二十五年。若魯連遊趙年已五十，則上溯孟嘗為魏乞救燕趙時，年二十五也。其時孟嘗已老，仲連尚未及壯。至若孟嘗豪舉好士，當在其入秦相昭王前後，猶在此前十六年。觀齊策兩節，固不類孟嘗晚年語，疑亦如魯連說田巴之比，未必可信。以魯連年世考之，遊趙說勿帝秦，至遲不出五十歲，說燕將聊城在六十左右，其卒稍晚，或亦壽及七十上下耳。（太平御覽一百八十四又八十，及藝文類聚卷六十三，並引魯連子：「魯連先生見孟嘗君於杏堂之門。」魯連齊人，偽為其書者必謂見孟嘗君。魯連孟嘗時固可及，語則非信。）

一五六　李斯韓非考

史記李斯傳：斯從荀卿學帝王之術，辭卿西入秦，會莊襄王卒，乃求為呂不韋舍人。今按：莊襄卒歲，當春申為相之十六年，其時荀卿年逾九十，於先秦諸子中，最為壽矣。然余讀史文，有可疑者。夫斯之為人，縱不足道，然何至面辭其師，如此云云？是蓋鄙斯者假為之說也。則斯之入秦，荀卿果尚在世否，亦不足據此為斷矣。鹽鐵論毀學篇：「方李斯之相秦也，始皇任之，人臣無二，然而荀卿為之不食。」考始皇本紀，二十六年初并天下，李斯為廷尉。二十八年尚為卿，三十四年始稱丞相李斯。其時荀卿若在，年已百二十餘，殆亦鄙斯者造為之說，與史文同例也。沈欽韓亦謂當先卒。又按：荀子堯問篇：「為說者曰：『孫卿不及孔子。』是不然。孫卿迫於亂世，鰌於嚴刑，上無賢主，下遇暴秦。禮義不行，教化不成。仁者絀約，天下冥冥。行全刺之，諸侯大傾。」此蓋荀子弟子之辭。其時秦猶未并六國，故曰「上無賢主，下遇暴秦」，謂秦以暴力侵凌諸侯，而諸侯亦自以無賢主，故其師不見用，而致於禮義不行，教化不成也。故又曰「行全刺之，諸侯大傾」，則其時諸侯猶未滅，荀卿弟子憾其師以行全見刺，不用於諸侯，而諸侯亦大傾也。據此又荀卿未必到秦一六國時尚存之證。或乃轉以此節文字疑荀卿至秦滅諸侯時猶在，疏矣。然人壽逾百，亦非異事。則謂李斯相秦荀卿猶在，亦於余前考荀卿諸節無搖。斯之誅在二世二年。始皇本紀：二世三年冬案殺李斯。秦以十月為歲首，斯傳稱二年七月論斬，蓋至十二月而執行。計其去楚入秦，已四十年矣。然其謂中子曰：「吾欲與若復牽黃犬，俱出上蔡東門，逐狡兔，豈可得乎？」時其長子由為三川守，慮二子皆年長，使其中子於入秦前已能隨父牽犬逐兔，則至此當逾五十，斯已年老，逾七十矣。斯初為小吏，後乃從學荀卿，入秦蓋三十餘歲。李斯傳獄中上書：「臣為丞相治民，三十餘年矣。」此乃斯之自誇，不足據。荀子議兵篇有李斯問答，卿著是篇若在長平役後留趙之際，則斯年方二十餘，正從學荀卿時也。

韓非與李斯同學於荀卿，其使秦在韓王安五年。翌年見殺，時斯在秦已十五年。若韓李年略相當，則非壽在四十、五十之間。四庫提要論韓非書，謂：「考史記非本傳，稱非見韓削弱，數以書諫韓王，韓王不能用。悲廉直不容於邪枉之臣，觀往者得失之變，故作孤憤、五蠹、內、外儲說、說林、說難十餘萬言。又云：『人或傳其書至秦，秦王見孤憤、五蠹之書。』則非之著書，當在未入秦前。史記自敘所謂『韓非囚秦，說難、孤憤』者，乃史家駁文，不足為據。今書冠以初見秦，次以存韓，皆入秦後事，雖似與史記自敘相符，然傳稱王遣韓非使秦，『秦王說之，未信用，李斯姚賈害之，……下吏治非。李斯使人遺非藥，使自殺』，計其間未必有暇著書。且存韓一篇，終以李斯駁非之議，及斯上韓王書，其事與文皆為未畢。疑非所著書，本各自為篇，非歿之後，其徒收拾編次，以成一帙。故在韓在秦之作，均為收錄，并其私記未完之稿，亦收入書中。名為非撰，實非非所手定也。」今按：提要之說是矣，而未盡也。初見秦篇又見秦策，以為「張儀說秦王」。高誘注：「惠王也。」然書中言樂毅破齊、荊東徙陳、魏敗華下、趙破長平，皆在惠王張儀後，明屬秦策誤收。王應麟漢書藝文志考證引沙隨程氏說：「非書有存韓篇，故李斯言『非終為韓不為秦』。後人誤以范雎書廁其間，乃有舉韓之論。」是以初見秦為范雎書。然篇中論長平邯鄲華下之事，正雎以此畏罪而乞退者，豈得轉謂雎書哉？顧謂其出非手，亦不類。非，韓公子，不應初見秦即以攻韓為言。且李斯駁非，正以非為韓不為秦言之，不類一也。篇中引秦事止於邯鄲之役，下距非使秦尚二十餘年，何詳論於前而不略及於其後，不類二也。篇中稱大王非有兩人。其事盡在昭王時，不應對始皇稱昭王為大王，不類三也。又云：「前者穰侯之治秦也。」語氣正合昭王時言。若在始皇時，應稱「昔」，不稱「前」，不類四也。然則初見秦一篇，蓋昭王時策士，當長平邯鄲。戰後進言者耳。故其精神所注，亦以趙韓為重。因長平之事，始於韓而終於趙也。近人有疑為蔡澤或澤之徒為之者，殆或近是。至存韓一篇，所謂韓客上書言韓未可舉，自為韓非無疑。余讀其後李斯駁議，謂：「非之來也，未必不以其能存韓也為重於韓也。辯說屬辭，飾非詐謀，以釣利於秦，而以韓利闚陛下。夫秦韓之交親，則非重矣，此自便之計也。臣視非之言文，其淫說靡辯才甚，臣恐陛下淫非之辯而聽其盜心，因不詳察事情」云云，疑史稱李斯譖殺非，即據此言之。然此自政論之不合，斯之為秦謀者如此，未見其即為譖。非傳又云：「人或傳其書至秦，秦王見孤憤、五蠹之書，曰：『嗟乎！寡人得見此人與之游，死不恨矣！』李斯曰：『此韓非之所著書也。』秦因急攻韓。」此亦可疑。天下寧有愛好其國一公子之書，因遂急攻其國者？（始皇本紀十三、十四兩年，惟載攻趙，無攻韓事。）又云：「韓王始不用非，及急，乃遣非使秦。」（韓世家非使秦在王安五年，始皇紀、年表皆在十四年，即王安六年。疑非以王安五年十月後至秦，史公據秦紀，則在翌年也。）此即存韓一篇之所來也。而秦始皇本紀：「（十年，）李斯因說秦王，請先取韓以恐他國。於是使斯下韓。韓王患之，與韓非謀弱秦。」則又誤。斯之下秦，乃在非入秦之後，豈得謂斯下韓，韓王乃與非謀弱秦哉？非傳又云：「非使秦，秦王悅之，未信用，李斯姚賈害之，毀之曰：『韓非，韓之諸公子也。今王欲并諸侯，非終為韓不為秦，此人之情也。今王不用，久留而歸之，此自遺患也，不如以過法誅之。』秦王以為然，下吏治非。李斯使人遺非藥，使自殺。」然考秦策韓非姚賈相譖事，與此又不合。史公之言，亦多乖矣，恨無他書可以詳定。惟下流未易居，自古已然。李斯晚節不終，為世詬病，眾惡皆歸。所謂譖殺非者，今亦未見其必信耳。韓非短姚賈，謂其「梁監門子，嘗盜於梁，臣於趙而逐」，則賈亦三晉功利之士，與李斯略同類。高誘注國策：「姚賈識周公誅管蔡不仁不知者，在孟子之篇也。」今按：誘所指乃陳賈，齊宣王時，年世不相及，籍貫履歷皆不合，非一人也。

一五七　龐煖劇辛考

史記燕世家：「劇辛故居趙，與龐煖善，已而亡走燕。燕見趙數困于秦，而廉頗去，令龐煖將也，欲因趙獘攻之。問劇辛，辛曰：『龐煖，易與耳。』燕使劇辛將擊趙，趙使龐煖擊之，取燕軍二萬，殺劇辛。」李牧傳索隱：「（龐）煖即馮煖也。」鶡冠子兵政篇有龐子問，而虞般佑高士傳亦云：「馮煖師事鶡冠子，後顯於趙。」是亦以龐煖為馮煖。漢志縱橫家有龐煖二篇，班固云：「為燕將。」燕蓋趙字之譌。兵權謀家又有龐煖三篇，是龐煖習縱橫之術而言兵，為人將帥，殆犀首甘茂之類也。史、策所傳馮煖事，正為縱橫遊士者言。惟史、策言馮煖，當在宣王末，湣王初。（詳考辨第一二九。）下至龐煖殺劇辛，已六十年。則孟嘗客馮煖，決非趙將龐煖矣。豈索隱之誤以龐煖為馮煖者耶？將莊周之上見魯哀公，下說趙惠文王，鄒衍之前過梁惠王，後客趙平原君，而馮煖實即龐煖，特人之誤以為嘗客孟嘗者耶？（即以孟嘗卒歲計之，下距龐煖殺劇辛亦當在三十五年之上，則龐煖終不為孟嘗客。）今史、策馮煖事，既無以見其必信，則索隱之說，亦無以見其必誤矣。又孟荀列傳稱趙有公孫龍之辯，劇子之言。漢志法家有處子九篇，師古曰：「史記云：『趙有處子。』」是處子即劇子也。劇辛與公孫龍同時，又與鄒衍齊名，亦學者。則史記劇子殆即劇辛，史、策謂其於燕昭王時至燕則誤。（辨見考辨第一四四。）

又考趙世家，龐煖殺劇辛之明年，「將趙楚魏燕之銳師攻秦蕞，不拔，移攻齊，取饒安」，此即始皇六年，五國攻秦事，有韓，而趙世家脫之。始皇十一年，拔趙鄴，據韓非書，龐煖尚為趙將。（詳下篇附考。）其後據趙世家及李牧傳，皆不見龐煖事，蓋亦不久而卒，否亦老不任兵矣。然今鶡冠子有悼襄王問龐子，又有武靈王問龐煥，王闓運以煥即是煖。然武靈之卒，去龐煖殺劇辛已五十四年。若武靈卒歲，龐子年三十，是八十外猶為將也，疑不然矣。舊注煥乃煖兄，然余意龐子生年，蓋與武靈卒歲相先後。馮煖年世則正與武靈相當。則煖縱有兄，亦不及與武靈相問答。鶡冠偽書，固不足據。

附 龐煖即臨武君考

荀子議兵篇：「臨武君與孫卿子議兵於趙孝成王前。」楊倞注：「臨武君蓋楚將，未知姓名。戰國策曰：『天下合從。趙使魏加見楚春申君曰：「君有將乎？」曰：「有矣。僕欲將臨武君。」……魏加曰：「臨武君嘗為秦孽，不可為拒秦之將也。」』或曰：劉向敘云：『孫卿至趙，與孫臏議兵趙孝成王前。臨武君即孫臏也。』今案：孫臏為齊軍師，敗魏馬陵，至趙孝成王元年，已七十餘年，年代相遠，疑臨武君非此孫臏也。」楊倞之說如是。余意楊辨臨武君非孫臏，是也。至據國策謂為楚將，則非。觀於荀子原書，臨武君蓋亦趙臣耳，未見為楚將之跡。今疑臨武君殆即龐煖。何以言之？自春申相楚，而山東合從之事，前後凡三。

一為邯鄲之圍，而楚魏救之，是春申為相之五年也。一為信陵君率五國兵敗秦軍河外，是春申為相之十六年也。其後六年，楚為從長，擊秦。魏加之使，蓋在最後一役。若言邯鄲圍時，平原君自往請救，而毛遂從。春申君自將救楚，春申君列傳而景陽俱。楚世家不待魏加之使，更無臨武君之將。又荀卿議兵，蓋在邯鄲解圍之後。盛稱魏氏武卒，謂勝齊之技擊，而不可以遇秦之銳士，獨不及楚。若臨武楚將，無緣留趙，荀卿亦不若是為說。至信陵合五國攻秦，又何俟趙使赴楚而問春申以將選？惟楚為從長之役，其事當秦始皇六年，趙悼襄王四年，楚世家謂春申君用事，而趙世家則謂龐煖將趙楚魏燕之銳師以攻秦。則此役也，春申為之主，而使趙將龐煖為之帥。魏加謂臨武君不可以為拒秦之將，其後果無功，所論驗矣。移之前兩役，亦復不符。則楚策之臨武君，即趙世家之龐煖可知。林氏紀年、黃氏編略均以魏加論臨武君係之此役，皆是。惟惜不能參合趙世家，發明臨武君即為龐煖其人耳。而劉向敘誤以為孫臏者，蓋亦有故。考孫臏與龐涓同學兵法，而龐涓見殺於孫臏。正如劇辛在趙與龐煖相善，而劇辛敗死於龐煖。其事既相類，又孫臏龐煖皆有兵書傳世，孫書詳考辨第八五，龐書詳考辨第一五八。而龐涓龐煖名字又易混。劉向自出一時筆誤，遂以殺劇辛之龐煖，為殺龐涓之孫臏耳。今推尋劉氏致誤之跡，亦足知余龐煖即臨武君之說非虛也。藝文志兵形勢有孫軫五篇，圖三卷，沈欽韓曰：「『軫』與『臏』聲近，或臨武君是此孫軫。劉向敘為後人不知妄改。」今按：沈說無據，姑備異意。余求龐煖生年，蓋與趙武靈卒歲相先後。邯鄲解圍時，龐煖已年及四十。自如趙括之徒，相率好言兵，下至魏公子破秦，集諸侯賓客兵法，當時風氣如是，而龐煖亦其一人矣。

余既為龐煖即臨武君考，重檢韓非書，有足為助證者。韓非飾邪篇云：「鑿龜數筴，兆曰『大吉』，而以攻燕者，趙也。鑿龜數筴，兆曰『大吉』，而以攻趙者，燕也。劇辛之事燕，無功而社稷危；鄒衍之事燕，無功而國道絕。趙先得意於燕，後得意於齊。王先慎曰：「按：趙世家：『四年，……移攻齊，取饒安。』即其事也。」國亂節高，自以為與秦提衡，非趙龜神，而燕龜欺也。趙又嘗鑿龜數筴，而北伐燕，將劫燕以逆秦，兆曰『大吉』，始出大梁，而秦攻上黨矣。原文「攻」、「出」二字互誤，依王先慎校改。兵至釐，而六城拔矣；至陽城，秦拔鄴矣；顧廣圻曰：「世家：『九年攻燕，取貍陽城，兵未罷，秦攻鄴拔之。』」又年表云：「秦拔我閼與鄴，取九城。」即其事也。」龐援揄兵而南，則鄣盡矣。……秦以其大吉，辟地有實，救燕又有名；趙以其大吉，地削兵辱，主不得意而死。」王先慎曰：「趙世家：悼襄王九年卒。」盧文弨曰：「龐援即龐煖，亦作龐涓。」據此，龐援亦有誤作龐涓者。則劉向誤臨武君為孫臏，正自龐援龐涓而誤可知。又此數年，龐煖為趙將用事。此後趙將有扈輒，（趙王遷二年為秦所殺。）李牧（王遷三年後皆李牧將。）無龐煖。

一五八　鶡冠子辨

漢志道家鶡冠子一篇，班云：「楚人，居深山，以鶡為冠。」隋志三卷。韓愈讀鶡冠子十六篇。陸佃鶡冠子序：「自博選至武靈王問凡十九篇，退之云十六篇者非全書。」沈欽韓曰：「其中龐煖論兵法，漢志本在兵家，為後人傅合。」王闓運曰：「道家鶡冠子一篇，縱橫家龐煖二篇，隋志道家有鶡冠子三卷，無龐煖書，而篇卷適相合，隋以前誤合之。凡龐子言皆宜入煖書。」近人顧實（漢書藝文志疏證）云：「兵家龐煖三篇，汪刻本漢書作二篇，合此鶡冠子一篇，正符三篇之數。本志兵權謀家原有鶡冠子言兵之篇，此亦後世所以誤合兵家龐煖為一歟。」今按：鶡冠書世兵篇多同賈誼鵩賦，顯出後人剿襲。柳宗元辨鶡冠子謂其「盡鄙淺言。

好事者偽為其書，而用賈誼鵩賦文飾之」，是也。四庫提要謂：「古人著書，往往偶用舊文，引證亦往往偶隨所見。如「谷神不死」四語，今見老子，而列子以為黃帝書。「克己復禮」一語，今在論語，而左傳仲尼稱志有。「元者善之長也」八句，今在文言傳，左傳記為穆姜語。」以此為鶡冠辯護。其所稱引是非姑勿論。然賈誼鵩賦，與鶡冠世兵，文字大段相合，則非提要之例。苟兩文並讀，非誼襲鶡冠，即鶡冠襲誼，無所謂引用舊文也。既非賈生竊先秦成書為己賦，則為後人攘賈賦飾偽書，決矣。崔述考古餘說亦謂：「賈誼感鵩而賦，明不剽竊。」韓愈頗稱其博選篇「五至」之論，然亦襲燕策郭隗對昭王語。吳師道注國策，已有此論。則鶡冠子既明為偽書，更何紛紛論篇卷之多寡哉？抑余復有疑者。據今書鶡冠為龐煖師，而班氏注語不之及。注曰：「楚人，居深山。」而本書未之有。書中可見其為楚人者，惟王鈇篇言柱國令尹，然文意均襲管子。郡縣之名，雖秦前已有，然廢封君而全國以郡縣相統屬，其制始於秦，未必楚人先有其制。蓋後人見漢志有鶡冠楚人之說而妄托者耳。困學紀聞十謂：「鶡冠子博選篇用國策郭隗之言，王鈇篇用齊語管子之言，不但用賈生鵩賦而已，柳子之辨，知言哉。」已先余言之。後漢書續輿服志：「鶡雄雉，為武冠。」淮南主術訓：「趙武靈王貝帶鵕鸃而朝，趙國化之。」玉篇：「鸃，南方雉名。」然則雉冠乃趙之武服。龐煖而趙將，漢志兵權謀有龐子，豈煖書有論及鶡冠者，而後人因偽為鶡冠子，遂以為龐煖所師耶？將龐煖著書別題鶡冠，如范蠡書之名計然，而後人亦遂以計然為范蠡師者耶？今其書所傳既不足信，秦漢間又少知有鶡冠子其人，則此一卷書者，縱在，固無大觀，姑置勿論可爾。又龐煖僅詳居趙，未見其國籍。春申合從以龐煖為將，豈煖與楚人固自有淵源者耶？

一五九　呂不韋著書考

呂氏春秋謹聽篇：「今周室既滅，而天子已絕。亂莫大於無天子，無天子則彊者勝弱，眾者暴寡，以兵相殘，不得休息，今之世當之矣。」高注：「周厲王無道，流於彘而滅，無天子十一年，故曰『已絕』。」畢沅云：「秦昭王五十二年西周亡，十年而始皇帝繼為王。又二十六年，始為皇帝。所云『天子已絕』者，在始皇未為皇帝之時。注非是。」今按：史記呂傳：「莊襄王元年，以呂不韋為丞相，封為文信侯，食河南雒陽十萬戶。莊襄王即位三年，薨，太子政立為王，尊呂不韋為相國，號稱『仲父』。……呂不韋乃使其客人人著所聞，……號曰呂氏春秋。」其序意篇曰：「維秦八年，歲在涒灘。」黃氏周季編略謂：「呂傳書作春秋于始皇七年前，「八」蓋「六」之譌也。近畢氏校呂氏春秋引錢竹汀「超辰」說。按：畢氏所引乃錢塘溉亭說，竹汀之說見十駕齋養新餘錄卷上，文繁不具引。嚴鐵橋以「八」為「四」之譌。四年太陰在申，皆未是。」姚文田邃雅堂集呂覽維秦八年歲在涒灘考云：「超辰之說，起於漢人，當時亦未一行，安得強先秦以就我法？又讀者據太初元年歲稱丁丑，溯而上之，遂改始皇為乙卯，因欲并改呂覽之八年為六年。不知班史實以鄧平曆為本，實不足為確據。考淮南王安封於孝文之十六年，子長著之史記，孟堅仍其舊文。計孝文十六年下至太初改元，六甲適一周，則是年亦當為丁丑。淮南子云：『淮南元年冬，太一在丙子。』太一即太歲，與班史顯差一歲。上推始皇元年，實為甲寅。不韋死於始皇十二年，後十五年而秦有天下。不韋著書以前，昭襄孝文莊襄世及相繼，安得斷自始皇直書曰秦。其稱秦者，必在莊襄既滅二周之後。秦本紀，昭襄五十六年卒。孝文王立，即位後三日卒。莊襄王立，在位四年。六國表分一年入孝文，故莊襄僅三年。又記昭襄之立，在周赧王九年，下推赧王五十九年，歲在甲辰，後來作乙巳者，從漢志改。乃昭襄之五十一年。又五年而卒。孝文嗣位一年，明年為莊襄元年，歲在辛亥。紀、表皆云是年滅二周，置三川郡。周本紀亦云：王赧五十九年，西周倍秦，與諸侯約從攻秦，秦使將軍摎攻西周，西周君奔秦，盡獻其邑。王赧卒，周民遂東亡。似是一年中事。又云：後七載，秦莊襄滅東西周。今考韓非子五蠹篇云：『周去秦為從，期年而舉。』是史公所紀，中間尚少一年。所謂『後七載』者，當由滅西周計算。而莊襄之滅東周，乃二年事，並非元年，紀、表皆誤矣。西周之滅歲在乙巳，（王應麟作丙午，亦從漢志。）後七載為壬子，東周亦亡。其明年癸丑，天下始易周而為秦。困學紀聞云：『王子，秦遷東周君，而周遂不祀。作史者當自丙午至壬子繫周統於七國之上。』以韓非及王氏之言證之，知自癸丑以後乃可書秦。而呂覽之文，實統莊襄言之矣。」今按：姚氏之說甚辨而覈。不韋著書，實在始皇之七年，而稱「維秦八年」者，乃始於癸丑。始皇元年實為甲寅，而不韋不以始皇紀元，乃統莊襄言之，其事甚怪。且呂不韋為秦相國，乃絕不稱道秦政，曰：「今周室既滅，而天子已絕。……以兵相殘，不得休息。」顧抑秦與六國同例。特以周亡而書秦，亦並不許秦為天子，則又何耶？功名篇又云：「欲為天子，民之所走，不可不察。今之世，至寒矣，至熱矣，而民無走者，取則行鈞也。欲為天子，所以示民，不可不異也。行不異亂，雖信今，信，伸也，猶言得志於今。民猶無走。民無走，王者廢矣，暴君幸矣，民絕望矣。故當今之世，有仁人在焉，不可而不此務。有賢主，不可而不此事。」此明譏秦政雖以武強伸於一時，猶不為民之所走也。高似孫曰：「始皇不好士，不韋則徠英茂，聚畯豪，簪履充庭，至以千計。始皇甚惡書也，不韋乃極簡冊，攻筆墨，采精錄異，成一家言。春秋之言曰：『十里之間而耳不能聞，帷牆之外而目不能見，三畝之宮而心不能知。其以東至開梧、南撫多顯、西服壽靡、北懷儋耳，若之何哉！』此所以譏始皇。」方孝孺亦稱其書詆訾時君為俗主，至數秦先王之過無所憚。史又稱不韋書成，「布咸陽市門，縣千金其上，延諸侯游士賓客，有能增損一字者予千金」。余疑此乃呂家賓客借此書以收攬眾譽，買天下之人心。儼以一家春秋，托新王之法，而歸諸呂氏。如昔日晉之魏，齊之田。為之賓客舍人者，未嘗不有取秦而代之意。即觀其「維秦八年」之稱，已顯無始皇地位。當時秦廷與不韋之間，必有猜防衝突之情，而為史籍所未詳者。史記蔡澤傳，其說應侯曰：「質仁秉義，行道施德，得志於天下，天下懷樂敬愛而尊慕之，皆願以為君王，豈不辯智之期與？」應侯曰：「然。」此已入戰國晚世，其先游仕如吳起商鞅之徒，得為將相，已滿初志。其後如梁惠王欲讓國於惠施，燕王噲真讓國於子之，於是游士之意氣益盛，期望益遠，蔡澤乃明白有天下皆願以為君王之想。客說春申君，以湯武況（荀卿）。即荀子弟子之頌其師，亦曰：「嗚呼！賢哉！宜為帝王。」（見堯問篇。）又曰：「今之學者，得孫卿之遺言餘教，足以為天下法式表儀。」（亦見堯問。）是可見當時學者間意態。李斯入秦，為呂不韋舍人，呂覽之書，斯亦當預，彼輩推尊不韋，謂其宜為帝王，夫豈不可。此意至西漢尚未全泯，故昭宣以下，頗有主張漢廷推擇賢人而讓國者，王莽即應運而起。自此義隱晦不彰，而謂不韋著書有自為帝王之志，則有疑其言之若誕者矣。

始皇幸先發，因以牽連及於嫪毐之事。不韋自殺，諸賓客，或誅或逐。

史云：「（始皇）十二年，文信侯不韋死，竊葬。其舍人臨者，晉人也，逐出之。秦人六百石以上奪爵，遷；五百石以下不臨，遷，勿奪爵。……秋，復嫪毐舍人遷蜀者。」此秦廷忌呂氏舍人而寬嫪氏舍人之明證。又見呂氏舍人自有三晉賓客與秦人之別。不韋本籍山東，故於東方游士，秦廷尤所歧視。不韋初死，秦廷即有逐客之令，則呂氏賓客，秦廷所以忌而防之者至矣。又秦策五：「文信侯出走，與司空馬之趙，趙以為守相。」金氏國策補釋云：「與，黨與也，馬為文信黨人，故文信走而馬亦亡。」又曰：「馬逐於秦，則亦三晉人也。」

其事遂莫肯明言，而乃妄造呂政之譏，與嫪毐自不韋薦身之說，同為當時之誣史而已。

魏策：「或謂魏王曰：『……秦自四境之內，執法以下，至於長輓者，故畢曰：「與嫪氏乎？與呂氏乎？」雖至於門閭之下，廊廟之上，猶之如是也。今王割地以賂秦，以為嫪毐功；卑體以尊秦，以因嫪毐，王以國贊嫪毐，太后之德王也，深於骨髓，王之交最為天下上矣。……今由嫪氏善秦而交為天下上，天下孰不棄呂氏而從嫪氏？天下畢舍呂氏而從嫪氏，則王之怨報矣。』」據此則呂之與嫪，邪正判然。嫪氏顯與呂氏爭政，太后傾私嫪氏。未見嫪之必為不韋所進也。又秦始皇本紀嫪毐封長信侯。索隱云：「按：漢書嫪氏出邯鄲。」錢氏二十二史考異云：「班氏無此文，當是漢書注也。南越傳嬰齊取邯鄲摎氏女。索隱云：『摎，音紀虯反，摎姓出邯鄲。』此『嫪』字正義亦音紀虯反，蓋摎、嫪古文通用。今人讀嫪為郎到切，非也。」據此嫪毐乃邯鄲人。疑始皇母在邯鄲，本識毐，不俟於不韋之進顯。而史傳所稱「私求大陰人嫪毐，……使毐以其陰關桐輪而行，令太后聞之，以啗太后」者，皆故為醜語，非事實也。毐與始皇母私生二子容有之，因并謂始皇乃不韋子，則亦無稽之醜詆耳。余別有辨詳下。

自不韋之死，李斯得志，因有焚

坑之禍。先秦學脈，竟以此絕，亦可惜也。

又考秦本紀昭王四十二年，安國君為太子。四十七年，白起破趙長平，殺卒四十五萬。其明年正月，秦政生於邯鄲。則不韋入秦游說華陽夫人，應在長平一役前。今姑以昭王四十六年為說，其先不韋本為陽翟大賈，積貲甚富，其年事當近四十。下至始皇之元又十五年，不韋則年五十五左右。而不韋之卒，年逾六十也。然余考秦策載不韋事與史有異。其入秦說立子楚已在孝文王時，以其時年四十外計之，其卒蓋年逾五十，猶未及六十耳。參讀考辨第一六一。又考呂氏安死篇：「以耳目所聞見，齊荊燕嘗亡矣，宋中山已亡矣，趙韓魏皆亡矣，其皆故國矣。」顧亭林日知錄謂：作書之時，秦初并三晉。然考始皇七八年間，三晉皆無恙，韓最先亡，在始皇十七年，已在不韋卒後五年，趙以王遷之虜為亡，則在韓亡後兩年，魏最後，其亡已在始皇二十二年，去不韋之卒已十年。然則呂書之成，其最後者豈在始皇之二十二年乎？是年燕薊亦拔，越三年，楚亡，又越兩年齊亡，皆安死作時所未及也。史記謂不韋遷蜀而著呂覽，然則呂書確有成於遷蜀之後，並有成於不韋之身後者，此亦考論秦代學術思想情況一至堪注意之點也。

一六〇　孔叢子載孔子順事跡辨

史記孔子世家：孔子後六世為子高穿，穿生子順，嘗為魏相。子順生鮒，為陳涉博士，死陳下。後世有孔叢子，詳記穿順鮒三世行事。孔叢偽書，本可無辨。顧朱子語類謂：「其書蓋孔氏後人集先世遺文而成。」若其記載猶有來歷，故後世多據以為說。余考其書中事實，多有大謬不然者。因知朱子之說，亦不可信。姑摘論其載子順事有關史實者以示例。如齊攻趙，圍廩丘，趙使孔青擊之，獲尸三萬，子順聘趙，勸歸齊尸，此事見呂氏春秋，勸歸齊尸者為甯越。證之紀年，其事遠在威烈王時。（參讀考辨第五五。）下距子順之世尚百七十年。孔叢輕為剿竊，其妄如此。又秦急攻魏，子順請以國贊嫪毒，其語疏鄙，蓋本魏策或人之言，妄人竊取，不悟其不足重子順也。且子順為魏相，既負隆譽，魏策亦不應不著其名。又「季節見於子順，子順賜之酒」云云，季節乃子順父執，子順如何又為季節尊長？妄人者乃并此而不知。虞卿早達，立談相趙，迨其棄趙相印，偕魏齊亡之魏。魏齊既自剄，虞卿窮愁乃著書。長平之役，虞卿復在趙用事，則略當子高世耳。子順猶為晚進。奈何虞卿著書，魏齊誠之以謂不當稱春秋，而又以詢之子順？顛倒史實，抑何甚也！凡此皆其疏謬之尤易見者。周季編略書子順相魏於魏安釐王十七年，當秦攻趙長平之時，則據孔叢本書情事考之，亦覺未愜。本書稱「子順相魏凡九月，……遂寢於家」，則此後必不復出。編略又以魏景湣元年，趙相魏相會魯柯，魯柯之盟，趙魏兩世家均未載。志疑云：「魯地無名柯者，又此時魯已滅，尚安得稱魯柯？而趙魏會盟亦不得至魯地，疑有誤。」史記札記云：「春秋襄十九，叔孫豹會晉士匄於柯，杜注在魏郡內黃縣西北，蓋魏地也。」謂出子順之謀，一不合也。又其後一年，五國共擊秦，本書謂「子順會之」，不應謝事高隱之後，無端復出，二不合也。又其後二年，嫪毐封長信侯，本書謂秦急攻魏，魏王駕如孔氏，子順進以國贊嫪毐之謀。其時去謝事去相已二十餘年，其為魏國老，較之乃祖孔子之於魯，遠過之矣，恐亦無此情事，三不合也。子順既退，其語新垣固曰：「當今山東之國，弊而不振，三晉割地以求安，二周折節而入秦，燕齊宋楚已屈服矣。宋已久亡，此原書之妄也。不出二十年，天下將盡為秦。」若當秦趙相搏長平，諸侯合從救趙之際，豈得云此，四不合也。本書又有魏王使相國子順修好鄰國，遂連和於趙，趙王問所以求北狄。若當秦攻趙長平，趙王何來有此遐思，五不合也。此條子順答語，乃漢人襲取中行說說耳，本不足信，今姑據以折黃說之未當。繹史年表，孔斌相魏在安釐王十八年，同一不合。今子順相魏事，既他無可考，如不得已而必據孔叢所載，以定其年，亦當以在信陵君既死，楚約五國伐秦之後，於嫪毐敗死之前，約當魏景湣王之三、四年，差為得之。即上推之於其父穿，下推之於其子鮒，年世相及，亦略當也。韓策一有「魏順謂市丘君」一節，吳師道補注云：「此楚懷王為從長，合齊趙韓魏燕及匈奴伐秦時事，在懷王十一年。策文見孔叢子，以為子順之言。其注謂魏公子無忌率五國兵敗蒙恬，尤為誤。」如吳考，其時尚未有平原君，烏得有孔穿之子孔順？是孔叢書偽竊魏順為孔子順也。要之孔叢書不可據，而孔子順當在戰國末年，則可推耳。

一六一　春申君見殺考

戰國晚年，有兩事相似而甚奇者，則呂不韋之子為秦始皇政，而黃歇之子為楚幽王悼是也。然細考之，殆均出好事者為之，無足信者。不韋之事，梁氏志疑力辨之。史記本傳云：「姬自匿有身，至大期時生子政。」集解徐廣曰：「期，十二月也。」梁云：「左傳僖十七，

『孕過期』，疏云：『十月而產，婦人大期。』則大期乃十月之期，不作十二月解。即如史注，十二月曰『大期』，夫不及期，可疑也。過期，尚何疑？若謂始皇之生不及期，隱之至大期而乃以生子告，則子楚決無不知之理，豈非欲蓋彌彰乎？祇緣秦犯眾怒，惡盡歸之，遂有呂政之譏。史公於本紀特書生始皇之年月，而于此更書之，猶云世皆傳不韋獻匿身姬，其實秦政大期始生也。別嫌明微，合于春秋書子同生之義，人自誤讀史記爾。」按史記考證：「大期」猶言誕彌厥月也。史以明始皇之的為不韋子，言及大期而非期，乃子楚猶不悟也。若如徐廣言：『期，十二月。』則又何以信其為不韋子也。」今按：史記果信始皇誠為不韋子與否，非即始皇誠為不韋子與否之判據。則大期一語，非所必爭。王世貞讀書後辨說之曰：「毋亦不韋故為之說，而泄之秦皇，使知其為真父，長保富貴邪？抑其客之感恩者，故為是以詈秦皇。而六國之亡人，侈張其事，欲使天下之人謂秦先六國亡也。不然，不韋不敢言，太后復不敢言，而大期之子，烏知其非嬴出也？」又明湯聘尹史稗辨之曰：「異人請婦至，大期而誕子，未必請之時遽有娠也。雖有娠，不韋其肯輕泄之，而亦孰從知之？果有娠而後獻，當始皇在趙，母子俱匿，其嫗獨不能語子以呂氏之胤，如齊東昏妃之于蕭纘邪？如語之故，始皇必不忍忘一本之系，何至忿然曰：『何親於秦，號為仲父？』以奉先王之功，且躬出其後，而俾之遷蜀以死。雖賓客游說萬端，而莫之阻，亦自知嬴非呂矣。」此辨呂氏之事也。而余考秦策，記不韋使秦事，有與史大異者。史謂不韋入秦當昭王時，而秦策呂不韋為子楚遊秦，已當孝文王世，一異也。史謂不韋先說華陽夫人姊，而秦策不韋所說乃秦王后弟陽泉君，二異也。高注：「秦王后，孝文王后華陽夫人也。時昭王時也。或言后耳。」不悟若昭王時，孝文不得稱王，華陽亦不得稱后。其下策文又云：「太子門下無貴者。」高注：「太子，子傒。」不悟若昭王時，子傒亦不得稱太子。策文又云：「王年高矣，王后無子，子傒有承國之業，士倉又輔之。王一日山陵崩，子傒立，王后之門，必生蓬蒿。」又曰：「王之春秋高，一日山陵崩，太子用事。」皆明屬孝文時語。高氏自以史說注策文，未可信。又昭王生十九年立，五十六年薨，則七十五歲。孝文生五十三年立，一年薨，則五十四歲。史稱不韋說華陽夫人：「不以繁華時樹本，即色衰愛弛後，雖欲開一語，尚可得乎？」而據史考實，則華陽夫人固非繁華時矣。又按年表，昭王二年楚懷王二十四年，秦來迎婦，是歲昭王年二十一，尚未有子，孫楷秦會要即以此婦為華陽太后，亦非。考諸楚世家，則年表是年乃迎婦於秦之誤耳。史謂子楚於邯鄲之圍脫亡赴秦軍，而秦策乃王后請之趙，而趙自遣之，則三異矣。果如秦策所言，不韋遊秦，始皇生已及十年。始皇生昭王四十八年正月，見本紀。不韋安得預為釣奇？不韋納姬事，秦策固無之，更何論始皇之為嬴為呂？史公載六國事，多本國策，此則別據他說，乃史公之好奇也。又史記呂不韋傳：「子楚夫人，趙豪家女也。」顯與不韋獻姬相乖。錢大昕云：「不韋資助之，遂為豪家。」洪亮吉云：「子楚在趙，本自有夫人，後見不韋姬說之，復取而生政耳。此夫人是指子楚之正配。若政生母為邯鄲之倡，即資之安得為豪家乎？」按：洪駁錢說是矣。然不韋傳明云：「子楚遂立姬為夫人。」又豈得謂其下夫人又別指一人哉？至春申之事，黃式三周季編略亦辨之，曰：「策、史言春申君納李園妹，知娠而獻之。據越絕書十四篇則云烈王娶李園妹，『十月產子男』，則策、史之說非矣。春申君果知娠而出諸謹宮，言諸王而入幸之，則事非一月，安必其十月後生子乎？生而果男乎？行不可知之詭計，春申君何愚？此必後負芻謀弒哀王猶之誣言也。」而余考越絕書，其言又不僅如黃氏所辨者。越絕云：「（春申君）與女環通未終月，女環謂春申君曰：『妾聞王老無嗣，今懷君子一月矣，可見妾於王。幸產子男，君即王公也。』」夫通未終月，烏得懷子已一月？此全寫女環之愚春申，而欲假借以得幸於楚王，與下言「十月產子」，同一筆法，凡以明幽王之非春申子也。黃氏既援據越絕駁史記，而曰「春申何愚」，不知誠如越絕之言，春申固不免為愚耳。黃氏又曰：「列女傳有云：『公子負芻之徒，聞知幽王非考烈王子，疑哀王，乃襲殺哀王及太后，盡滅李園之家。』然則負芻謀篡構釁造謗也。」此則確有依據，明白得實。又按：索隱：「楚悍（幽王）有母弟猶，（哀王）猶有庶兄負芻及昌平君，是楚君完非無子，而上文云『考烈王無子』，誤也。」則史記春申傳之不可信，小司馬已先辨之。惟列女傳以猶為考烈遺腹子，以負芻為考烈弟，今已無可詳論。此辨春申之事也。昔人以桀紂暴行，情節相類，疑其不實。今文信春申之事，一何若符節之合，而又同出於一時，不奇之尤奇者邪？後之疑而辨者，縱不盡得。然幃闥之事，本難全詳。傳者既無的據之驗，疑者亦何從為稽詰之地哉？今並舉而著之，亦足使讀史者知此故實之不盡可信耳。

又史記載李園殺春申君在考烈王末年，而越絕書二篇，言烈王死，幽王立，封春申君於吳，三年，徵為令尹，使其子為假君攝吳事。十一年，幽王徵其子，與春申君并殺之。二君治吳凡十四年。後十六年，秦始皇并楚。然考史記，幽王僅得十年，無十四年。春申君徙封於吳亦遠在考烈王十五年。不知越絕何以言此。及細檢之，秦滅楚前十六年，正合史表李園殺春申君之年。又前十一年，正合史表春申君徙封於吳之年。然則越絕書言春申卒年與史同，越絕言春申子假君治吳之年，即史之春申封吳年也。越絕言春申封吳尚在前三年，則史無其說。越絕卷十四春申君外傳又謂：「烈王死，幽王嗣立，女環使園相春申君。相之三年，然後告園：『以吳封春申君，使備東邊。』」前言幽王立三年召春申，今乃為三年而封春申矣。此又越絕之自相違異也。至云：幽王後懷王，懷王子頃襄王，秦始皇滅之，而張儀轉在黃歇後。卷二、卷十四均見。此則與史大背，疏繆斷然。王充有云：「君高之越紐錄，……劉子政揚子雲不能過也。」見論衡案書篇。越紐錄即越絕書，君高，吳平字。相傳越絕出會稽袁康吳平手也。余觀其書頗荒陋，不足信，因附辨一二端以概其餘。參讀考辨第三四又第一一八。

一六二 尉繚辨

漢志雜家尉繚二十九篇，兵形勢家又有尉繚三十一篇。據史記始皇本紀，大梁人尉繚來說秦王，在始皇十年，而今傳尉繚書有「梁惠王問」，年世不相及。後人因謂今所傳者乃兵家尉繚，在梁惠王時，而始皇時雜家尉繚則佚。然考史記，繚既見秦王，欲亡去，秦王覺，因止以為秦國尉。則所謂尉繚者，「尉」乃其官名，如丞相綰、御史大夫劫、廷尉斯之例，而逸其姓也。今漢志雜家稱尉繚子，官本、南雍本、閩本尉繚下無「子」字，與雜、兵家稱尉繚同。至隋志始稱尉繚子，而顏師古遂謂尉姓繚名，皆誤。若是則秦有尉繚，豈得魏亦有尉繚，而秦之尉繚，又係魏之大梁人？以此言之，知非二人矣。漢志如齊孫子、吳孫子，所以別同名之嫌。若尉繚係兩人，則亦應書秦尉繚、梁尉繚也。且繚之說秦，與秦策頓弱之言同。其稱秦王「居約易出人下，得志亦輕食人」，事類范蠡。竊疑史記載繚事已不足盡信，書又稱「梁惠王問」，則出依托。劉向別錄：「繚為商君學。」商君於惠王早年入秦，今云繚為其學，亦知其非見梁惠王。其殆秦賓客之所為，而或經後人之羼亂者耶？

一六三　諸子捃逸

余考先秦諸子年世，略已完具。復檢漢志，擇其姓字粗著，為余考所未及者，列諸篇為捃逸。

六藝略禮家

王史氏二十一篇。七十子後學者。師古曰：「劉向別錄云：『六國時人也。』」

諸子略儒家

漆雕子十三篇。孔子弟子漆雕啟後。

葉德輝曰：「說苑引孔子問漆雕馬人，臧文仲武仲孺子容三大夫之賢。家語好生篇引作漆雕憑，疑一人，名憑字馬人。孔子弟子漆雕啟之後，他無所見，或即馬人。」今按：漆雕開從遊，當在孔子晚年。參讀考辨第二九。而漆雕馬人嘗事臧氏三世。文仲卒於魯文公十年，前孔子之生尚六十六年。及事文仲者，豈得與孔子相問答？說苑妄也。即謂果有其人，亦在漆雕開前。李氏尚史云：「說苑馬人嘗事臧氏三世，與開不仕者正相反，非開，明矣。而弟子中又無所謂漆雕馬人者。家語作漆雕憑，亦無之。」此辨開非馬人，而並疑馬人之無其人。烏得為其後人哉？葉說殊疏。論衡本性篇謂宓子賤漆雕開公孫尼子之徒，亦論情性，與世子相出入。余考公孫尼子乃荀子弟子，此書論性情，折衷孟荀兩家之見，顯出荀子後。王氏謂漆雕開者，或即據漆雕子書中稱引所及。疑此十三篇書，亦出戰國晚世，而傳述漆雕子之說，與宓子十六篇同出後人撰述。班氏以其書名漆雕子，遂疑為漆雕啟之後。或啟自有後人為此書，亦未可知。要非說苑之漆雕馬人也。參讀考辨第二九。

景子三篇。說宓子語，似其弟子。

宓子見考辨第三〇，其書疑出後人傳述，如漆雕子之類。皆當在戰國晚世，而宓子或稍前，故其書頗為韓非呂不韋所稱引。景子三篇，據班注亦說宓子語，惟年世殊無考，不知其書在宓子十六篇前，抑在其後。孟子書有景丑，翟灝考異云：「漢志景子列儒家，此稱景丑為景子，其『父子主恩，君臣主敬』，及引禮父召、君召諸文，頗有見於儒家大意。景子似即著書之景子也。孟子宿於其家，蓋亦以氣誼稍合往焉。」沈欽韓亦主景子即景丑。若然，則其書或尚在十六篇前。當孟子時已有主性可以為善可以為不善，有性善有性不善之說者。景子殆其一人歟？然亦不得為宓子弟子。大抵漢志說七十子弟子，皆約略言之，非可據也。黃鶴云：「世本齊公子朝之子字子景，以字為氏，亦曰景丑。」則景子亦齊之公族。又按：兵形勢家有景子十三篇，蓋非同書。

世子二十一篇。名碩，陳人也，七十子之弟子。

論衡本性篇：「周人世碩，以為人性有善有惡，舉人之善性，養而致之則善長；惡性，養而致之則惡長。如此，則情性各有陰陽，善惡在所養焉。故世子作養性書一篇。」今按：當孟子時論性者，告子曰：「性無善無不善。」或曰：「性可以為善，可以為不善。」或曰：「有性善，有性不善。」今世子則謂「性有善有惡」，蓋出三說之外，兩取孟荀以為說。其書應出荀卿後。春秋繁露俞序篇亦引世子，其書據春秋發議，尤為晚出一證，殆與公孫尼子同時耳。班注以為陳人，陳亡遠在前。論衡謂之周人，不知謂周代人耶？抑周地人耶？與班異，無可定。

公孫尼子二十八篇。七十子之弟子。

隋志公孫尼子一卷，云：「似孔子弟子。」又隋書音樂志引沈約奏答，謂：「樂記取公孫尼子。」陸德明經典釋文引劉瓛云：「緇衣，公孫尼子作。」余考緇衣篇文多類荀子。如：「子曰：『禹立三年，百姓以仁遂焉，豈必盡仁？』」姚際恆曰：「鄭氏謂非本性能仁，其言類荀子。」又「子曰：『小人溺於水，君子溺於口，大人溺於民。』」姚曰：「荀子：『君舟也，民水也，水能載舟，亦能覆舟。』此本其意，故以『溺』字為說。」又「子曰：『君以民存，亦以民亡。』」姚曰：「即荀子水能載舟覆舟之義。」今按：緇衣襲荀子，猶不止此。如：「為上易事也，為下易知也，則刑不煩矣。」又：「為上可望而知也，為下可述而志也，則君不疑於其臣，而臣不惑於其君矣。」此荀子「主道利明不利幽，利宣不利周」之說也。又：「君民者，章好以示民俗，慎惡以御民之淫，則民不惑矣。臣儀行，不重辭，不援其所不及，不煩其所不知，則君不勞矣。」又：「政之不行也，教之不成也，爵祿不足勸也，刑罰不足恥也。」此皆荀、韓之論。又篇中屢言「壹德」，又曰：「義不壹，行無類。」「壹」字、「類」字皆見荀子，「類」字尤荀書所重，所謂「統類」者也。每節皆引詩、書煞尾，文體亦倣荀子。（上引姚說，均見杭世駿續禮記集說。）

樂記剿襲荀子、呂覽、易繫諸書，其議論皆出荀後。則公孫尼子殆荀氏門人，李斯韓非之流亞耶？沈欽韓曰：「荀子彊國篇稱公孫子語。」則其為荀氏門人信矣。楊倞以公孫子為齊相，殊無據。蓋本下文「荀卿子說齊相」而妄臆之爾。又篇中「譏之曰」云云，正公孫子譏子發，而楊倞謂公孫子美子發，荀子譏之，亦誤。漢志謂是「七十子之弟子」者已失之。隋志乃謂其「似孔子弟子」，則所失益遠矣。

芊子十八篇。名嬰，齊人。七十子之後。師古曰：「『芊』音『弭』。」

王念孫曰：「史記孟荀列傳：『楚有尸子長盧，阿之吁子焉。』索隱曰：『「吁」音「芋」，別錄作芋子。今「芋」亦如字也。』正義：『藝文志「芋子十八篇」，顏云音弭。案：是齊人，阿又屬齊，恐顏誤也。』案：正義說是也。「芋」有吁音，故別錄作芋子，史記作吁子，作「芋」者字之誤耳。」

周史六弢六篇。惠襄之間。或曰顯王時，或曰孔子問焉。師古曰：「即今之六韜也。」

沈濤銅熨斗齋隨筆曰：「『六』乃『大』字之誤。人表有周史大㢶，『㢶』當為『弢』字之誤。莊子則陽篇：『仲尼問於太史大弢。』蓋即其人。此乃其所著書，故班氏有『孔子問焉』之說。師古以謂太公六韜，誤矣。」今按：人表大弢列周景王悼王時，當魯昭公世，與孔子正相及。惟班注「惠襄之間」，若指春秋時周惠、襄王言之，則距孔子尚遠。又稱顯王時，則當魏惠王之世。魏惠王後亦為襄王，豈魏惠、襄之間，魏史官有其人，與莊子略同時，其書稱魏惠王襄王周顯王，而班誤以為周惠王周襄王，如文子書「平王問」，乃楚平王，而班注亦誤為周平王也。至則陽孔子之問，莊書寓言，固不足據，然大弢苟魏史，漢志又何以稱周史？竊疑自魏惠王會逢澤朝天子，常挾周室以為名。呂氏不屈篇，惠王請令周太史更著惠施之名，此周太史即魏史也。即以漢志次序，大戠書列孫卿子、芋子後，亦顯為戰國書。

王孫子一篇。一曰巧心。

兵形勢家有王孫子十六篇，蓋非同書。嚴可均鐵橋漫稿：「王孫姓也，不知其名，巧心亦未詳。意林僅有目錄，而所載王孫子文爛脫。從北堂書鈔等書采出二十四事，省并復重僅得五事，繹其言，蓋七十子之後言治道者。」孫德謙漢書藝文志舉例：「一曰巧心者，書之別名也。」

公孫固一篇。十八章，齊閔王失國，問之，故因為陳古今成敗也。

史記十二諸侯年表序稱：「公孫固韓非之徒，各往往捃摭春秋之文以著書。」即其人。呂覽：「齊閔王居衛，問公玉丹。」其事又見劉向新序。李氏尚史謂：「公玉丹或即公孫固。」殊無據。呂氏正名篇：「（湣王）任卓齒而信公玉丹，豈非以自讎耶？」公玉丹乃淖齒之流，知非著書之公孫固矣。

李氏春秋二篇。

葉德輝曰：「公孫固，齊閔王時人。羊子，秦博士。志敘此書於二子間，則李氏當是戰國時人。呂覽勿躬篇引李子，其言泛言名理，疑即此李子也。」沈欽韓曰：「疑是李兌。」

羊子四篇。百章，故秦博士。

董子一篇。名無心，難墨子。

論衡福虛篇：「儒家之徒董無心，墨家之役纏子，相見講道。纏子稱墨家右鬼神是，引秦繆公有明德，上帝賜之十九年。董子難以堯舜不賜年，桀紂不夭死。」錢大昕曰：「無心蓋六國時人。風俗通亦引其語。」王應麟考證云：「館閣書目一卷，與學墨者纏子辨上同、兼愛、上賢，明鬼神非，纏子屈焉。」今按：墨子書非早布，董纏必在晚世。

俟子一篇。李奇曰：「或作侔子。」

沈欽韓曰：「說苑反質篇秦始皇後得侯生，侯生云云，疑即此。」王先謙曰：「官本

『侯』作『候』，風俗通云：『候子古賢人，（通志氏族略五，作「六國賢人」。）著書。』應仲遠嘗為漢書音義，則所見本必作候。」

徐子四十二篇。（宋外黃人。）

王應麟曰：「魏世家：『惠王三十年，使龐涓將，而令太子申為將軍，過外黃。外黃徐子曰：「臣有百戰百勝之術。」』外黃時屬宋。」賈誼過秦論：「甯越徐尚蘇秦杜赫之屬為之謀。」文選旁證云：「疑即外黃徐子。」（杜赫說周昭文君以安天下，見呂氏諭大、務人，亦見周策。甯越詳考辨第五五。）

道家

老成子十八篇。

列子周穆王篇：「老成子學幻於尹文先生。」殷敬順釋文作考成子。據此則老成子尚在尹文後。尹文為齊稷下先生，當宣王湣王時。

長盧子九篇。（楚人。）

史記孟荀列傳：「楚有長盧。」御覽三十七引呂氏春秋，長盧子曰：「山嶽河海，水金石火木，此積形成乎地者也。」則長盧子在呂不韋前。鄧析子無厚篇：「長盧之不士，呂子之蒙恥。」「士」與「仕」通。長盧當出戰國，鄧析子偽書，故亦稱引及之。沈欽韓曰：「齊物論有長梧子，『梧』、『盧』聲同字異，一人耳。」

王狄子一篇。或本作正狄子。

黔婁子四篇。齊隱士，守道不詘，威王下之。

高士傳：「黔婁先生，齊人，魯恭公聞其賢，遣使致禮，欲以為相，不受。齊王又禮之，聘以為卿，又不就。」今按：魯共公卒，六國表在周顯王十六年，當齊威王五年。今誤為齊威王二十六年。余定魯共公卒，較六國表後二年。參讀考辨第一五四。則為齊威王七年。黔婁殆其時人。列女傳：「魯黔婁先生死，曾子與門人往弔。」計其時曾申亦已早死，殆不可信。

宮孫子二篇。師古曰：「宮孫，姓也，不知名。」

孫子十六篇。六國時。

據班注，知非兵家兩孫子。梁玉繩云：「見莊子達生篇，名休。」亦無證。

鄭長者一篇。六國時，先韓子，韓子稱之。

韓非外儲說右上引鄭長者說，謂：「田子方問唐易鞠，……鄭長者聞之。」一說：齊宣王問唐易子，而唐易子稱鄭長者以對。當是一事兩傳。唐易為氏，鞠或其名也。人表有唐易子，在顏歜王斗尹文子後，則信與齊宣王同時。鄭長者在其前，故述其言以為對也。陶憲曾曰：「釋慧苑華嚴經音義下引風俗通云：『春秋之末，鄭有賢人者著書一篇，號鄭長者。』云『春秋之末』，殆不可信。」鹽鐵論箴石第三十一，「丞相曰：『吾聞諸鄭長孫曰：「君子正顏色則遠暴嫚；出辭氣，則遠鄙倍矣。」』」張氏考證云：「『孫』字誤也，當作『者』。漢書藝文志道家鄭長者一篇。所引全在論語中，不稱曾子者，當時之學尚黃老，而桑大夫尤輕儒故也。」據此鄭長者著書，蓋出孔門七十子後。風俗通稱其在春秋之末，而漢志謂在六國時，前不越田子方，後不下齊宣王，則殆近是。

楚子三篇。

陰陽家

公檮生終始十四篇。傳鄒奭始終書。

錢大昭曰：「注『始終』當作『終始』，『奭』字亦誤。作終始者是鄒衍，非鄒奭也。」

公孫發二十二篇。六國時。

乘丘子五篇。六國時。

沈欽韓曰：「當作桑丘。隋志晉征南軍師楊偉撰桑丘先生書二卷，本此。」葉德輝曰：「邵思姓解二引漢志正作桑丘。」今按劉晝新論九流篇：「陰陽者，子韋鄒衍桑丘南父之類也。」可證沈葉之說。南父即下文南公也。鄭樵氏族略：「桑丘氏，蓋以地為氏者。姓纂云：『今下邳有此姓。』」

杜文公五篇。六國時。師古曰：「劉向別錄云：『韓人也。』」

南公三十一篇。六國時。

史記項羽本紀：「楚南公曰：『楚雖三戶，亡秦必楚。』」秦本紀，武王三年，「南公揭卒」。志疑：「項羽紀稱南公，揭豈其人歟？」今按：南公預言，蓋以楚之於秦，怨毒之深，知之。其人當在頃襄王後，且楚人無緣入秦紀，揭非其人也。又廣韻注：南公複姓，戰國時有南公子著書，言陰陽五行事。

容成子十四篇。

王應麟考證云：「莊子則陽篇容成氏。」按：釋文：「容成，老子師也。」漢志列容成書於南公之次，張蒼之前，則容成蓋戰國晚世，楚頃襄前後人。云為老子師，此老子指詹何，年世亦合。參讀考辨第七二。後人乃以容成為上古之君，黃帝之臣，則其書不應列此。

閭丘子十三篇。名快，魏人，在南公前。

世本氏姓篇：「閭丘氏，齊大夫閭丘嬰之後。齊宣王時，有閭丘卬閭丘光。」今按：漢書人表有閭丘卬閭丘光，梁氏引孫侍御曰：「『光』乃『先』字之譌，漢人每單稱先生為「先」。閭丘先生，齊宣王時人，見說苑善說篇。」按：又見新序卷五。未曉此閭丘子名快者，與說苑閭丘先生是一人否。

馮促十三篇。鄭人。

將鉅子五篇。六國時，先南公，南公稱之。

應劭風俗通姓氏篇：「將具氏，齊太公子將具之後，見國語。漢藝文志：『六國時，將具子彰著書五篇。』」林寶元和姓纂：「將具彰著子書五篇。」今志作「鉅」，又脫「彰」字。

周伯十一篇。齊人，六國時。

按：閭丘將具周伯皆齊人，馮促杜文公皆韓人，可見陰陽學在戰國時流傳之地域。

名家

成公生五篇。與黃公等同時。師古曰：「姓成公。劉向云，與李斯子由同時。由為三川守，成公生游談不仕。」

黃公四篇。名疵，為秦博士，作歌詩，在秦時歌詩中。

墨家

我子一篇。師古曰：「劉向別錄云，墨子之學。」

元和姓纂引風俗通：「我子，六國時人。」

縱橫家

闕子一篇。

後漢書獻帝紀注引風俗通：「闕，姓也。……縱橫家有闕子著書。」

國筮子十七篇。

秦零陵令信一篇。難秦相李斯。

雜家

伍子胥八篇。名員。春秋時為將，忠直遇讒死。

兵技巧有伍子胥十篇。

子晚子三十五篇。齊人，好議兵，與司馬法相似。

錢大昕曰：「魯繆公臣有子服厲伯，見論衡非韓篇。藝文志有子晚子，『晚』、『服』字形亦相似。」按：子服厲伯事見韓非難三。又按：趙策有服子，當平原君時，似儒者言。疑均與晚子不近。

農家

野老十七篇。六國時，在齊楚間。應劭曰：「老年居田野，相民耕種，故號『野老』。」

兵權謀家

娷一篇。師古曰：「蓋說兵法者，人名也。」

兒良一篇。師古曰：「六國時人也。」

呂覽不二篇：「王廖貴先，兒良貴後。」賈誼過秦論：「吳起孫臏帶佗兒良王廖田忌廉頗趙奢之倫制其兵。」王念孫曰：「易林益之臨云：『帶季兒良，明知權兵。將師合戰，敵不能當。趙魏以彊。』帶季蓋即帶佗，二人為趙魏將，故云『趙魏以彊』。但未知孰趙孰魏也。」又按：宋元君時有兒說，（見考辨第一三〇。）未知與兒良為一人否？沈欽韓曰：「周策有宮佗，或即帶佗。」今按：孔叢子亦有宮佗，其人與周最孔穿同時，蓋當秦昭王之世。若孔叢可信，則宮佗當為魏將，而兒良則趙將也。又按：說苑尊賢：「秦穆公用百里子蹇叔子王子廖及由余，據有雍州，攘敗西戎。」王廖他無考，豈穆公時之王子廖歟？韓詩外傳九作王繆，韓非十過、說苑反質又稱之曰內史廖，乃教穆公遺戎女樂而得由余者。

兵形勢家

魏公子二十一篇。圖十卷，名無忌，有列傳。

王應麟曰：「史記諸侯之客各進兵法，公子皆名之，故世俗稱魏公子兵法。」

景子十三篇。

沈欽韓曰：「楚策，楚王使景陽將救燕。」淮南氾論：「景陽淫酒被髮而御於婦人，威服諸侯。」

兵技巧家

公勝子五篇。

葉德輝曰：「次伍子胥後，疑左傳楚昭王時之白公勝也。」

蒲苴子弋法四篇。

王應麟曰：「列子湯問篇詹何曰：『臣聞先大夫之言，蒲且子之弋也，弱弓纖繳，乘風振之，連雙鶬於青雲之際。用心專，動手均也。』淮南子曰：『蒲苴子連鳥於百仞之上。』張茂先詩：『蒲盧縈繳，神感飛禽。』即蒲且。」今按：詹何蒲苴似皆出戰國晚年。其言弋，似襲莊子痀僂丈人承蜩。達生篇

五行家

羨門式法二十卷。

王應麟曰：「日者傳：『分策定卦，旋式正棊。』周禮『太史抱天時』，鄭司農云：『抱式以知天時。』梁元帝洞林序云：『羨門五將，亟經玩習，韓終六壬。』」今按：封禪書：「騶子之徒，論著終始五德之運，……而宋毋忌正伯僑充尚羨門子高最後皆燕人，為方仙道，形解銷化，依於鬼神之事。」索隱：「樂產引老子戒經云：『月中仙人宋毋

忌。』白澤圖云：『火之精曰「宋毋忌」。』蓋其人火仙也。」「司馬相如云：『正伯僑，古仙人。』」充尚無所見。「羨門高者，秦始皇使盧生求羨門子高是也。」漢書郊祀志充尚作元尚。沈濤云：「當作元谷，即列仙傳之元俗也。谷，俗之『湝』，篆書谷字與尚字相近，訛而為尚。史記又誤元為充，遂不可曉。列仙傳言元俗河間人，亦與燕人相合。」司馬相如大人賦謂：「列仙之儒居山澤間，形容甚臞，此非帝王之仙意也。」又曰：「廝征伯僑而役羨門。」張揖曰：「羨門，碣石山上仙人羨門高也。」今據史記，此輩皆在鄒衍後，殆所謂「傳其（騶子）術不能通，然則怪迂阿諛苟合之徒自此興」。羨門式法亦談天，此傳騶子術而不能通者。盧生諸人當秦始皇時，乃推羨門為仙人，為始皇求之，則所謂怪迂阿諛苟合之徒也。推其年世，盧生與羨門蓋相距不甚遠，或可相及。此如蒯通與安期生（列仙傳：「安期先生者，琅邪阜鄉人。」則亦齊人也。）為友，而武帝時李少君言：「安期生仙者，通蓬萊中。」又謂：「臣嘗游海上，見安期生，食巨棗，大如瓜。」其事頗相似。至於韓眾，亦為始皇求仙，一去不報，後世亦遂以眾為仙人焉。

雜占家

甘德長柳占夢二十卷。

沈欽韓曰：「即占星之甘公。隋志雜占夢書一卷。」今按：史記天官書：「周室，史佚萇弘；於宋，子韋；鄭則裨竈；在齊，甘公；楚，唐昧；趙，尹皐；魏，石申。」集解徐廣曰：「或曰：甘公，名德也，本是魯人。」正義：「七錄云：『楚人，戰國時，作天文星占八卷。』」蓋魯近於齊而滅於楚，故或傳是齊人，或傳是楚人，或云本魯人矣。漢藝文志序數術云：「六國時楚有甘公，魏有石申夫。」蓋甘石二人名較著，尤在唐昧尹皐上。史記正義引七錄云：「石申，魏人，戰國時，作天文八卷。」誤斷申字作句。宋志亦稱石申甘德，俱誤。至晁公武讀書志載甘石星經一卷，註曰：「漢甘公石申撰。」其言石申名字亦誤。而云甘石乃漢人，則別有本。據御覽二百三十五引應劭漢官儀曰：「當春秋時，魯梓慎，晉卜偃，宋子韋，鄭裨竈，觀乎天文，以察時變，其言屢中，有備無害。漢興，甘石唐都，司馬父子，抑亦次焉。」是亦以甘石為漢人也。史記張耳傳，耳欲之楚，甘公曰：「漢王之入關，五星聚東井。……楚雖強，後必屬漢。」集解文穎曰：「善說星者甘氏也。」則甘公固及漢初矣。疑甘石二氏，殆如張蒼，生六國而下逮漢世者。始皇本紀：「三十二年，使韓終侯公石生求僊人不死之藥。」疑此石生或即石公。漢書天文志：「古曆五星之推，亡逆行者。至甘氏石氏經，以熒惑太白為有逆行。」沈欽韓曰：「隋志：秦曆始有金火之逆。又甘石並時，自有差異。漢初測候，乃知五星皆有逆行。」則甘石明及秦漢之際。邵康節皇極經世謂：「五星之說，自甘公石公始。」然當甘石時，鄒衍鄒奭談天而推五德之說已盛，人帝之五德，本之列天之五星。甘石之與二鄒，其說相桴鼓。則甘石蓋說五星之精善者，非可謂五星之說，自甘石始也。又天官書謂：「田氏簒齊，三家分晉，並為戰國，爭於攻取，兵革更起，城邑數屠，因以饑饉，疾疫焦苦，臣主共憂患，其察禨祥，候星氣，尤急。近世十二諸侯，七國相王，言縱橫者繼踵，而皐唐甘石因時務論其書傳。故其占驗凌雜米鹽。」亦序甘石於皐唐後，而述當時占星說行世之背景尤顯。

又按：抱朴子辯問：「子韋甘均，占候之聖也。」則甘公乃甘均，非甘德。沈欽韓以占夢之甘德，誤為即占星之甘均，恐亦失之。

通表

例言

余草諸子繫年，分考辨通表兩部。考辨詳其立說之根據，通表著其結論之梗概。讀者會合而觀可也。

考辨分四卷，通表亦分四節，與考辨起訖相應。

表式略倣史記十二諸侯年表及六國表之例，而內容頗異。

表首先列周王年次，並注西曆紀元，以便計核。

以下載列國世次，取捨一以與考辨相應為主，並不照史公十二諸侯及六國之舊。

諸子生卒，各詳於其生卒之國。如「孔子生卒」列魯表；「子路生」列魯表，而「卒」列衛表之類。

諸子出處行事，亦各詳於其所在之國。如「孔子至衛」列衛表，「過宋」列宋表之類。

其諸子生卒行事可考者外，並列當時大事，用資推證。惟大體以見於考辨者為限。其未詳於考辨者，表亦勿列，恐有不可信必也。

表中所列，其一仍舊史無所改定者，僅書某年某事而止。其考辨所及，或與舊史不同，或雖同舊史而重有論訂者，則於書某年某事條下，加一星符（＊），下注數號。讀者按符下數號求之考辨，即知某年某事，為考辨某篇所討論。如周靈王二十一，魯表「孔子生」，下注＊（一）；周敬王四十一，魯表「孔子卒」，下注＊（二八），即為關於孔子生卒之討論，詳考辨第一及考辨第二八兩篇也。

考辨百六十餘篇，因事命題，因題裁篇，各不相蒙。而通表則先後一貫。今以考辨所詳，依次散注通表某年某事之下。通表為綱，而考辨為之目；通表如經，而考辨為之緯。亦有考辨所論，關涉廣泛，未可確歸某年某事者，亦隨宜附列。如孔子卒年下，列考辨第二八、第二九、第三〇，三篇。第二八為孔子卒年考，二九為孔門弟子通考，三〇為孔門傳經辨之類是也。

亦有其人不定在何年，或實無其人，而舊史傳說如此，又考辨已加論訂者，亦隨宜附列。如「孔子至衛」條下，附見蘧瑗史鰌，此兩人至此存否不可知，詳考辨第一六。「吳伐楚入郢」條下，附見孫武，其人有無不可知，詳考辨第七之類。

亦有其事不定在何年，則約略書其當在某年某事前，或當在某年某事後，而語則詳考辨。如魯昭公十七年下，書「郯子來朝，孔子見焉，其為委吏乘田當在前」，見考辨第二篇之類。亦有書當在此年或稍前或稍後者，如魯昭公二十年，書「琴張從遊孔子在此時，或稍前」，語詳考辨第三。又魯哀公十二年，「孔鯉卒。孔伋生，當在此時前後」，語詳考辨第五八之類。

表中所列，亦有旁採史記各世家、列傳，及紀年、國策諸書，為十二諸侯年表及六國表所未詳，又非考辨所專篇討論者，則各於本條下兼注（世家）、（列傳）等字樣，用誌來歷，而便根究。其為人習知者，亦或闕略，以避蕪累。

通表後別附列國世次年數異同表，戰國初中晚三期列國國勢盛衰轉移表，及諸子生卒年世先後一覽表，概括通表大體，用資參覽。各表並另弁例旨，茲不盡及。

通表第一

本表與考辨第一卷相應，起周靈王二十一年孔子生，迄周敬王四十一年孔子卒，凡七十二年。

本表大體依史記十二諸侯年表。而刪其晉秦曹燕四國，僅載魯齊衛宋鄭陳蔡楚吳九國。先後次序，亦有更易。

表中所引時事，其為十二諸侯年表所不載者，如鄭鑄刑書、晉鑄刑鼎之類，因考辨所及，并以增入，率據左傳，不復一一分注。

本表大體屬諸孔子之一生，及其門弟子事業之一部，乃先秦諸子學術淵源所自也。

周（西曆紀元前）	魯	齊	衛	宋	鄭	陳	蔡	楚	吳
靈王 二一（五五一）	襄公 二二 孔子生 *（一）	莊公 三	殤公 八	平公 二五	簡公 一五	哀公 一八	景公 四一	康王 九	諸樊 一〇
二二（五五〇）	二三	四	九	二六	一六	一九	四二	一〇	一一
二三（五四九）	二四	五	一〇	二七	一七	二〇	四三	一一	一二
二四（五四八）	二五	六 崔杼弒其君，立景公	一一	二八	一八	二一	四四	一二	一三 諸樊伐楚，傷射以薨
二五（五四七）	二六	景公 元	一二 殤公見殺，獻公復入	二九	一九	二二	四五	一三	餘祭 元
二六（五四六）	二七	二	獻公 後元	三〇	二〇	二三	四六	一四	二
二七（五四五）	二八 顏無繇生 *（二九）	三	二	三一	二一	二四	四七	一五 康王薨	三

景王元（五四四）	二（五四三）	三（五四二）	四（五四一）	五（五四〇）	六（五三九）	七（五三八）	八（五三七）
二九	三〇	三一 仲由生*（二九）	昭公元	二	三	四	五
四 季札來見晏嬰	五	六	七	八	九 晏嬰使晉，見叔向	一〇	一一
三	襄公元	二	三	四	五	六	七
三二	三三	三四	三五	三六	三七	三八	三九
二二 季札來見子產	二三 子產為政	二四	二五	二六	二七	二八	二九
二五	二六	二七	二八	二九	三〇	三一	三二
四八	四九 太子殺公自立	靈侯元	二	三	四	五	六
郟敖元	二	三	四 令尹圍殺郟敖自立，為靈王	靈王元	二	三	四
四 守門閽殺餘祭。季札使諸侯	夷末元	二	三	四	五	六	七

周	魯	齊	衛	宋	鄭	陳	蔡	楚	吳
九（五三六）	六 閔損生 *（二九）	一二	八	四〇	三〇 鑄刑書 *（一一）	三三	七	五	八
一〇（五三五）	七 公如楚，孟僖子為相 *（三）	一三	九	四一	三一	三四	八	六	九
一一（五三四）	八	一四	靈公元	四二	三二	三五 陳亂，哀公自殺	九	七 棄疾將兵定陳	一〇
一二（五三三）	九	一五	二	四三	三三	惠公元	一〇	八	一一
一三（五三二）	一〇 孔鯉生 *（二六）	一六	三	四四	三四	二	一一	九	一二
一四（五三一）	一一 孟懿子南宮敬叔生 *（三）	一七	四	元公元	三五	三	一二 楚殺靈侯，棄疾為蔡公	一〇	一三
一五（五三〇）	一二	一八	五	二	三六	四	侯廬元	一一	一四

一六（五二九）	一七（五二八）	一八（五二七）	一九（五二六）	二〇（五二五）	二一（五二四）	二二（五二三）
一三	一四	一五	一六	一七 郯子來朝，孔子見焉。其為委吏、乘田當在前＊（二）原憲生＊（二九）	一八	一九
一九	二〇	二一	二二	二三	二四	二五
六	七	八	九	一〇	一一	一二
三	四	五	六	七	八	九
定公元	二	三	四	五	六	七
五 楚復陳，立惠公	六	七	八	九	一〇	一一
二 楚復蔡，立侯盧	三	四	五	六	七	八
一二 楚亂，靈王自殺，棄疾立，復陳蔡	平王元	二	三	四	五	六
一五	一六	一七	王僚元	二	三	四

周	魯	齊	衛	宋	鄭	陳	蔡	楚	吳
二三（五二二）	二〇 冉雍冉求生 商瞿生（？）*（二九） 琴張從遊孔子在此時或稍前 *（三）	二六 田於沛 *（五）	一三	一〇	八 子產卒 *（二一）	一二	九	七	五 伍員來奔
二四（五二一）	二一 顏回宓不齊生 *（二六） *（二九）	二七	一四 高柴生 *（二九）	一一	九	一三	悼侯元	八	六
二五（五二〇）	二二	二八	一五 端木賜生 *（二九）	一二	一〇	一四	二	九	七
敬王元（五一九）	二三 公西赤生 *（二九）	二九	一六	一三	一一	一五	三	一〇	八

二（五一八）	二四 孟僖子卒，囑其二子師事孔子 ＊（三） ＊（四） 有若生 ＊（二九）	三〇	一七	一四	一二	一六	昭侯元	一一	九
三（五一七）	二五 三桓氏攻公，公孫於齊 孔子適齊 ＊（五一）	三一	一八	一五	一三	一七	二	一二	一〇
四（五一六）	二六 公居鄆	三二	一九	景公元	一四	一八	三	一三	一一
五（五一五）	二七 孔子返魯當在此年或稍前 ＊（六）	三三	二〇	二	一五	一九	四	昭王元	一二 季札聘上國。公子光殺僚，自立
六（五一四）	二八 公處乾侯	三四	二一	三	一六	二〇	五	二	闔廬元

周	魯	齊	衛	宋	鄭	陳	蔡	楚	吳
七（五一三）	二九 晉鑄刑鼎 *（一一）	三五	二二	四	獻公元	二一	六	三	二
八（五一二）	三〇 澹臺滅明生 *（二九）	三六	二三	五	二	二二	七	四	三
九（五一一）	三一	三七	二四	六	三	二三	八	五	四
一〇（五一〇）	三二 公卒乾侯 漆雕開生 *（二九）	三八	二五	七	四	二四	九	六	五
一一（五〇九）	定公元	三九	二六	八	五	二五	一〇	七	六
一二（五〇八）	二	四〇	二七	九	六	二六	一一	八	七
一三（五〇七）	三 魏卜商生 *（二九）	四一	二八	一〇	七	二七	一二	九	八

一四（五〇六）	四 言偃生 *（二九）	四二 晏嬰當卒是年稍前 *（五）	二九	一一	八	二八	一三	一〇 昭王亡，奔隨	九 與蔡伐楚，入郢 孫武（？）*（七）
一五（五〇五）	五 陽虎執季桓子 *（八） 曾參樊須生 *（二九）	四三	三〇	一二	九	懷公元	一四	一一 秦救至，吳去，昭王復入	一〇
一六（五〇四）	六	四四	三一	一三	一〇	二	一五	一二	一一
一七（五〇三）	七 顓孫師生 *（二九）	四五	三二	一四	一一	三	一六	一三	一二

周	一八（五〇二）	一九（五〇一）	二〇（五〇〇）
魯	八 三桓攻陽虎，虎奔陽關 公山不狃自費召孔子 *（一〇） *（九） 顏高卒 *（一七）	九 陽虎奔齊 孔子仕魯為中都宰，嗣為司寇 *（一二）	一〇 公會齊侯夾谷，孔子相 *（一三） *（一四） 侯犯以郈叛
齊	四六	四七	四八
衛	三三	三四	三五
宋	一五	一六	一七
鄭	一二	一三 駟歂殺鄧析，而用其竹刑 *（一一）	聲公元
陳	四	湣公元	二
蔡	一七	一八	一九
楚	一四	一五	一六
吳	一三	一四	一五

二一（四九九）	一一	四九	三六	一八	二	三	二〇	一七	一六
二二（四九八）	一二 孔子見信於季孫。仲由為季氏宰，墮郈、墮費，將墮成，弗克 *（一三）	五〇 歸魯女樂 *（一五）	三七	一九	三	四	二一	一八	一七
二三（四九七）	一三 孔子去魯適衛 *（一五）晉亂，范氏中行氏與趙氏相攻 *（一七）	五一	三八 孔子來 *（一五）蘧瑗（?）史鰌（?）*（一六）	二〇	四	五	二二	一九	一八
二四（四九六）	一四	五二	三九 衛侯逐公叔戍 孔子過蒲 *（一七）	二一	五	六	二三	二〇	一九 越允常卒。句踐元 *（六）伐越，闔廬傷指，死

周	魯	齊	衛	宋	鄭	陳	蔡	楚	吳
二五（四九五）	一五 邾隱公來朝，子貢觀焉 *（二九）	五三	四〇	二二	六	七	二四	二一	夫差元
二六（四九四）	哀公元	五四	四一	二三	七	八 吳來侵	二五	二二 伐蔡	二 伐越，遂入越。句踐棲會稽 *（一八）
二七（四九三）	二	五五	四二 靈公薨。晉納蒯聵於戚 孔子去衛 *（一九） *（二〇）	二四	八	九	二六 遷於州來	二三	三
二八（四九二）	三 桓僖廟災	五六	出公元	二五 孔子過宋 *（二一）	九	一〇 孔子至陳 *（一九）	二七	二四	四
二九（四九一）	四	五七	二	二六	一〇	一一	二八	二五 葉公諸梁致蔡於負函	五

三〇（四九〇）	三一（四八九）	三二（四八八）	三三（四八七）	三四（四八六）	三五（四八五）
五 齊公子陽生來奔	六 陽生返齊，宰我從 *（二七）	七 會吳於繒 子貢時仕魯 *（二九）	八 吳來伐，有若與於師 *（二九）	九	一〇
五八 景公薨	晏孺子 元 田乞殺晏孺子，立陽生	悼公 元	二	三	四 悼公被弒
三	四 孔子自楚反衛 *（二四）	五	六	七	八
二七	二八	二九	三〇	三一	三二
一一	一二	一三	一四	一五	一六
一二	一三 吳伐陳 孔子去陳 *（二二）	一四	一五	一六	一七
成公 元	二	三	四	五	六
二六	二七 救陳，王卒於城父 孔子來負函，就葉公 *（二二） *（二三）	惠王 元	二	三	四
六 遺句踐歸 *（一八）	七 伐陳	八 與魯會繒	九 伐魯	一〇	一一 與魯伐齊

周	魯	齊	衛	宋	鄭	陳	蔡	楚	吳
三六（四八四）	一一 冉有為季氏宰，帥師與齊戰於郊 召孔子 ＊（二五）	簡公元 伐魯	九 孔子去衛反魯 ＊（二五）	三三	一七	一八	七	五	一二 與魯敗齊艾陵
三七（四八三）	一二 孔鯉卒 孔伋生當在此時前後 ＊（二六） ＊（五八） 與吳會橐皐子貢拒吳尋盟 ＊（二九）	二	一〇	三四	一八	一九	八	六	一三
三八（四八二）	一三 與吳晉會黃池	三	一一	三五	一九	二〇	九	七	一四 與晉會黃池

三九（四八一）	四〇（四八〇）	四一（四七九）
一四 西狩獲麟 顏回卒 *（二六） 小邾射來奔	一五 子服景伯使齊，子貢為介，齊歸成 *（二九）	一六 孔子卒 *（二八） *（二九） *（三〇）
四 田常弒簡公，宰我死之 *（二七）	平公元	二
一二	莊公元 仲由死，高柴去之魯 *（二九）	二
三六	三七	三八
二〇	二一	二二
二一	二二	二三
一〇	一一	一二
八	九	一〇 白公勝作亂。葉公入楚，白公自殺
一五	一六	一七

通表第二

本表與考辨第二卷相應，起周敬王四十二年，約當墨子生歲，下迄周烈王五年，為魏武侯之卒歲，凡一百零八年。

本表大體依據史記六國表，刪其秦燕兩國，增魯宋晉越四國，而鄭事則附列韓表。

本表所及，在史記最為疏略，又復多誤。本表改訂增列，用力已勤，然仍荒闕，未臻詳備。史料既佚，無可如何矣。其與諸子無關涉者，表俱弗及。然依本表大體，自可推尋得之也。

表中詳墨子一生及其弟子，孔子弟子之晚出一輩，如子夏曾子，及其後輩如子思曾西申詳田子方段干木李克吳起之徒。墨起與儒相抗，而儒術流衍為兵農（非九流農家）刑法諸家，皆在此期。時事之大者，為越霸諸夏，三家分晉，田氏篡齊，及魏文魯繆禮賢。春秋變而為戰國，世襲之封建漸壞，游仕漸興，乃先秦諸子學術之醞釀期也。

周（西曆紀元前）	魯	齊	宋	晉	魏	趙	韓鄭	楚	越
敬王 四二（四七八）	哀公 一七 墨翟生於此時前後 *（三一）*（三二）	平公 三	景公 三九	定公 三四			鄭聲公（二三）	惠王 一一 滅陳 公孫寬為司馬	句踐 一九
四三（四七七）	一八	四	四〇	三五			（二四）	一二	二〇
四四（四七六）	一九	五	四一	三六			（二五）	一三	二一
元王 元（四七五）	二〇	六	四二	三七	田子方當生此時前後 *（四〇）	簡子卒 襄子立。滅代 *（三三）	（二六）	一四	二二 滅吳 *（一八）

二（四七四）	二一 越人始來	七	四三	出公元		襄子元	（二七）	一五	二三
三（四七三）	二二	八	四四	二		二	（二八）	一六	二四 滅吳 *（一八） 范蠡 *（三四）
四（四七二）	二三	九 夫人卒，季康子使冉有來弔	四五	三		三	（二九）	一七	二五
五（四七一）	二四 公如越	一〇	四六	四		四	（三〇）	一八	二六
六（四七〇）	二五 公至自越	一一	四七 衛出公來奔	五		五	（三一）	一九	二七
七（四六九）	二六 叔孫舒會越，納衛侯，不克。子貢時仕衛 *（二九）	一二 與鄭伐衛（紀年）	四八	六 荀瑤城宅陽		六	（三二） 與齊伐衛（紀年）	二〇	二八

周	貞定王元（四六八）	二（四六七）	三（四六六）	四（四六五）	五（四六四）
魯	二七 季康子卒。公如越歸，卒 *（三五）*（一八） 曾子居武城 *（三五）	悼公元	二	三	四
齊	一三	一四	一五	一六	一七
宋	昭公元 *（四五）	二	三	四	五
晉	七	八	九	一〇	一一
魏					
趙	七	八	九	一〇	一一
韓鄭	（三三）	（三四）	（三五）	（三六）	（三七）
楚	二一	二二	二三	二四	二五
越	二九 使后庸聘魯 徙都琅邪 *（三五）*（一八）	三〇	三一	三二 句踐卒 *（一八）*（四九） 衛悼公卒於越	鹿郢元

六（四六三）	五	一八	六	一二		一二	（三八）	二六	二
七（四六二）	六	一九	七	一三 荀瑤城高梁		一三	鄭哀公（元）	二七	三
八（四六一）	七	二〇	八	一四		一四	（二）	二八	四
九（四六〇）	八	二一	九	一五		一五	（三）	二九	五
一〇（四五九）	九	二二	一〇	一六 荀瑤伐中山		一六	（四）	三〇	六 鹿郢卒＊（四九）
一一（四五八）	一〇	二三	一一	一七 智伯與趙韓魏盡分范中行故地＊（三六）		一七	（五）	三一	不壽元
一二（四五七）	一一	二四	一二	一八		一八	（六）	三二	二
一三（四五六）	一二	二五	一三	一九 韓龐取盧氏城（紀年）		一九	（七）	三三	三

周	魯	齊	宋	晉	魏	趙	韓鄭	楚	越
一四（四五五）	一三	宣公元	一四	二〇 智伯率韓魏之師攻趙	桓子	二〇 襄子奔晉陽	康子（八） 鄭人弒其君 *（六一）	三四	四
一五（四五四）	一四	二	一五	二一 燕成侯元年 *（四三）		二一 智伯圍晉陽	鄭共公（元）	三五	五
一六（四五三）	一五	三	一六	二二		二二 與韓魏共殺智伯，盡并其地 *（三六）	（二）	三六	六
一七（四五二）	一六	四	一七	二三 出公奔楚 *（三六）		二三	（三）	三七	七
一八（四五一）	一七	五	一八	敬公元 *（三六）		二四	（四）	三八	八
一九（四五〇）	一八	六	一九	二		二五	（五）	三九	九

二〇（四四九）	二一（四四八）	二二（四四七）	二三（四四六）	二四（四四五）
一九	二〇	二一 顓孫師卒 *（二九）	二二	二三
七	八	九	一〇	一一
二〇	二一	二二	二三	二四
三	四	五	六	七
			文侯元 *（三七） 子夏居西河 *（三八） *（三九） 田子方 段干木 魏成子 *（四〇）	二
二六	二七	二八	二九	三〇
（六）	（七）	（八）	（九）	（一〇）
四〇	四一	四二 滅蔡	四三	四四 滅杞，東廣地至泗上。公輸般遊楚當在此時稍前 *（四一）
一〇 不壽見殺 *（四九）	朱句元	二	三	四

周	魯	齊	宋	晉	魏	趙	韓鄭	楚	越
二五（四四四）	二四	一二	二五	八	三	三一	（一一）	四五 墨子止楚攻宋當在此時或稍後*（四二） 禽滑釐*（四二）*（六二）	五
二六（四四三）	二五 言偃卒*（二九）	一三	二六	九	四	三二	（一二）	四六	六
二七（四四二）	二六	一四	二七	一〇	五	三三	（一三）	四七	七
二八（四四一）	二七	一五	二八	一一	六	三四	（一四）	四八	八
考王元（四四〇）	二八	一六	二九	一二	七 始封鄴*（四六）	三五	（一五）	四九	九

二（四三九）	三（四三八）	四（四三七）	五（四三六）	六（四三五）
二九	三〇	三一	元公元 *（四七） 曾參卒 *（四八） 樂正子春 *（四八） *（六五）	二
一七	一八	一九	二〇	二一
三〇	三一 墨子仕宋見因當在此時稍後 *（四四）	三二	三三	三四
一三 燕成公卒 *（四三）	一四 燕文公元	一五	一六	一七
八	九	一〇	一一	一二
三六	三七	三八	三九	四〇
（一六）	（一七）	（一八）	（一九）	（二〇）
五〇 墨子獻書惠王，不遇，去楚，至晚不出此年 *（四二）	五一	五二	五三	五四
一〇	一一	一二	一三	一四

周	魯	齊	宋	晉	魏	趙	韓 鄭	楚	越
七（四三四）	三	二二	三五	一八 敬公卒 *（三六）	一三	四一	（二一）	五五	一五
八（四三三）	四	二三	三六	幽公元	一四	四二	（二二）	五六 遷都還郢（？） *（四二）	一六
九（四三二）	五	二四	三七	二	一五	四三	（二三）	五七	一七
一〇（四三一）	六	二五	三八	三	一六	四四	（二四）	簡王元 滅莒	一八
一一（四三〇）	七	二六	三九	四	一七	四五	（二五）	二	一九
一二（四二九）	八	二七	四〇	五	一八	四六	（二六）	三	二〇
一三（四二八）	九	二八	四一	六	一九	四七	（二七）	四	二一
一四（四二七）	一〇	二九	四二	七	二〇	四八	（二八）	五	二二
一五（四二六）	一一	三〇	四三	八	二一	四九	（二九）	六	二三

威烈王 元（四二五）	二（四二四）	三（四二三）	四（四二二）	五（四二一）	六（四二〇）	七（四一九）	八（四一八）
一二	一三	一四	一五	一六	一七	一八	一九
三一	三二	三三	三四	三五	三六	三七	三八
四四	四五	四六	四七 昭公卒 *（四五）	悼公 元	二	三	四
九	一〇	一一	一二	一三	一四	一五	一六
二二 始稱侯 *（四三） 子夏年八十四（?） *（三八）	更元年（二三） *（四三）	二（二四）	三（二五） 子擊生 *（四六）	四（二六）	五（二七）	六（二八）	七（二九）
五〇 襄子卒 *（五五）	桓子 元	獻子 元	二	三	四	五	六
（三〇）	（三一） 武子 元（?）	二 （鄭幽公元年）韓殺之	三 （鄭繻公元）	四	五	六	七
七	八	九	一〇	一一	一二	一三	一四
二四	二五	二六	二七	二八	二九	三〇	三一

周	九（四一七）	一〇（四一六）	一一（四一五）
魯	二〇	二一	繆公元 ＊（四七） 曾申 公儀休 泄柳 申詳 ＊（四八） 子思 墨子 皆在魯 ＊（四八）
齊	三九	四〇	四一
宋	五	六	七
晉	一七	一八 幽公卒 烈公元 ＊（三六）	二
魏	八（三〇）	九（三一） 誅晉亂，立烈公 ＊（三六）	一〇（三二）
趙	七	八 城泫氏 ＊（一三四）	九 城平邑 ＊（一三四）
韓 鄭	八	九 都平陽	一〇
楚	一五	一六	一七
越	三二	三三	三四 滅滕 ＊（四九）

一二(四一四) 周威公始立為西周君 *(五五) 寗越 *(五五)	一三(四一三)	一四(四一二)	一五(四一一)
二	三	四 吳起仕魯當在其時 *(五〇)	五
四二	四三 伐晉，毀黃城，圍陽狐	四四 伐魯莒及安陽	四五 伐魯取一城 田莊子卒 悼子立 *(五一) *(五二)
八	九	一〇	一一
三 燕簡公元 *(四三) *(一三四)	四	五	六
一一(三三)	一二(三四) 敗秦鄭下 李克 *(四〇)	一三(三五)	一四(三六)
一〇	一一	一二	一三
一一	一二	一三	一四
一八 伐晉南鄙至於上洛 (紀年)	一九	二〇	二一
三五 滅鄭 *(四九)	三六	三七 朱句卒 *(一三四) *(五一)	翳元

周	一六（四一〇）	一七（四〇九）	一八（四〇八）太史屠黍由晉歸周在此前後＊（五四）	一九（四〇七）
魯	六	七	八	九
齊	四六	四七	四八 取魯郕＊（四八）	四九 伐衛取毋丘
宋	一二	一三	一四	一五
晉	七	八	九	一〇
魏	一五（三七）	一六（三八）伐秦，至鄭還，築洛陰郃陽 吳起為魏將＊（五三）	一七（三九）伐中山＊（五四）樂羊為將＊（四〇）	一八（四〇）
趙	一四	一五	烈侯元	二
韓鄭	一五	一六	景侯元 伐鄭取雍丘 鄭城京	二 鄭敗韓負黍
楚	二二	二三	二四	聲王元
越	二	三	四	五

二〇(四〇六) 秦簡公卒(?)(紀年)	二一(四〇五) 秦敬公元(?)(紀年)
一〇	一一
五〇 田悼子卒 公孫會以廩丘叛於趙 *(五六)	五一 宣公卒 田和始立 *(五六) 墨子遊齊當在此時稍後 *(五七)
一六	一七
一一	一二
一九(四一) 滅中山 *(五四) 使子擊守之 *(四六) 屈侯鮒為傅李克守中山吳起守西河皆在此後 西門豹守鄴或稍前 *(四〇) 與趙韓師救廩丘，敗齊 *(五六)	二〇(四二) 與韓趙伐齊入長城 *(五六) 翟璜 *(四〇)
三	四
三	四
二	三
六	七

周	魯	齊	宋	晉	魏	趙	韓 鄭	楚	越
二二（四〇四）	一二	康公 元	一八 悼公卒 *（六九）	一三	二一（四三）	五	五	四	八
二三（四〇三） 三晉命邑為諸侯 *（四三）	一三	二	休公 元	一四	二二（四四） 見中山使者趙倉唐 *（四六）	六 始稱侯 *（四三）	六	五	九
二四（四〇二）	一四 子思卒至晚在是年 *（五八）	三	二	一五	二三（四五） 召子擊，以中山封少子摯，是為中山武公 *（四三） *（五四） *（一四六） *（四六）	更元年（七） *（四三） 公仲連 牛畜 荀欣 徐越 *（四〇）	七	六 盜殺聲王	一〇
安王 元（四〇一）	一五	四	三	一六	二四（四六）	二（八）	八 鄭申不害當生於此時前後 *（七七）	悼王 元	一一

二（四〇〇）	一六	五 田午生＊（六六）	四	一七	二五（四七）	三（九）	九	二 三晉來伐	一二
三（三九九）	一七	六	五	一八	二六（四八）	四（一〇） 中山武公初立＊（四三）＊（五四）	烈侯元	三	一三
四（三九八）	一八	七	六	一九	二七（四九）	五（一一）	二 鄭殺其相駟子陽 列禦寇＊（五九）	四 伐鄭	一四
五（三九七）	一九	八	七	二〇	二八（五〇） 文侯卒＊（六〇）	六（一二）	三 聶政刺殺韓相俠累＊（七一）	五	一五
六（三九六）	二〇	九	八	二一	武侯元＊（六〇）	七（一三）	四 鄭子陽之徒弒其君繻公	六	一六
七（三九五）	二一	一〇	九	二二	二	八（一四）	五 鄭康公元	七	一七

周	魯	齊	宋	晉	魏	趙	韓鄭	楚	越
八（三九四）秦敬公卒（？）（紀年）	二二	一一 伐魯取最	一〇	二三	三	九（一五）	六 鄭負黍反韓	八	一八
九（三九三）秦惠公元（？）（紀年）	二三	一二	一一	二四	四	一〇（一六）	七	九 伐韓取負黍 墨子與魯陽文君論伐鄭 *（六一）	一九
一〇（三九二）	二四	一三	一二	二五	五	一一（一七）	八	一〇 墨子卒當在此時前後 *（三一）*（六一）*（六二）	二〇
一一（三九一）	二五	一四 田和遷康公於海上 *（六七）	一三	二六	六	一二（一八）	九	一一 三晉敗楚	二一

一二（三九〇）	一三（三八九）	一四（三八八）	一五（三八七）	一六（三八六）
二六 敗齊平陸	二七 孟子當生於此時稍後 *（六三）	二八	二九	三〇
一五	一六	一七	一八 田和會魏侯於濁澤 *（六四）	一九 田和立為侯 *（六四） 南郭子綦 *（五九）
一四	一五	一六	一七	一八
二七 烈公卒 *（三六）	桓公元 *（三六）	二	三	四
七 衛鞅當生於此時前後 *（七三）	八	九 伐齊至靈丘，吳起將 *（六〇）	一〇	一一 城洛陰及安邑王垣 *（四六） 襲邯鄲，不勝 *（四三）
一三（一九）	一四（二〇）	一五（二一）	一六（二二）	敬侯元 始都邯鄲 *（七八） 公子朔為亂，不勝，奔魏 *（四三）
一〇	一一	一二	一三	始稱侯 更元年（一四） *（四三）
一二	一三	一四	一五	一六
二二	二三	二四	二五	二六

周	魯	齊	宋	晉	魏	趙	韓鄭	楚	越
一七（三八五）	三一	二〇 田和卒 *（六四）	一九	五	一二	二	二（一五） 伐宋到彭城，執其君 *（九九）	一七	二七
一八（三八四）	三二	二一 田剡立 *（六五） 鄒忌淳于髡當生此時前後 *（八四） *（一一八）	二〇	六	一三 吳起奔楚當在此時前後 *（六六）	三	三（一六）	一八 吳起自魏來奔	二八
一九（三八三）	三三 繆公卒 *（四七）	二二	二一	七	一四	四	四（一七）	一九	二九
二〇（三八二）	共公元	二三	二二	八	一五	五	五（一八）	二〇	三〇

二一（三八一）	二二（三八〇）	二三（三七九）	二四（三七八）	二五（三七七）
二	三	四	五	六
二四	二五	二六 康公卒		
二三 休公卒	桓侯元 *（六九）	二	三	四
九	一〇	一一	一二	一三
一六	一七	一八	一九	二〇
六	七	八	九	一〇
六（一九）	七（二〇）	八（二一）	九（二二）	一〇（二三）
二一 悼王卒，楚人殺吳起 *（六六） *（六七） 孟勝 田襄子 *（六八）	肅王元 沈尹華生當在此稍後 *（八九）	二	三	四
三一	三二	三三 遷於吳 *（一一八）	三四	三五

周	魯	齊	宋	晉	魏	趙	韓鄭	楚	越
二六（三七六）	七	田午弒君剡自立 *（七〇）	五	一四	二一	一一	哀侯元 滅鄭，哀侯入於鄭 *（七一）	五	三六 太子諸咎弒君翳，粵殺諸咎，吳人立孚錯枝為君
烈王元（三七五）	八	桓公元	六	一五 韓哀侯邑於鄭 *（七一）	二二	一二	二 韓山堅弒其君哀侯，懿侯立 *（七一）	六	無余之元
二（三七四） 太史儋入秦見獻公 *（七二）（？）	九	二	七	一六	二三	成侯元	懿侯元	七	二
三（三七三）	一〇	三	八	一七	二四	二	二	八	三
四（三七二）	一一	四	九	一八	二五	三	三	九	四
五（三七一）	一二	五	一〇	一九	二六 伐楚取魯陽，武侯卒	四	四	一〇	五

通表第三

本表與考辨第三卷相應，起周烈王六年，梁惠王元，下迄周赧王十四年，齊宣王卒，凡七十年。

本表大體依史記六國表，刪燕國，附於齊。增宋。增越，附於楚。

本表在史記為已詳，表中凡有增列改訂，除注見考辨某篇外，亦有旁採史記各世家、列傳及紀年諸書者，逐條注明其出處。至其在考辨中或詳或否，不一一再注，以期簡淨。

表中所詳，自商鞅申不害，下及惠施莊周孟軻宋鈃許行陳仲，為先秦學術漫爛壯盛之期。時事之大者，為秦孝公變法，梁惠王齊威王相王，遂及秦宋，而至五國相王。諸侯莫不稱王，而周室為贅旒。齊興稷下，游仕奮起，蓋戰國之主要期也。

周（西曆紀元前）	秦	魏	韓	趙	楚 越	齊 燕	宋
烈王 六 （三七〇）	獻公 一五	惠王 元 封公子緩 韓趙伐我葵 敗鄴師邯鄲 師於平陽 *（四六）	懿侯 五 與趙遷晉桓 公於屯留 *（三六）	成侯 五 魏伐我，圍濁 陽（紀年）	肅王 一一	桓公 六 燕簡公卒 *（一三四） 趙伐我，取鄄	桓侯 一一
七 （三六九）	一六	二 王錯出奔韓 *（六六） 敗韓馬陵 *（一三四）	六	六 中山築長城 （世家）	宣王 元	七 燕孝公（？） 元後未詳 田壽伐魏觀， 觀降（紀年）	一二
顯王 元 （三六八）	一七 秦子向命為 藍君（紀年）	三	七 城邢丘 （紀年）	七	二	八	一三 惠施生此時 稍前 *（一二五） 莊周生此時 稍後 *（八八）

二（三六七）	一八	四	八	八 與韓分周以為兩（世家）	三	九	一四
三（三六六）	一九	五 公子景賈將伐鄭，韓明戰於陽，魏敗（紀年）	九	九	四	一〇	一五
四（三六五）	二〇	六	一〇	一〇	五	一一 弒其君母＊（七〇）	一六
五（三六四）	二一 與魏戰石門，斬首六萬，天子賀（？）（六國表）＊（八三）	七 公子緩如邯鄲＊（四六）	一一	一一	六 越無余之十二年，寺區弟思弒其君莽安，次無顓立＊（一三四）	一二	一七
六（三六三）	二二	八 伐趙取列人取肥（紀年）	一二	一二	七 越無顓元	一三	一八

周	七（三六二）	八（三六一）	九（三六〇）東周惠公傑薨（紀年）
秦	二三 與魏戰少梁，虜魏將公孫痤	孝公元 衛公孫鞅自魏入秦 *（七三）	二
魏	九 四月甲寅徙都大梁 *（四六） 與趙榆次陽邑。會鄭釐侯於巫沙 *（四六）	一〇	一一 鄭來致地：平邱戶牖首垣諸邑，及鄭馳道。我取軹道，與鄭鹿（紀年）
韓	昭侯元 *（七一）	二	三
趙	一三 魏公叔痤敗我與韓於澮，取皮牢 與韓昭侯遇上黨（世家）	一四	一五
楚越	八	九	一〇
齊燕	一四	一五	一六
宋	一九	二〇 宋牼當生此時前後 *（一二三）	二一

一〇（三五九）	三 用衛鞅定變法之令 甘龍杜摯 *（七三）	一二 使龍賈築長城於西邊（紀年）	四 取屯留尚子涅 *（三六）	一六 與韓分晉，遷晉君於端氏 *（三六）	一一 伐魏，決白馬以水長垣之外 *（紀年）	一七	二二
一一（三五八）	四	一三 與鄭釐侯盟巫沙以釋宅陽之圍，歸釐於鄭（紀年）	五	一七	一二	一八 桓公卒威王立 *（七〇） *（七四） 匡章當生此時或稍前 *（九四） 鄒忌見威王 *（八四） *（七四）	二三
一二（三五七）	五	一四 魯共侯宋桓侯衛成侯鄭釐侯來朝 *（一五四） *（七八） *（六九）	六	一八	一三	威王元 齊立稷下宮，招致遊士當在此時前後 *（七五） *（七六） 淳于髡遊稷下 *（一一八）	二四

周	秦	魏	韓	趙	楚越	齊燕	宋
一三（三五六）	六 衛鞅拜右庶長	一五	七 築長城自亥谷以南（紀年）	一九 與燕會阿	一四 越無顓甍 *（一三四）	二	二五
一四（三五五）	七 公子壯師師伐鄭，圍焦城，不克（紀年） 與魏會杜平 *（八三）	一六	八 申不害相 *（七七）	二〇 伐衛，取漆富丘，城之 *（七八）	一五 越無彊元	三 及燕師戰於泃水，齊師遁（紀年）	二六
一五（三五四）	八 與魏戰元里 取少梁	一七 伐趙圍邯鄲 *（七八） 季梁 *（七九） 楊朱 *（八〇） *（八一）	九 朝魏於中陽 *（七七） 東周與鄭高都利（紀年）	二一	一六	四 田期伐魏東鄙，戰於桂陽，魏敗 *（七八）	二七 宋景敾、衛公孫倉會齊師圍魏襄陵 *（七八）

一六（三五三）	九	一八 以韓師敗諸侯師於襄陵，齊侯使楚景舍來求成 *（七七） *（七八） 拔邯鄲 *（七八）	一〇	二二	一七	五 敗魏桂陵 *（七八）	二八
一七（三五二）	一〇 衛鞅為大良造，伐魏，安邑降之 *（四六）	一九 晉取玄武濩澤 *（三六）	一一	二三	一八	六	二九
一八（三五一）	一一 衛鞅圍魏固陽，降之	二〇 歸趙邯鄲，與盟漳水上 *（七八）	一二	二四 慎到當生此時前後 *（一三七）	一九	七 築防以為長城 *（一二八） 田駢當生此時前後 *（一三九）	三〇
一九（三五〇）	一二 自雍徙都咸陽	二一	一三	二五	二〇	八	三一

周	秦	魏	韓	趙	楚越	齊燕	宋
二〇（三四九）	一三	二二	一四 韓姬弒晉君＊（三六）	肅侯元 奪晉君端氏，徙處屯留＊（三六）	二一	九	三二
二一（三四八）	一四	二三	一五 昭侯如秦	二	二二	一〇 陳仲當生此時前後＊（一五〇）	三三
二二（三四七）	一五	二四	一六	三	二三	一一	三四
二三（三四六）	一六 太子犯法，衛鞅刑其傅公子虔＊（七三）	二五	一七	四	二四 楚伐徐州＊（一一八）	一二	三五
二四（三四五）	一七	二六 敗韓馬陵（紀年）	一八	五	二五	一三	三六

二五 (三四四)	二六 (三四三) 杜赫 *(五五) *(八五) *(一六三)	二七 (三四二)
一八 公子少官帥師會諸侯於逢澤 *(八三)	一九	二〇 衛鞅伐魏虜公子卬(鞅傳)
二七 白圭封於澮(?) *(八二) 會諸侯於逢澤 *(八三)	二八 穰苴率師及鄭孔夜戰於梁赫，鄭師敗 *(八四) 惠施遊梁在此稍後 *(九三)	二九 五月，齊田肦伐我東鄙；九月，秦衛鞅伐我西鄙；十月，邯鄲伐我北鄙；王攻衛鞅，敗績 *(八四) 中山君為相 *(五四) *(一四六)
一九	二〇	二一
六	七	八
二六	二七 屈原生 *(八七)	二八
一四 田肦伐梁 *(八四)	一五 敗梁馬陵 *(八四) *(八六) 田忌以與鄒忌相惡，奔楚，孫臏從 *(八五)	一六 田肦及宋人伐魏東鄙，圍平陽(紀年)
三七	三八	三九

周	秦	魏	韓	趙	楚 越	齊 燕	宋
二八（三四一）	二一 封衛鞅於商十五邑，號曰商君 *（七三）	三〇 城濟陽（紀年）	二二	九	二九	一七	四〇
二九（三四〇）	二二	三一 下邳遷於薛，改名徐州 *（一一〇）	二三	一〇	三〇	一八	四一 剔成廢君自立稱元年 *（六九） 剔成 元
三〇（三三九）	二三	三二 與秦戰岸門	二四	一一 荀卿當生此時稍前 *（一〇三）	威王 元 鐸椒 *（六七） 莊周 *（八八） 沈尹華 *（八九）	一九	二

三一（三三八）	二四 孝公卒，商君死，尸佼逃蜀 *（九〇）	三三	二五	一二	二	二〇	三 剔成卒，弟偃嗣立 *（六九） *（九一）
三二（三三七）	惠文王 元	三四	二六 申不害卒 *（七二） *（七七）	一三	三	二一	君偃 元
三三（三三六）	二	三五	二七	一四	四	二二	二
三四（三三五）	三 拔韓宜陽 *（九四）	三六	二八	一五	五	二三 匡章敗秦或在此年 *（九四） 孟子遊齊與匡章遊當在此稍前 *（九四） *（九八）	三

周	秦	魏	韓	趙	楚越	齊燕	宋
三五（三三四）	四	後元 與齊會徐州相王 *（九二） 惠施用事於魏 *（九三）	二九 作高門 *（九四）	一六	六	二四 燕文公二十八年 蘇秦至燕（？） *（九五）	四
三六（三三三）	五 公孫衍為大良造	二	三〇	一七	七 伐齊，敗之，圍徐州 *（九六）	二五 燕文侯卒。齊伐燕，取十城 *（九七）	五
三七（三三二）	六	三	宣惠王元	一八	八	二六 燕易王元 與魏伐趙	六
三八（三三一）	七	四	二	一九	九	二七	七

周	秦	魏	韓	趙	楚	齊燕	宋
三九（三三〇）東周昭文君資張儀入秦 *（一〇七）	八 魏獻河西地 張儀初入秦應在此年或稍前 *（一〇七）	五	三	二〇	一〇	二八	八
四〇（三二九）	九 渡河取魏汾陰皮氏，與魏王會應	六	四	二一	一一	二九	九
四一（三二八）	一〇 張儀相 魏納上郡	七	五	二二	懷王元	三〇	一〇 始稱王 *（九九）
四二（三二七）	一一	八	六	二三 韓舉與齊戰，死於桑丘 *（一〇二）	二	三一	一一 太丘社亡，周鼎淪泗水下（？） *（九九）
四三（三二六）	一二	九	七 與趙圍襄陵 *（一〇二）	二四	三	三二	一二

周	四四（三二五）	四五（三二四）	四六（三二三）
秦	一三 四月始稱王 *（一〇〇）	後元	二 張儀會齊楚魏之大臣於齧桑
魏	一〇	一一 與齊韓會平阿 *（一〇四）	一二 犀首約魏趙韓燕中山五國相王 *（一〇五） 會齊威王於鄄 *（一〇四）
韓	八 五月會梁王於巫沙，始稱王 十月朝梁 *（一〇一） *（一〇二）	九	一〇
趙	武靈王 元	二	三
楚	四	五	六 敗魏襄陵
齊 燕	三三 荀卿來遊學當在此時稍前 *（一〇三）	三四	三五 燕易王十年始稱王 *（一〇五） 孟子自宋過薛 *（一一〇） 孟子歸魯之滕 *（一一一） *（一一二）
宋	一三	一四 孟子遊宋當在此時或稍前 *（九八） *（一一〇）	一五

四七（三二二）	四八（三二一）	慎靚王元（三二〇）
三 韓魏太子來朝（本紀）伐魏曲沃平周，取之	四 田鳩 腹䵍 唐姑果 謝子 *（一一四）	五
一三 惠施去，張儀相 *（一〇七）	一四 薛子嬰來朝（紀年）	一五 孟子遊梁 *（一一五） 中山公子牟當生此時或稍前 *（一四六）
一一	一二	一三
四	五	六
七 惠施自魏來 *（一〇七） 魯平公元 *（一〇六） *（一一二）	八	九
三六 四月，封田嬰於薛；十月，城薛 *（一〇九）	三七 孟子在滕 許行遊滕當在此時 *（一一三） 蘇秦死或在此年 *（九五）	三八 威王卒 *（七四） 燕王噲元 （？） 蘇厲侍燕，質子在齊，蘇代在燕 *（九五） 荀子遊燕當在此時稍後 *（一〇三）
一六 楚納惠施 *（一〇八）	一七	一八

周	二（三一九）
秦	六
魏	一六 惠成王卒＊（一一五）惠施返魏，張儀去＊（一一六）
韓	一四
趙	七 公孫龍生當在此時或稍後＊（一四一）
楚	一〇
齊燕	宣王元 孟子自魏來＊（一一七）鄒忌卒＊（八五）稷下學士復盛 淳于髡 田駢 環淵 王斗 尹文＊（七五）蘇代自燕使齊當在此前後＊（九五）
宋	一九

三（三一八）	七 五國約擊秦，不勝而還 *（九五）	襄哀王 元 *（一一九） 惠施使楚 *（一一六） 孟嘗君初相魏當在此年或稍後 *（一二五）	一五	八	一一	二 田忌復歸 孫臏卒在前 *（八五） 蘇代自齊使燕當在此年或明年 *（九五）	二〇 滕文公卒在是年或稍後 *（一三五）
四（三一七）	八 敗趙公子渴、韓太子奐，斬首八萬 張儀復相 義渠襲敗我於李帛 *（九五）	二 齊敗我觀澤 *（九五）	一六 秦敗我脩魚，虜將申差 *（九五）	九 與韓魏共擊秦。齊敗我觀澤 *（九五）	一二	三 與宋敗魏趙於觀澤 *（九五）	二一
五（三一六）	九	三	一七	一〇	一三	四 燕王噲五年（？）讓國於相子之	二二

周	秦	魏	韓	趙	楚	齊燕	宋
六（三一五）	一〇	四	一八	一一	一四 屈原為左徒，當在此時或稍前 *（一二一）	五 冬，伐燕 *（一二〇） 匡章為將 *（九四）	二三
赧王元（三一四）	一一 敗韓師於岸門	五 惠施使趙 *（一一六）	一九	一二 立燕公子職 *（一二〇）	一五	六 齊取燕，燕君噲及太子相子之皆死 *（一二〇） 蘇代、厲皆留齊 *（九五）	二四
二（三一三）	一二	六	二〇	一三	一六 屈原見疏作離騷當在此時或稍前 *（一二一） 張儀來	七	二五

三（三一二）	四（三一一）	五（三一〇）	六（三〇九）
一三 敗屈丐，取漢中	一四	武王元	二 初置丞相。樗里疾甘茂為丞相
七 秦王來見於蒲阪關（紀年） 四月，越王使來獻乘舟（紀年） 擊齊於濮，贅子死，章子走 *（九四）	八	九 相田需死 惠施卒當在此時稍前 *（一二五） 五月，張儀卒 *（一二六）	一〇 河水溢酸棗郛（紀年）
二一 與秦共攻楚 韓明率師伐襄丘（紀年）	襄王元	二	三
一四	一五	一六 納孟姚，生子何	一七
一七 景翠圍韓雍氏（紀年）	一八 張儀復來 *（一二六） 屈原使齊返	一九 蘇厲在楚北見梁王 *（九五） 庶章率師會魏於襄丘（紀年）	二〇
八 孟子去當在此時或稍後 *（一二二） 王殺其王后（紀年） 蘇代在齊見陳軫 *（九五）	九	一〇	一一
二六 孟軻宋鈃遇於石丘當在此年或稍前 *（一二二） *（一二三）	二七	二八	二九

周	秦	魏	韓	趙	楚	齊燕	宋
七（三〇八）	三 伐韓宜陽（本紀）	一一	四	一八	二一	一二	三〇
八（三〇七）	四 拔宜陽。涉河，城武遂。王卒於周 *（九九）	一二 秦擊皮氏（紀年、世家）	五	一九 初胡服 *（八二）	二二 屈原居漢北為三閭大夫當在此時或稍前 *（一二七）	一三 魯仲連當生此時或稍後 *（一五五）	三一
九（三〇六）	昭襄王 元 甘茂奔齊遇蘇代 *（九五） *（一二八）	一三 城皮氏（紀年）	六 秦復與我武遂（世家） 楚圍我雍氏 *（九五） 蘇代為齊使秦過韓 *（九五）	二〇 略中山胡地（世家） 白主遊中山當在此時或稍後 *（八二）	二三 圍韓雍氏 *（九五）	一四	三二

周	秦	魏	韓	趙	楚	齊	宋
一〇（三〇五）	二	一四 蘇代拘於魏應在此稍後＊（九五）	七	二一 伐中山，中山獻四邑以和（世家）	二四 迎婦於秦＊（一六一）環淵詹何＊（一四六）	一五	三三
一一（三〇四）	三	一五	八	二二	二五 與秦盟黃棘，秦歸我上庸（世家）	一六	三四
一二（三〇三）	四	一六 秦拔我蒲阪晉陽封谷	九 秦取武遂	二三 攻中山（世家）	二六 齊韓魏伐楚，楚使太子質秦	一七	三五
一三（三〇二）	五	一七 與秦會臨晉，復我蒲阪	一〇	二四 命吏大夫奴遷於九原，又命將軍大夫適子戍吏皆貉服＊（八二）	二七	一八 公孫宏使秦＊（一二九）	三六

周	一四（三〇一）
秦	六 會韓魏齊之師伐楚 涇陽君為質於齊 ＊（九五）
魏	一八
韓	二二
趙	二五 伐中山，中山君奔齊 公子牟 ＊（一四六）
楚	二八
齊	一九 宣王卒 孟嘗君將入秦，蘇代諫止之 ＊（九五） 匡章將與韓魏攻楚，殺唐昧 ＊（九四） ＊（一二八） 鄒衍生在此時稍前 ＊（一四四）
宋	三七

通表第四

本表與考辨卷四相應，起周赧王十五年，齊湣王元，下迄秦二世三年，子嬰降漢，凡九十四年。

本表大體依史記六國表，分列七國，無增刪。

本表所及，因魏紀年已止，無可參訂。然時近文備，舛乖亦少。間採史記世家、列傳，以補表缺。

表中自荀卿公孫龍鄒衍，下及呂不韋韓非李斯，乃先秦學術之結束期矣。時事之大者，孟嘗君中立稱侯，平原信陵之擅趙魏，春申文信之專楚秦，齊湣秦昭稱帝不成，而諸國大權，不入游仕，即入親貴公子之手。養士之風，自君上下落於權臣。君權大削，士燄盛張。秦亡六國，李斯矯敝，嚴定中央集權之制，而鋤士氣。焚書坑儒，迄於秦亡，而戰國學風亦熸。

表中於秦事僅依史記之舊，考論闡詳，期之後著。

周（西曆紀元前）	秦	魏	韓	趙	楚	齊 宋	燕
赧王 一五（三〇〇）	昭襄王 七 破楚師，殺景缺，取新城 樗里疾卒	襄哀王 一九 薛侯來會於釜丘 *（一二九） 馮煖（?） *（一二九）	襄王 一二	武靈王 二六	懷王 二九 太子橫質齊 蘇厲在楚 *（九五）	湣王 元 *（一二八）	昭王 一二
一六（二九九）	八 白圭遊秦或在此時前後 *（八二）	二〇 汲冢紀年止此 *（一一九）	一三	二七 傳國少子何，自號主父 龐煖生當在此時稍後 *（一五七）	三〇 王入秦 屈原卒或在此前後 *（八七）	二 田文入相秦 *（一二九） 宋王偃三十九年置太子為王 *（一三〇） 兒說 *（一三〇） 宋戮唐鞅當在此稍前 *（一三〇）	一三

周	秦	魏	韓	趙	楚	齊宋	燕
一七（二九八）	九 田文免，樓緩相	二一	一四	惠文王 元 封公子勝為平原君（?）*（一三三）	頃襄王 元 *（一三一）*（一三二）蘇厲在楚 *（九五）	三 田文歸相齊。與魏韓共擊秦 *（一二九）*（九五）蘇代在齊 *（九五）仇赫相宋 *（一三〇）宋滅滕當在此時或稍後 *（一三五）	一四
一八（二九七）	一〇	二二	一五	二	二	四	一五
一九（二九六）	一一	二三	一六	三 李兌、公子成殺公子章、田不禮。主父餓死沙丘宮 *（一三〇）樂毅去，適魏（毅傳）	三 懷王卒於秦 屈原卒或在此前後 *（八七）	五	一六

二〇（二九五）	一二 樓緩免，魏冉為丞相予楚粟五萬石（本紀）	昭王 元 樂毅使燕當在此時或稍後（毅傳）	釐王 元	四	四	六	一七 樂毅來燕當在此時或稍後
二一（二九四）	一三 呂禮亡奔齊 蘇代去齊當在此稍後 *（九五）	二	二	五	五	七 田甲劫湣王，相田文走，王重召文 魏子（？） *（一二九） 呂禮相當在此時稍後 *（一二九）	一八
二二（二九三）	一四 白起敗韓魏於伊闕	三	三	六	六	八	一九
二三（二九二）	一五 白起攻魏取垣，攻楚取宛（本紀） 魏冉免相	四	四	七	七 迎歸於秦	九	二〇 蘇代自齊至當在此前後 *（九五）

周	秦	魏	韓	趙	楚	齊宋	燕
二四（三九一）	一六 魏冉復相（冉傳）取魏軹及鄧（本紀）	五	五	八	八	一〇	二一
二五（三九〇）	一七 魏入河東地四百里。以垣易魏蒲阪皮氏	六 成陽君朝秦（秦紀）白圭卒當在此時前後 *（八二）	六	九 劇辛當生此時前後 *（一五七）	九	一一	二二
二六（三八九）	一八 擊魏，取城大小六十一	七	七 呂不韋生當在此時前後 *（一五九）	一〇	一〇	一二 莊周卒當在此時或稍後 *（八八） 舊譜孟子卒在此年 *（六三）	二三

二七（二八八）	二八（二八七）
一九　十月為帝，十二月復為王。自歸呂禮來。＊（九五）	二〇
八	九
八	九
一一　董叔與魏伐宋，得河陽於魏（世家）	一二　李兌約五國伐秦＊（九五）
一一	一二
一三　為東帝，二月復為王。蘇代自燕來，勸齊伐宋＊（九五）宋王偃五十年。逐太子當在此時或稍前＊（一三〇）	一四　蘇代為齊見李兌，勸定從約＊（九五）
二四	二五

周	二九	（二八六）
秦	二一	魏冉免（冉傳）
魏	一〇	孟嘗君相當在此稍前*（一二九）
韓	一〇	
趙	一三	
楚	一三	荀卿自齊來*（一三六）
齊宋	一五	宋王偃五十二年，齊滅宋*（九一）蘇代在齊*（九五）殺執政司馬穰苴當在此時或稍後*（八五）*（一二八）稷下諸儒慎到接子田駢荀卿皆散當在此稍後*（一三六至一三九）孟嘗君去之魏當在此稍前*（一二九）
燕	二六	

三〇（二八五）	三一（二八四）	三二（二八三）蘇厲見西周君 *（九五）	三三（二八二）	三四（二八一）
二二 擊齊拔九城	二三	二四 取魏安城	二五	二六 魏冉復相
一一	一二	一三 秦兵至大梁。孟嘗君求救於燕趙 *（一二九）	一四	一五
一一	一二	一三	一四	一五 韓非當生此時前後 *（一五五）
一四 李兌卒當在此稍前 *（九五）以樂毅為相國（世家）	一五	一六	一七 秦拔我兩城	一八 秦拔我石城 魏冉來相（世家）
一四	一五 取齊淮北 荀卿為楚蘭陵令或在此時稍後 *（一四〇）	一六	一七	一八 莊辛去遊趙 *（一四五）李說當生此時前後 *（一五五）
一六	一七 湣王卒於莒 *（一二八）王蠋 *（一三九）	襄王元	二	三
二七 使樂毅如趙，說合從伐齊 *（九五）	二八 樂毅以秦魏韓趙之師入齊至臨淄，湣王走	二九 公孫龍說昭王以偃兵當在此時或稍後 *（一四一）	三〇	三一 蘇代蘇厲卒皆當在此前後 *（九五）

周	秦	魏	韓	趙	楚	齊	燕
三五（二八〇）	二七	一六	一六	一九 與魏攻齊，取麥丘（世家）	一九 與秦漢北及上庸地	四	三二
三六（二七九）	二八	一七	一七	二〇 廉頗將攻齊（世家）與秦會澠池，藺相如從 公孫龍與惠文王論偃兵 *（一四二）	二〇 秦拔鄢西陵 *（一二七）	五 殺燕騎劫	三三 昭王卒 樂毅奔趙 公孫龍自燕入趙 *（一四二）
三七（二七八）	二九	一八	一八	二一	二一 秦拔郢，燒夷陵。王亡走陳 *（一二七）	六 稷下復興。荀卿反齊為稷下老師當在此時或稍後 *（一四三）	惠王 元 鄒衍遊燕在此後 *（一四四）

三八（二七七）	三〇	一九	一九	二二 置公子丹為太子 莊辛與趙王論劍當在此時 *（一四五）	二二 秦拔巫黔中 徵莊辛於趙 *（一四五）	七	二
三九（二七六）	三一	安釐王 元 封弟公子無忌為信陵君	二〇	二三	二三	八	三
四〇（二七五）	三二	二	二一	二四	二四	九	四
四一（二七四）	三三	三	二二	二五	二五	一〇	五
四二（二七三）	三四 白起敗魏芒卯於華陽，斬首十五萬	四 段干崇請割地和秦	二三	二六	二六	一一	六
四三（二七二）	三五	五	桓惠王 元	二七 封弟豹為平陽君（世家）	二七 太子完質秦，左徒黃歇侍（世家）	一二	七

周	秦	魏	韓	趙	楚	齊	燕
四四（二七一）	三六 范雎為客卿（雎傳）	六	二	二八	二八	一三	武成王元
四五（二七〇）	三七	七	三	二九 秦圍韓閼與，趙奢救之，大破秦軍	二九	一四	二
四六（二六九）	三八	八	四	三〇	三〇	一五	三
四七（二六八）	三九	九	五	三一	三一	一六	四
四八（二六七）	四〇	一〇	六	三二	三二	一七	五
四九（二六六）	四一 逐穰侯，范雎相（雎傳）魏牟遊秦應在此稍後＊（一四六）	一一	七	三三	三三	一八	六

五〇（二六五）	四二 安國君為太子（本紀）	一二	八	孝成王元 平原君相 *（一三三） 平原君如秦 虞卿與魏齊逃之魏 *（一四七） 孔穿來趙與公孫龍辯於平原君所，當在此時前後 *（一四八）	三四 虞卿來 *（一三二）	一九 田單將趙師攻燕中人，拔之（趙世家） 荀卿去齊當在此時 *（一四九）	七
五一（二六四）	四三 荀卿遊秦約在此時 *（一四九）	一三	九	二 惠文后卒（世家） 田單相（世家）	三五	王建元 陳仲卒當在此時前後 *（一五〇）	八
五二（二六三）	四四	一四	一〇	三	三六	二	九
五三（二六二）	四五	一五	一一	四 受韓上黨	考烈王元 黃歇相，封春申君	三	一〇

周	秦	魏	韓	趙	楚	齊	燕
五四（二六一）	四六	一六	一二	五 荀卿自秦來，當在此時前後 *（一五一）	二 取魯徐州，封魯君於莒 *（一五三）	四	一一
五五（二六〇）	四七 白起破趙長平，殺卒四十五萬	一七	一三	六 廉頗軍長平拒秦，七月免。趙括代將，九月敗（白起傳）	三	五	一二
五六（二五九）	四八 正月秦政生（始皇本紀）使王陵攻趙邯鄲（白起傳）	一八	一四	七	四	六	一三
五七（二五八）	四九 使王齕代陵將，圍邯鄲	一九 張蒼生此時前後 *（一四七）	一五	八 平原君如楚 魯仲連遊趙在此時或稍前 *（一五五）	五	七	一四

五八（二五七）	五〇	二〇 信陵君救趙	一六	九 邯鄲圍解 公孫龍勸平原君勿受封 荀卿議兵於王前當在此時 *（一五一）	六 春申君救趙	八	孝王元
五九（二五六）	五一	二一	一七	一〇 齊使鄒衍過趙當在此時前後 *（一五二）	七 滅魯 *（一五三） *（一五四）	九	二
（二五五）	五二 蔡澤入秦代范雎相	二二	一八	一一	八	一〇	三
（二五四）	五三	二三	一九	一二	九	一一	王喜元
（二五三）	五四	二四	二〇	一三	一〇	一二	二

周	秦	魏	韓	趙	楚	齊	燕
（二五二）	五五	二五	二一	一四 平原君卒（世家）公孫龍卒當在此時前後 ＊（一四一） ＊（一五二）	一一	一三	三
（二五一）	五六	二六	二二	一五 破燕軍，殺燕將栗腹	一二	一四	四
（二五〇）	孝文王 元	二七	二三	一六 廉頗圍燕以樂乘為武襄君（世家）	一三	一五 魯仲連說燕聊城守將事當在此時 ＊（一五五）	五
（二四九）	莊襄王 元 呂不韋相	二八 魏中山公子牟卒當在此時稍後 ＊（一四六）	二四	一七 武襄君攻燕，圍其國（世家）	一四	一六 君王后卒（世家）	六
（二四八）	二	二九	二五	一八	一五 春申君徙封於吳	一七	七

	秦	魏	韓	趙	楚	齊	燕
(二四七)	三 李斯遊秦為呂不韋舍人（李傳）＊(一五六)	三〇 信陵君率五國兵敗秦軍於河外	二六	一九	一六	一八	八
(二四六)	始皇帝 元	三一	二七	二〇	一七	一九	九
(二四五)	二	三二	二八	二一	一八	二〇	一〇
(二四四)	三	三三	二九	悼襄王 元	一九	二一	一一
(二四三)	四	三四 信陵君卒	三〇	二	二〇	二二	一二
(二四二)	五 蒙驁取魏酸棗燕虛長平（本紀）	景湣王 元 魏相、趙相會魯柯，盟(?)＊(一六〇)	三一	三 龐煖敗殺燕將劇辛＊(一五七) 鶡冠子＊(一五八)	二一	二三	一三
(二四一)	六	二	三二	四 龐煖將五國兵攻秦（世家）	二二 楚魏趙韓燕合從擊秦，楚為從長，無功。楚東徙壽春	二四	一四

	（二四〇）	（二三九）	（二三八）	（二三七）
秦	七 呂不韋賓客著書 *（一五九）	八 王弟長安君成蟜將軍擊趙，死屯留（本紀） 嫪毐封長信侯	九 殺嫪毐	一〇 呂不韋免相 *（一五九） 下令逐客，以李斯諫止（本紀） 大梁人尉繚來說（本紀） *（一六二）
魏	三 孔子順相（?） *（一五九）	四	五	六
韓	三三	三四	王安元	二
趙	五	六	七	八
楚	二三	二四	二五 李園殺春申君 *（一六一）	幽王元
齊	二五	二六	二七	二八
燕	一五	一六	一七	一八

（二三六）	（二三五）	（二三四）	（二三三）	（二三二）	（二三一）	（二三〇）	（二二九）	（二二八）	（二二七）
一一	一二 呂不韋卒	一三	一四 韓非死於秦 *（一五六）	一五	一六	一七	一八	一九	二〇 王翦將擊燕
七	八	九	一〇	一一	一二	一三	一四	一五	王假元
三	四	五 韓非使秦（世家） *（一五六）	六	七	八	九 秦虜王安	韓滅		
九	王遷元	二	三	四	五	六	七	八 秦虜王遷公子嘉自立為代王	代王嘉元
二	三	四	五	六	七	八	九	一〇 幽王卒，弟哀王立。三月負芻殺哀王	王負芻元
二九	三〇	三一	三二	三三	三四	三五	三六	三七	三八
一九	二〇	二一	二二	二三 太子丹質秦，亡歸	二四	二五	二六	二七	二八 太子丹使荊軻刺秦王

	秦	魏	韓	趙	楚	齊	燕
（二二六）	二一	二		二	二	三九	二九 秦拔我薊，得太子丹。王徙遼東
（二二五）	二二	三 秦虜王假		三	三	四〇	三〇
（二二四）	二三	魏滅		四	四	四一	三一
（二二三）	二四			五	五 秦虜王負芻	四二	三二
（二二二）	二五			六 秦虜代王嘉	楚滅	四三	三三 秦虜王喜，拔遼東
（二二一）	二六 初并天下，更號皇帝。李斯為廷尉，議去封建、為郡縣，從之			趙滅		四四 秦虜王建	燕滅
（二二〇）	二七					齊滅	

	秦
（二一九）	二八 始皇東行郡縣，上鄒嶧山。立石，與魯諸生議，刻石頌秦德，議封禪望祭山川之事。遂登泰山，至琅邪，李斯為卿從行。還，過彭城，使千人沒泗水，求周鼎，弗得 *（九九）
（二一八）	二九 登之罘刻石
（二一七）	三〇
（二一六）	三一
（二一五）	三二 始皇之碣石，使燕人盧生求羨門高誓。刻碣石門。又使韓終侯公石生求僊人不死之藥 *（一六三） 將軍蒙恬北擊胡
（二一四）	三三 略取陸梁為桂陵象郡南海
（二一三）	三四 博士淳于越議封建，丞相李斯奏請焚書，以吏為師。從之
（二一二）	三五 使御史案問諸生，自除犯禁者四百六十餘人，阬之咸陽，以懲後。益發讁徙邊
（二一一）	三六 使博士為僊真人詩

（二一〇）	三七 始皇出遊，刻石會稽 始皇道崩沙丘，少子胡亥立
（二〇九）	二世皇帝 元 郡縣皆反。楚兵至戲，章邯擊卻之
（二〇八）	二 誅丞相李斯 *（一五六）
（二〇七）	三 趙高殺二世皇帝，立子嬰。子嬰刺殺高。諸侯入秦，嬰降，見殺。秦亡

通表之部　附表第一

列國世次年數異同表

繫年通表，與史記舊表頗有不同，既逐事備詳於考辨諸篇，為便比覽，別製列國世次年數異同表，附於通表之後。

表列十三國曰秦、曰魏、曰韓、曰趙、曰楚、曰燕、曰田齊、曰齊、曰晉、曰魯、曰宋、曰鄭、曰越，而首繫之以周。

通表於秦楚齊鄭四國，一依史舊，無所改定。其餘諸國，悉有變動。越年史所不詳，此則增列。

本表上列數字，係史表舊文，下列阿拉伯數目，則為通表新定。同者不著，異者兼舉。

史公為六國表，本據秦記，於秦人世系，應最無誤。索隱引紀年，書秦簡公、敬公、惠公三君年代，皆與史記不合。而索隱文不明備，無可詳論。茲不俱列，而附見於通表第二。

史表於魏事錯誤最甚，而紀年魏史，於魏事亦最可信。史表於魏文侯誤後二十二年，魏武侯誤後十年。其兩君在位年數亦誤。梁惠王後元元年，又誤以為梁襄王之年。

韓表史亦有誤，而較不甚。韓哀侯以下，宣惠王以前，懿侯昭侯兩君，與紀年前後乖舛四年。

趙表於簡子襄子之間，史已有誤。其下於烈侯武公，史分兩君，紀年乃一君。

燕表自成公以下，紀年與史多異。惟索隱引紀年，自孝公以下不具，無可比列。

史於田齊亦多誤。脫田悼子及田侯剡兩世，齊威王元誤前二十一年，齊湣王年數誤多二十三年，通表皆依紀年改正。

晉年自晉出公以下，史亦多誤，通表悉據紀年另列。

魯年史自有歧，年表與世家不同。通表據世家推定，然復與紀年有歧。索隱引紀年，未及魯年，無可詳定，語詳考辨。

宋表史又多誤。景公誤增十八年，悼公誤減十年。桓公四十一年，剔成三年，史誤倒為辟公三年，剔成四十一年。王偃元誤後九年。通表俱依紀年改排。

越年據紀年新增。

其間以史表之誤，而關涉史實全部者，莫如魏田齊二表。魏文、武兩侯年數之誤後，梁惠王後元之誤為襄王，齊威王年之誤前，及湣王年之誤增，皆為自來考論戰國史跡者嘔心難解之處。雖多疑及史記之誤，然亦無以重顯誤前之真。通表所定，庶為近是。

其間幽晦難理者，則如晉韓田宋四表。四表定，而梁田齊之真年亦從而益定。蓋晉魏田韓之世系顯，而三晉稱侯，田氏篡齊之史實得矣。梁惠、襄，齊威、宣，宋偃，韓宣惠之年代正，而六國稱王之層折著矣。此皆戰國重要之變局，非加理董，則不見也。

至於諸子生卒行事出處，皆待諸國世系年數既正，乃可排比，再見於附表第三，讀者會合參究，庶得繫年大體之影像也。

	周	秦	魏	韓	趙	楚	燕	田齊	齊（舊見田齊表）	晉（舊見魏表）	魯（舊見楚表）	宋（舊見齊表）	鄭（舊見韓表）	越（舊缺）
21	元王 敬 元 44	厲共 元			簡子 四二	惠王 一三	獻公 一七		平公 五	定公 三六	哀公 一九	景公 四一	聲公 二五	句踐
22	二 1 元	二			四三 1 襄子	一四	一八		六	三七	二〇	四二	二六	
23	三 2	三			四四 2	一五	一九		七	出公 元	二一	四三	二七	
24	四 3	四			四五 3	一六	二〇		八	二	二二	四四	二八	
25	五 4	五			四六 4	一七	二一		九	三	二三	四五	二九	
26	六 5	六			四七 5	一八	二二		一〇	四	二四	四六	三〇	
27	七 6	七			四八 6	一九	二三		一一	五	二五	四七	三一	
28	八 7	八			四九 7	二〇	二四		一二	六	二六	四八	三二	
29	定王 元	九			五〇 8	二一	二五		一三	七	二七	四九 1 昭	三三	
30	二	一〇			五一 9	二二	二六		一四	八	二八 1 悼	五〇 2	三四	
31	三	一一			五二 10	二三	二七		一五	九	悼公 元 2	五一 3	三五	
32	四	一二			五三 11	二四	二八		一六	一〇	二 3	五二 4	三六	

周	五	六	七	八	九	一〇	一一	一二	一三	一四
秦	一三	一四	一五	一六	一七	一八	一九	二〇	二一	二二
魏										
韓										
趙	五四 12	五五 13	五六 14	五七 15	五八 16	五九 17	六〇 18	襄子元 19	二 20	三 21
楚	二五	二六	二七	二八	二九	三〇	三一	三二	三三	三四
燕	孝公元	二	三	四	五	六	七	八	九	一〇
田齊										
齊 舊見田齊表	一七	一八	一九	二〇	二一	二二	二三	二四	二五	宣公元
晉 舊見魏表	一一	一二	一三	一四	一五	一六	一七	一八	哀公元 19	二 20
魯 舊見楚表	三 4	四 5	五 6	六 7	七 8	八 9	九 10	一〇 11	一一 12	一二 13
宋 舊見齊表	五三 5	五四 6	五五 7	五六 8	五七 9	五八 10	五九 11	六〇 12	六一 13	六二 14
鄭 舊見韓表	三七	三八	哀公元	二	三	四	五	六	七	八
越 舊缺	鹿郢（史作鼫與） 1	2	3	4	5	6	不壽 1	2	3	4

二七	二六	二五	二四	二三	二二	二一	二〇	一九	一八	一七	一六	一五
躁公元	三四	三三	三二	三一	三〇	二九	二八	二七	二六	二五	二四	二三
5	4	3	2	1 文							桓	
											康	
一六 34	一五 33	一四 32	一三 31	一二 30	一一 29	一〇 28	九 27	八 26	七 25	六 24	五 23	四 22
四七	四六	四五	四四	四三	四二	四一	四〇	三九	三八	三七	三六	三五
八 13	七 12	六 11	五 10	四 9	三 8	二 7	成公元 6	一五 5	一四 4	一三 3	一二 2	一一 1 成
一四	一三	一二	一一	一〇	九	八	七	六	五	四	三	二
一三 10	一二 9	一一 8	一〇 7	九 6	八 5	七 4	六 3	五 2	四 1 敬	三 23	二 22	懿公元（今脫） 21
二五 26	二四 25	二三 24	二二 23	二一 22	二〇 21	一九 20	一八 19	一七 18	一六 17	一五 16	一四 15	一三 14
九 27	八 26	七 25	六 24	五 23	四 22	三 21	二 20	昭公元 19	六六 18	六五 17	六四 16	六三 15
一三	一二	一一	一〇	九	八	七	六	五	四	三	二	共公元（今脫）
7	6	5	4	3	2	1 朱句	10	9	8	7	6	5

周	二八	考王元	二	三	四	五	六	七	八	九	一〇	一一
秦	二	三	四	五	六	七	八	九	一〇	一一	一二	一三
魏	6	7	8	9	10	11	12	13	14	15	16	17
韓												
趙	一七 35	一八 36	一九 37	二〇 38	二一 39	二二 40	二三 41	二四 42	二五 43	二六 44	二七 45	二八 46
楚	四八	四九	五〇	五一	五二	五三	五四	五五	五六	五七	簡王元	二
燕	九 14	一〇 15	一一 16	一二 1 文	一三 2	一四 3	一五 4	一六 5	湣公元 6	二 7	三 8	四 9
田齊												
齊（舊見田齊表）	一五	一六	一七	一八	一九	二〇	二一	二二	二三	二四	二五	二六
晉（舊見魏表）	一四 11	一五 12	一六 13	一七 14	幽公元 15	二 16	三 17	四 18	五 1 幽	六 2	七 3	八 4
魯（舊見楚表）	二六 27	二七 28	二八 29	二九 30	三〇 31	三一 1 元	三二 2	三三 3	三四 4	三五 5	三六 6	三七 7
宋（舊見齊表）	一〇 28	一一 29	一二 30	一三 31	一四 32	一五 33	一六 34	一七 35	一八 36	一九 37	二〇 38	二一 39
鄭（舊見韓表）	一四	一五	一六	一七	一八	一九	二〇	二一	二二	二三	二四	二五
越（舊缺）	8	9	10	11	12	13	14	15	16	17	18	19

九	八	七	六	五	四	三	二	元 威烈王	一五	一四	一三	一二
八	七	六	五	四	三	二	元 靈公	四	三	二	元 懷公	一四
八 30	七 29	六 28	五 27	四 26	三 25	二 24	元 23 文侯	22	21	20	19	18
八	七	六	五	四	三	二	元 武子					
七	六	五	四	三	二	元 獻侯	元 桓子	三三 51	三二 50	三一 49	三〇 48	二九 47
一五	一四	一三	一二	一一	一〇	九	八	七	六	五	四	三
一七 22	一六 21	一五 20	一四 19	一三 18	一二 17	一一 16	一〇 15	九 14	八 13	七 12	六 11	五 10
三九	三八	三七	三六	三五	三四	三三	三二	三一	三〇	二九	二八	二七
四 17	三 16	二 15	元 14 烈公	一七 13	一六 12	一五 11	一四 10	一三 9	一二 8	一一 7	一〇 6	九 5
一二 20	一一 19	一〇 18	九 17	八 16	七 15	六 14	五 13	四 12	三 11	二 10	元 9 元公	三八 8
三四 5	三三 4	三二 3	三一 2	三〇 1 悼	二九 47	二八 46	二七 45	二六 44	二五 43	二四 42	二三 41	二二 40
六	五	四	三	二	元 繻公	元 幽公	三一	三〇	二九	二八	二七	二六
32	31	30	29	28	27	26	25	24	23	22	21	20

周	一〇	一一	一二	一三	一四	一五	一六	一七	一八	一九	二〇
秦	九	一〇	簡公元	二	三	四	五	六	七	八	九
魏	九 31	一〇 32	一一 33	一二 34	一三 35	一四 36	一五 37	一六 38	一七 39	一八 40	一九 41
韓	九	一〇	一一	一二	一三	一四	一五	一六	景侯元	二	三
趙	八	九	一〇	一一	一二	一三	一四	一五	烈侯元	二	三
楚	一六	一七	一八	一九	二〇	二一	二二	二三	二四	聲王元	二
燕	一八 23	一九 24	二〇 1 簡	二一 2	二二 3	二三 4	二四 5	二五 6	二六 7	二七 8	二八 9
田齊						莊子	和子 1 悼	2	3	4	5
齊（舊見田齊表）	四〇	四一	四二	四三	四四	四五	四六	四七	四八	四九	五〇
晉（舊見魏表）	五 烈 18	六 2	七 3	八 4	九 5	一〇 6	一一 7	一二 8	一三 9	一四 10	一五 11
魯（舊見楚表）	一三 21	一四 1 穆	一五 2	一六 3	一七 4	一八 5	一九 6	二〇 7	二一 8	穆公元 9	二 10
宋（舊見齊表）	三五 6	三六 7	三七 8	三八 9	三九 10	四〇 11	四一 12	四二 13	四三 14	四四 15	四五 16
鄭（舊見韓表）	七	八	九	一〇	一一	一二	一三	一四	一五	一六	一七
越（舊缺）	33	34	35	36	37	翳 1	2	3	4	5	6

九	八	七	六	五	四	三	二	安王元	二四	二三	二二	二一
七	六	五	四	三	二	惠公元	一五	一四	一三	一二	一一	一〇
三二 4	三一 3	三〇 2	二九 1 武	二八 50	二七 49	二六 48	二五 47	二四 46	二三 45	二二 44	二一 43	二〇 42
七	六	五	四	三	二	烈侯元	九	八	七	六	五	四
七 16	六 15	五 14	四 13	三 12	二 11	武公元 10	九	八	七	六	五	四
九	八	七	六	五	四	三	二	悼公元	六	五	四	三
一〇 22	九 21	八 20	七 19	六 18	五 17	四 16	三 15	二 14	釐公元 13	三一 12	三〇 11	二九 10
13	12	11	10	9	8	7	6	5	4	3	2	1 和
一二	一一	一〇	九	八	七	六	五	四	三	二	康公元	五一
二八 24	二七 23	二六 22	二五 21	二四 20	二三 19	二二 18	二一 17	二〇 16	一九 15	一八 14	一七 13	一六 12
一五 23	一四 22	一三 21	一二 20	一一 19	一〇 18	九 17	八 16	七 15	六 14	五 13	四 12	三 11
三 11	二 10	休公元 9	八 8	七 7	六 6	五 5	四 4	三 3	二 2	悼公元 1 休	四七 18	四六 17
三	二	康公元	二七	二六	二五	二四	二三	二二	二一	二〇	一九	一八
19	18	17	16	15	14	13	12	11	10	9	8	7

周	一〇	一一	一二	一三	一四	一五	一六	一七	一八	一九	二〇	二一
秦	八	九	一〇	一一	一二	一三	出子 元	二	獻公 元	二	三	四
魏	三三 5	三四 6	三五 7	三六 8	三七 9	三八 10	武侯 元 11	二 12	三 13	四 14	五 15	六 16
韓	八	九	一〇	一一	一二	一三	文侯 元	二	三	四	五	六
趙	八 17	九 18	一〇 19	一一 20	一二 21	一三 22	敬侯 元	二	三	四	五	六
楚	一〇	一一	一二	一三	一四	一五	一六	一七	一八	一九	二〇	二一
燕	一一 23	一二 24	一三 25	一四 26	一五 27	一六 28	一七 29	一八 30	一九 31	二〇 32	二一 33	二二 34
田齊	14	15	16	17	18	19	和 始侯元	二	桓公 元 1 剡	二 2	三 3	四 4
齊 舊見田齊表	一三	一四	一五	一六	一七	一八	一九	二〇	二一	二二	二三	二四
晉 舊見魏表	孝公 元 25	二 26	三 27	四 1 桓	五 2	六 3	七 4	八 5	九 6	一〇 7	一一 8	一二 9
魯 舊見楚表	一六 24	一七 25	一八 26	一九 27	二〇 28	二一 29	二二 30	二三 31	二四 32	二五 33	二六 1 共	二七 2
宋 舊見齊表	四 12	五 13	六 14	七 15	八 16	九 17	一〇 18	一一 19	一二 20	一三 21	一四 22	一五 23
鄭 舊見韓表	四	五	六	七	八	九	一〇	一一	一二	一三	一二	一三
越 舊缺	20	21	22	23	24	25	26	27	28	29	30	31

七	六	五	四	三	二	元 烈王	二六	二五	二四	二三	二二
一六	一五	一四	一三	一二	一一	一〇	九	八	七	六	五
二	元 惠王	一六 26	一五 25	一四 24	一三 23	一二 22	一一 21	一〇 20	九 19	八 18	七 17
二 6	元 5 莊侯	六 4	五 3	四 2	三 1 懿	二	元 哀侯	一〇	九	八	七
六	五	四	三	二	元 成侯	一二	一一	一〇	九	八	七
元 宣王	一一	一〇	九	八	七	六	五	四	三	二	元 肅王
四 孝	三 45	二 44	元 43 桓公	三〇 42	二九 41	二八 40	二七 39	二六 38	二五 37	二四 36	二三 35
一〇 7	九 6	八 5	七 4	六 3	五 2	四 1 桓	三 9	二 8	元 7 威王	六 6	五 5
										二六	二五
21	20	19	18	17	16	15	二 14	元 13 靜公	一五 12	一四 11	一三 10
八 14	七 13	六 12	五 11	四 10	三 9	二 8	元 7 共公	三一 6	三〇 5	二九 4	二八 3
元 12 剔成	三 11	二 10	元 9 辟公	二三 8	二二 7	二一 6	二〇 5	一九 4	一八 3	一七 2	一六 1 桓
					二〇	一九	一八	一七	一六	一五	一四
7	6	5	4	3	2	1 無余之	36	35	34	33	32

周	顯王元	二	三	四	五	六	七	八	九	一〇	一一	一二
秦	一七	一八	一九	二〇	二一	二二	二三	孝公元	二	三	四	五
魏	三	四	五	六	七	八	九	一〇	一一	一二	一三	一四
韓	三 7	四 8	五 9	六 10	七 11	八 12	九 1 昭	一〇 2	一一 3	一二 4	昭侯元 5	二 6
趙	七	八	九	一〇	一一	一二	一三	一四	一五	一六	一七	一八
楚	二	三	四	五	六	七	八	九	一〇	一一	一二	一三
燕	五	六	七	八	九	一〇	一一	文公元	二	三	四	五
田齊	一一 8	一二 9	一三 10	一四 11	一五 12	一六 13	一七 14	一八 15	一九 16	二〇 17	二一 18	二二 1 威
齊（舊見田齊表）												
晉（舊見魏表）	22	23	24	25	26	27	28	29	30	31	32	1 靜
魯（舊見楚表）	九 15	一〇 16	一一 17	一二 18	一三 19	一四 20	一五 21	一六 22	一七 23	一八 24	一九 25	二〇 26
宋（舊見齊表）	二 13	三 14	四 15	五 16	六 17	七 18	八 19	九 20	一〇 21	一一 22	一二 23	一三 24
鄭（舊見韓表）												
越（舊缺）	8	9	10	11	12	無顓 1	2	3	4	5	6	7

二七	二六	二五	二四	二三	二二	二一	二〇	一九	一八	一七	一六	一五	一四	一三
二〇	一九	一八	一七	一六	一五	一四	一三	一二	一一	一〇	九	八	七	六
二九	二八	二七	二六	二五	二四	二三	二二	二一	二〇	一九	一八	一七	一六	一五
一七 21	一六 20	一五 19	一四 18	一三 17	一二 16	一一 15	一〇 14	九 13	八 12	七 11	六 10	五 9	四 8	三 7
八	七	六	五	四	三	二	肅侯 元	二五	二四	二三	二二	二一	二〇	一九
二八	二七	二六	二五	二四	二三	二二	二一	二〇	一九	一八	一七	一六	一五	一四
二〇	一九	一八	一七	一六	一五	一四	一三	一二	一一	一〇	九	八	七	六
宣王 元 16	三六 15	三五 14	三四 13	三三 12	三二 11	三一 10	三〇 9	二九 8	二八 7	二七 6	二六 5	二五 4	二四 3	二三 2
							9	8	7	6	5	4	3	2
二 9	景公 元 8	九 7	八 6	七 5	六 4	五 3	四 2	三 1 康	二 32	康公 元 31	二四 30	二三 29	二二 28	二一 27
二八 39	二七 38	二六 37	二五 36	二四 35	二三 34	二二 33	二一 32	二〇 31	一九 30	一八 29	一七 28	一六 27	一五 26	一四 25
				10	9	8	7	6	5	4	3	2	無彊 1	8

周	秦	魏	韓	趙	楚	燕	田齊	齊（舊見田齊表）	晉（舊見魏表）	魯（舊見楚表）	宋（舊見齊表）	鄭（舊見韓表）	越（舊缺）
二八	二一	三〇	一八 22	九	二九	二一	二 17			三 1 景	二九 40		
二九	二二	三一	一九 23	一〇	三〇	二二	三 18			四 2	三〇 41 剔成		
三〇	二三	三二	二〇 24	一一	威王 元	二三	四 19			五 3	三一 2		
三一	二四	三三	二一 25	一二	二	二四	五 20			六 4	三二 3		
三二	惠文王 元	三四	二二 26	一三	三	二五	六 21			七 5	三三 1 偃		
三三	二	三五	二三 27	一四	四	二六	七 22			八 6	三四 2		
三四	三	三六	二四 28	一五	五	二七	八 23			九 7	三五 3		
三五	四	襄王元 惠後元	二五 29	一六	六	二八	九 24			一〇 8	三六 4		
三六	五	二 2	二六 30	一七	七	二九	一〇 25			一一 9	三七 5		
三七	六	三 3	宣惠王 元	一八	八	易王 元	一一 26			一二 10	三八 6		
三八	七	四 4	二	一九	九	二	一二 27			一三 11	三九 7		

二	慎靚元	四八	四七	四六	四五	四四	四三	四二	四一	四〇	三九
六	五	四	三	二	更元	一三	一二	一一	一〇	九	八
一六 16	一五 15	一四 14	一三 13	一二 12	一一 11	一〇 10	九 9	八 8	七 7	六 6	五 5
一四	一三	一二	一一	一〇	九	八	七	六	五	四	三
七	六	五	四	三	二	武靈王元	二四	二三	二二	二一	二〇
一〇	九	八	七	六	五	四	三	二	懷王元	一一	一〇
二	王噲元	一二	一一	一〇	九	八	七	六	五	四	三
五 宣1	四 38	三 37	二 36	湣王元 35	一九 34	一八 33	一七 32	一六 31	一五 30	一四 29	一三 28
二五 4	二四 3	二三 2	二二 平1	二一 19	二〇 18	一九 17	一八 16	一七 15	一六 14	一五 13	一四 12
一〇 19	九 18	八 17	七 16	六 15	五 14	四 13	三 12	二 11	君偃元 10	四一 9	四〇 8

周	三	四	五	六	赧王元	二	三	四	五	六	七	八
秦	七	八	九	一〇	一一	一二	一三	一四	武王元	二	三	四
魏	哀王 元 1 襄	二 2	三 3	四 4	五 5	六 6	七 7	八 8	九 9	一〇 10	一一 11	一二 12
韓	一五	一六	一七	一八	一九	二〇	二一	襄王元	二	三	四	五
趙	八	九	一〇	一一	一二	一三	一四	一五	一六	一七	一八	一九
楚	一一	一二	一三	一四	一五	一六	一七	一八	一九	二〇	二一	二二
燕	三	四	五	六	七	八	九	昭王元	二	三	四	五
田齊	六 2	七 3	八 4	九 5	一〇 6	一一 7	一二 8	一三 9	一四 10	一五 11	一六 12	一七 13
齊（舊見田齊表）												
晉（舊見魏表）												
魯（舊見楚表）	二六 5	二七 6	二八 7	二九 8	平公元 9	二 10	三 11	四 12	五 13	六 14	七 15	八 16
宋（舊見齊表）	一一 20	一二 21	一三 22	一四 23	一五 24	一六 25	一七 26	一八 27	一九 28	二〇 29	二一 30	二二 31
鄭（舊見韓表）												
越（舊缺）												

二四	二三	二二	二一	二〇	一九	一八	一七	一六	一五	一四	一三	一二	一一	一〇	九
一六	一五	一四	一三	一二	一一	一〇	九	八	七	六	五	四	三	二	昭王元
五	四	三	二	昭王元	二三 23	二二 22	二一 21	二〇 20	一九 19	一八 18	一七 17	一六 16	一五 15	一四 14	一三 13
五	四	三	二	釐王元	一六	一五	一四	一三	一二	一一	一〇	九	八	七	六
八	七	六	五	四	三	二	惠文王元	二七	二六	二五	二四	二三	二二	二一	二〇
八	七	六	五	四	三	二	頃襄王元	三〇	二九	二八	二七	二六	二五	二四	二三
二一	二〇	一九	一八	一七	一六	一五	一四	一三	一二	一一	一〇	九	八	七	六
三三 10	三二 9	三一 8	三〇 7	二九 6	二八 5	二七 4	二六 3	二五 2	二四 1 湣	二三 19	二二 18	二一 17	二〇 16	一九 15	一八 14
五 12	四 11	三 10	二 9	文侯元 8	一九 7	一八 6	一七 5	一六 4	一五 3	一四 2	一三 1 文	一二 20	一一 19	一〇 18	九 17
三八 47	三七 46	三六 45	三五 44	三四 43	三三 42	三二 41	三一 40	三〇 39	二九 38	二八 37	二七 36	二六 35	二五 34	二四 33	二三 32

周	二五	二六	二七	二八	二九	三〇	三一	三二	三三	三四	三五	三六	三七	三八
秦	一七	一八	一九	二〇	二一	二二	二三	二四	二五	二六	二七	二八	二九	三〇
魏	六	七	八	九	一〇	一一	一二	一三	一四	一五	一六	一七	一八	一九
韓	六	七	八	九	一〇	一一	一二	一三	一四	一五	一六	一七	一八	一九
趙	九	一〇	一一	一二	一三	一四	一五	一六	一七	一八	一九	二〇	二一	二二
楚	九	一〇	一一	一二	一三	一四	一五	一六	一七	一八	一九	二〇	二一	二二
燕	二二	二三	二四	二五	二六	二七	二八	二九	三〇	三一	三二	三三	惠王元	二
田齊	三四 11	三五 12	三六 13	三七 14	三八 15	三九 16	四〇 17	襄王元	二	三	四	五	六	七
齊（舊見田齊表）														
晉（舊見魏表）														
魯（舊見楚表）	六 13	七 14	八 15	九 16	一〇 17	一一 18	一二 19	一三 20	一四 21	一五 22	一六 23	一七 1 頃	一八 2	一九 3
宋（舊見齊表）	三九 48	四〇 49	四一 50	四二 51	四三 52									
鄭（舊見韓表）														
越（舊缺）														

五二	五一	五〇	四九	四八	四七	四六	四五	四四	四三	四二	四一	四〇	三九
四四	四三	四二	四一	四〇	三九	三八	三七	三六	三五	三四	三三	三二	三一
一四	一三	一二	一一	一〇	九	八	七	六	五	四	三	二	安釐王元
一〇	九	八	七	六	五	四	三	二	桓惠王元	二三	二二	二一	二〇
三	二	孝成王元	三三	三二	三一	三〇	二九	二八	二七	二六	二五	二四	二三
三六	三五	三四	三三	三二	三一	三〇	二九	二八	二七	二六	二五	二四	二三
九	八	七	六	五	四	三	二	武成王元	七	六	五	四	三
二	王建元	一九	一八	一七	一六	一五	一四	一三	一二	一一	一〇	九	八
一〇 17	九 16	八 15	七 14	六 13	五 12	四 11	三 10	二 9	頃公元 8	二三 7	二二 6	二一 5	二〇 4

周	五三	五四	五五	五六	五七	五八	五九						
秦	四五	四六	四七	四八	四九	五〇	五一	五二	五三	五四	五五	五六	孝文王元
魏	一五	一六	一七	一八	一九	二〇	二一	二二	二三	二四	二五	二六	二七
韓	一一	一二	一三	一四	一五	一六	一七	一八	一九	二〇	二一	二二	二三
趙	四	五	六	七	八	九	一〇	一一	一二	一三	一四	一五	一六
楚	考烈王元	二	三	四	五	六	七	八	九	一〇	一一	一二	一三
燕	一〇	一一	一二	一三	一四	孝王元	二	三	王喜元	二	三	四	五
田齊	三	四	五	六	七	八	九	一〇	一一	一二	一三	一四	一五
齊（舊見田齊表）													
晉（舊見魏表）													
魯（舊見楚表）	一一 18	一二 19	一三 20	一四 21	一五 22	一六 23	一七 24	一八	一九	二〇	二一	二二	二三
宋（舊見齊表）													
鄭（舊見韓表）													
越（舊缺）													

一一	一〇	九	八	七	六	五	四	三	二	元 始皇帝	三	二	元 莊襄王
七	六	五	四	三	二	元 景湣王	三四	三三	三二	三一	三〇	二九	二八
三	二	元 王安	三四	三三	三二	三一	三〇	二九	二八	二七	二六	二五	二四
九	八	七	六	五	四	三	二	元 悼襄王	二一	二〇	一九	一八	一七
二	元 幽王	二五	二四	二三	二二	二一	二〇	一九	一八	一七	一六	一五	一四
一九	一八	一七	一六	一五	一四	一三	一二	一一	一〇	九	八	七	六
二九	二八	二七	二六	二五	二四	二三	二二	二一	二〇	一九	一八	一七	一六
													二四

周																
秦	一二	一三	一四	一五	一六	一七	一八	一九	二〇	二一	二二	二三	二四	二五	二六	二七
魏	八	九	一〇	一一	一二	一三	一四	一五	王假元	二	三					
韓	四	五	六	七	八	九										
趙	王遷元	二	三	四	五	六	七	八	代王嘉元	二	三	四	五	六		
楚	三	四	五	六	七	八	九	一〇	王負芻元	二	三	四	五			
燕	二〇	二一	二二	二三	二四	二五	二六	二七	二八	二九	三〇	三一	三二	三三		
田齊	三〇	三一	三二	三三	三四	三五	三六	三七	三八	三九	四〇	四一	四二	四三	四四	
齊（舊見田齊表）																
晉（舊見魏表）																
魯（舊見楚表）																
宋（舊見齊表）																
鄭（舊見韓表）																
越（舊缺）																

通表之部　附表第二

戰國初中晚三期列國國勢盛衰轉移表　478–221（共258年）

史記載戰國事，於初期最晦。如越句踐遷都，韓趙魏分晉，魏文侯、武侯霸業之經營，皆不明備。因之記戰國中期事，亦多昧於情勢。於當時列國國勢盛衰升降，及離合聚散之間，往往不能言。而梁惠之霸業，齊威、宣之與梁爭衡，徐州會後諸國之相王，與夫秦人之因利乘便，以培植其東侵之基礎者，史公均未詳述，獨於晚世策士飾說，蘇張縱橫，娓娓道之，去實遠矣。

此表分戰國為初中晚三期，每期扼要舉其大勢，而當時列國盛衰升降之跡，朗若列眉，本此以讀通表第二、第三、第四三節，參諸考辨所論列，如網之在綱矣。必明於此而後於諸子學術思想之先後演變，可以得其背景，而識乎其所以然也。

478	468	447	446	426	425	397	396	386	376	371
孔子卒後一年	越徙都琅邪		魏文侯始立		魏文侯始侯	魏文侯卒	魏武侯元	田和始侯	韓滅鄭	魏武侯卒
(一)（越國稱霸期）(32)			(二)（三晉分立期一）(21)		(三)（三晉分立期二）（魏國漸盛期一）(29)		(四)（三晉分立期三）（魏國漸盛期二）(26)			
（前半期）(53) 越國霸業之漸衰					（後半期）(55) 魏國霸業之形成					
（初期）(108) 東方霸業自越轉而至魏										

299	310	311	314	323	325	328	330	333	334	343	344	350	353	362	370
楚懷王入秦	張儀卒	張儀二次至楚	齊（宣王）伐燕（燕王噲七年）	魏約趙韓燕中山五國相王	秦韓稱王	魏納上郡於秦	魏河西地入秦	齊（威王）伐燕（燕文侯元）	齊（威）梁（惠）會徐州相王	齊威王敗梁馬陵	梁惠王會諸侯逢澤	秦遷咸陽	魏拔趙邯鄲 齊敗魏桂陵	魏遷大梁	梁惠王元
(四)（齊秦爭強期二）(12)								(三)（齊秦爭強期一）(23)	(二)（齊梁爭強期二）(10)				(一)（魏國全盛期）(27) （齊梁爭強期一）		
								（後半期）(35) 齊秦爭強齊弱燕秦弱楚				（前半期）(37) 齊梁爭強秦乘機東侵			
												（中期）(72) 東方霸業自梁轉移至齊			

298	288	286	285	261	260	250	249	221
齊田文歸自秦	秦昭王齊湣王約稱東西帝未果	齊（湣王）滅宋	樂毅使趙合從攻齊	趙受韓上黨拒秦長平	秦（昭王）敗趙長平	趙破燕	秦莊襄王元	秦初并天下
(一)（齊秦爭強期三）(13)			(二)（秦趙爭強期一）(25)		(三)（秦趙爭強期二）(11)		(四)（秦滅六國期）(29)	
（前半期）(38) 齊勢漸弱趙起伐齊與秦爭強					（後半期）(40) 趙為秦弱六國俱不振			
（晚期）(78) 東方霸業自齊轉移至趙而歸於秦								

通表之部　附表第三

諸子生卒年世先後一覽表

諸子生卒年世，見於考辨者，因事裁篇，各詳一端。通表雖首尾兼羅，而年隔遼闊，頭緒仍繁。此表再將考辨所定，通表所列，縮成簡表，彙於一幅。庶於諸子生卒年世先後，可以一覽而得。

表中橫線，以表諸子所占之世次，今姑名之為諸子之「世線」。豎線以表年隔，以十年為一格。某子世線橫歷幾格，即得幾年，甚易省覽。

表中記年，均從西曆紀元，藉便記核。上從西元前555起，下迄西元前200止，共歷三百五十五年。

表中世線兩端，或一端作虛線者，表其年數之未能確定。

諸子生卒年世，除表以世線外，並隨線附注以醒眼目。

其生卒年世，有確實年壽，及生年卒年可考者，則附注其生卒年及歲數，如孔子書「73(551–479)」之類。

有生年可考，而卒年難定，或卒年可知，而生年已昧者，則著其可稽，而存其闕疑，如顓孫師則書「(503……)」，孟勝則書「(……381)」之類。

其生卒年有一端可考，而中間行事亦復有年數可稽者，則著其可稽之年，並詳其生卒之一端，而闕其彼端，如子貢書「(520–468……)」，吳起書「(……412–381)」之類。

亦有生卒年俱不可考，而其中間事業尚有年數可稽者，則詳其中身，而略其首尾，如墨翟書「(……444–393……)」，惠施書「(……334–314……)」之類。

其有生卒年既不可考，而其行事亦難數年而定，生平惟有孤立一事，可資推證者，則姑據其僅見之一事，立為計年之標準，而上下推測其生卒。如列禦寇僅據鄭子陽卒一事，季梁僅據魏圍邯鄲一事之類。

亦有既無生卒年及享壽歲數，又無行事年歷，即僅見孤出之事，可資為論年之標準者，並亦無有，則惟據其並世或前後諸賢，姑為推排比次，而約略表其年序，如彭蒙鄒奭之類。

有一人年世，可據別一人而定者，表中或並列，或僅列其一，而於其人姓名下，別作括弧書他一人姓名，以資比例。如楊朱與季梁，表中兩線並列，而商鞅與尸佼，則僅列商鞅一線之類。

又如孔門弟子僅列數人，其他不並載。墨子弟子僅著禽滑釐一人，魏文魯繆兩朝諸賢，亦或載或略，均可類推而得也。

表中多僅列姓名、世線，不更加注年數者，如陳仲魏牟之類，讀者可據上列推計，表求簡明，無取繁盡也。

有其人可疑，僅有傳說，無從證實者，表中均勿列，如孫武計然之類。

凡諸子出身顯名，始見稱述，除其有特情可以指論外，大抵定在三十至四十歲間。

諸子年壽，除有特情可指論外，大抵定在六十至七十歲間。

表中諸子世線，除列諸子世次先後外，並隨線加載其人行跡大端，以便考訂。如孔子載「仕魯，適衛，至陳，返衛，歸魯」諸節。吳起載「仕魯，仕魏，奔楚」諸節之類。其並世大事，與其人生平出處有關，可資參證者，亦各隨線分注。如子夏世線載魏文侯元，子思世線載魯繆公元之類。

表中世線，凡載諸子生卒行事，均隨事附注一數字，以表明其事之年代。如曾子線載「越滅吳」及「居武城」兩事。越滅吳在年格（即暨紅線）470前，下注一「3」字，是年即為西元前473；居武城在年格470後，下注一「8」字，即知其年為西元前468也。讀者循其年格，上下增減以求之，即得其事之年代，可省再檢通表之繁也。

亦有同事既載甲線，則乙線不復列，僅書一數字，以便尋檢，而避複沓。如齊威王元在西元前357，既載騶忌線，於淳于髡線不再寫，僅記一「7」字。讀者循年格上下尋之，即知是年乃齊威王元年也。

表列諸子生卒年世，可以確定者，惟孔子一人。然孔子生年，歷來爭辨，實有先後一年之差。則其弟子如子路輩，亦同樣各有一年之先後。表中雖均畫實線，未必即可據。其他諸子年世前後生卒，無勿有五年乃至十年左右之游移。表中多作虛線，少可確定。然苟遍讀考辨所論，參諸通表所載，融會當時大勢，則此表所列各世線，殆所謂不中不遠，蓋亦無多疑擮之餘地也。

表後仍附諸子生卒年世約數，取便檢記。然勿為典要，仍當據此表及通表所列，庶乎知其先後游移虛實之所以然，而援用不致歧誤。

附　諸子生卒年世約數

孔子	五五一——四七九	（七三）
鄧析	五四五——五〇一	（四五）
仲由	五四二——四八〇	（六三）
孔鯉	五三二——四八三	（五〇）
冉求	五二二——四六二	（六一）
顏回	五二一——四八一	（四一）
宰我	五二〇——四八一	（四〇）
端木賜	五二〇——四五〇	（七一）
有若	五一八——四五七	（六二）
漆雕開	五一〇——四五〇	（六一）

卜　商	五〇七——四二〇	（八八）
言　偃	五〇六——四四五	（六二）
曾　參	五〇五——四三六	（七〇）
顓孫師	五〇三——四五〇	（五四）
子　思	四八三——四〇二	（八二）
墨　翟	四八〇——三九〇	（九一）
曾　申	四七五——四〇五	（七一）
申　詳	四七五——四〇五	（七一）
田子方	四七五——四〇〇	（七六）
禽滑釐	四七〇——四〇〇	（七一）
段干木	四六五——三九五	（七一）
李　克	四五五——三九五	（六一）

列禦寇	四五〇——三七五	（七六）
甯　越	四四五——三八五	（六一）
吳　起	四四〇——三八一	（六〇）
孟　勝	四二〇——三八一	（四〇）
告　子	四二〇——三五〇	（七一）
田襄子	四一〇——三五五	（五六）
申不害	四〇〇——三三七	（六四）
楊　朱	三九五——三三五	（六一）
季　梁	三九五——三四〇	（五六）
孟　軻	三九〇——三〇五	（八六）
商　鞅	三九〇——三三八	（五三）
尸　佼	三九〇——三三〇	（六一）

許行	三九〇——三一五	（七六）
淳于髡	三八五——三〇五	（八一）
鄒忌	三八五——三一九	（六七）
田忌	三八五——三一五	（七一）
腹䵍	三八五——三一五	（七一）
孫臏	三八〇——三二〇	（六一）
子華子	三八〇——三二〇	（六一）
鐸椒	三八〇——三二〇	（六一）
白圭	三七五——二九〇	（八六）
彭蒙	三七〇——三一〇	（六一）
莊周	三六五——二九〇	（七六）
季真	三六〇——二九〇	（七一）

匡章	三六〇——二九〇	（七一）
宋鈃	三六〇——二九〇	（七一）
田鳩	三六〇——三〇〇	（六一）
環淵	三六〇——二八〇	（八一）
愼到	三五〇——二七五	（七六）
田駢	三五〇——二七五	（七六）
接子	三五〇——二七五	（七六）
尹文	三五〇——二八五	（六六）
陳仲	三五〇——二六〇	（九一）
詹何	三五〇——二七〇	（八一）
屈原	三四三——二九九	（四五）
荀況	三四〇——二四五	（九六）

莊　辛	三三五——二五五	（七一）
公孫龍	三二〇——二五〇	（七一）
魏　牟	三二〇——二四五	（七六）
孔　穿	三一二——二六二	（五一）
鄒　衍	三〇五——二四〇	（六六）
魯仲連	三〇五——二四五	（六一）
虞　卿	三〇五——二三五	（七一）
鄒　奭	二九五——二三〇	（六六）
龐　煖	二九五——二四〇	（五六）
孔　順	二九三——二三七	（五七）
劇　辛	二九〇——二四二	（四九）
呂不韋	二九〇——二三五	（五六）

韓非	二八〇——二三三	（四八）
李斯	二八〇——二〇八	（七三）
尉繚	二七〇——二三〇	（五一）
孔鮒	二六四——二〇八	（五七）

跋

此書草創，在民國十二年之秋。時余始就江蘇省立無錫師範學校講席，助諸生治論語，編要略一書。後由商務印書館出版，收入萬有文庫第一集。先及孔子生卒行事，為傳略，而別撰其考訂，自藏篋衍，未以示諸生也。明年秋，論語終，又講孟子，亦如前例，編要略。後由大華書店出版。先為孟子傳，考訂益富。

時余治諸子，謂其淵源起於儒，始於孔子，而孔子之學見於論語、春秋。易繫非孔子書，老子不得在孔子前。既粗發孔子學術大體於要略，又先成易傳辨偽、老子辨偽兩篇。兩文均成於民國十二年夏前。易傳辨偽未發表，老子辨偽於民國十九年刊布於燕京學報第八期，易名：關於老子成書年代之一種考察。及十三年秋，論孟要略既成，始專意治易，擬為書三卷，發明易意。謂易與老子之思想不明，則諸子學之體統不可說也。

十四年一月，奉軍南下，閭里大受其擾。學校既輟業，余家又遭散軍刼掠，窘困無以為活，乃始售論語要略稿於商務。而是年十月，奉浙之戰又啟，滬寧人心大震。余慮戰事非一日可了，欲移情新業，藉忘外氛，乃作意為公孫龍子作新注。初余於十二年春，在福建私立集美師範，曾草墨辯探源及公孫龍白馬論注，均未成。及十三年四月，墨辯一題，賡續成篇，（投刊商務印書館東方雜誌二十一卷八號。）而公孫龍注迄未再理。至是始竟體改作。又附舊稿說惠施歷物及辯者二十一事，（稿成於民國七年。）并彙繫年考惠施公孫龍事跡諸篇為惠公孫小傳，合訂一本。余意治先秦學術，孔墨孟莊荀韓諸家，皆有書可按，惟名家陰陽家，其思想議論，關係先秦學術系統者甚大，而記載散佚，特為難治。竊欲於治老、易外，先為先秦名學鉤沉，及先秦陰陽學發微兩書，攻木先堅，而後其易，自此乃為先秦諸子學通論。而考求諸子生卒行事先後，亦當先通論成書，否則諸子之年世不明，其學術思想之淵源遞變，亦自無可確說也。余既埋首為公孫龍子作新注，未逾旬，而浙軍已越境，社會人心亦稍稍寧。然余事已發軔，因遂勿輟。及冬，可百日，而稿首尾粗具。束裝歸鄉舍，度殘臘，私意甚欣欣，非始料也。是年歲底，易書三卷，亦增訂有完帙。

十五年夏，始為諸生講國學概論，其第二章為先秦諸子，雖限於聽受者之學力，未能罄其所見，著語不多，而余數年來治諸子，大體意見，略如所論，實至今未變也。後此書成，亦由商務印書館出版。

十六年春，國民軍北伐，學校歇業，復避囂居鄉，得間可兩月，乃始從容整理繫年積稿，居然成卷帙矣。是年秋，改就蘇州中學教職。及明年十七年之春，而國學概論亦完書。時友人某君為史學與地學雜誌徵稿，以考辨第四卷王氏古本竹書紀年輯校補正一文應之，為余繫年最先刊布之第一篇也。然秋後家禍大作，兒殤妻歿，兄亦繼亡，百日之內，哭骨肉之痛者三焉。椎心碎骨，幾無人趣。

又明年秋後，得友人介，為商務草萬有文庫墨子一小冊，商務編印萬有文庫，書目中有墨子、王陽明未有撰人，友某君介余承之，余憂痛未銷，先作墨子一小冊，七日而成。王陽明一冊，於明年開學前旬日為之。又本擬為先秦名家鉤沉，而久未有好懷，姑售惠施公孫龍舊稿於商務，以濟家困。

又明年，十九年之春，余始續姻。枯槁之餘，重得生理，頗有意刊繫年，先為自序一篇，今列書首，即余新婚後十日內所草也。春間繫年稿為友人攜之南京，以無副，不久即索還，而頗有傳鈔，曾載史學雜誌，後又轉錄入古史辨第四冊，是為繫年再度刊布之稿。

大抵余草繫年，始壬戌，迄庚午，先後九年。其先有齊盧之戰，其後有浙奉之爭，又後而國軍北伐，蘇錫之間，兵車絡繹，一夕數驚。余之著書，自譬如草間之孱兔，獵人與犬，方馳騁其左右前後，彼無可為計，則藏首草際自慰。余書，亦余藏頭之茂草也。如此為書，固宜勿精。

又余家貧無書，非能博覽，本不樂專為考據，草創繫年，乃為通論之地。初不自意成巨帙。先惟以諸子書與史記、國策對勘，又於史記索隱中得古本紀年鱗爪，冥行擿埴，尋索漸遠。所至學校，藏書無多，又不能恣意討究。課務雜碎，敗其深思。每一擾攔，如泥牛之入海，追探便無蹤跡。偶得一日或數刻之清暇，燈前人靜，精力未灰，展紙疾書，獲成一篇。累積既多，稍得系統，乃逐逐繙書參考，遇及異同，過寫眉端，積久之後，更復改為。然初繙甲籍，繼閱乙冊，目光所及，時有轉移。精思貫注，未能盡賅。而乙書在手，甲書已去。乙書既去，丙書方來。記誦難周，摘錄不盡。又隔之以時日，雜之以冗擾，乘之以疲怠，遇之以疏闊，雖用力之多，而所得實寡，職以此也。況自己巳以來，飢寒之懼稍紓，骨肉之痛方切。聰明與血淚同盡，記誦隨哭泣並衰。懵然木然，盡喪其所有。所以余書雖成，終自知其疏陋，恐多謬誤，未敢輕以問世也。

及十九年秋，始來北平，任教於燕京大學，七日則得三日暇，為余有生以來所未有。又所居靜悅，獨處一室，重繙陳稿，改寫通表四卷，因得稍訂其罅漏。凡三閱月而迄。二十年夏後，改任北京大學史學講席，而九一八之警訊已傳。自念此書，雖耗我精力，而無當覆瓿之用，目擊艱危，徒增慚恨。二十一年春，又成再論老子成書年代一文，刊載北大哲學系哲學論叢。又輯前稿為老子辨，由大華書店出版。而所欲作通論者，迄未暇為。及二十二年，長城戰事起，日軍飛機盤旋北平城上，仰首如睹蜻蜓之繞簷際也。余恐此書即爾散失，始覓人寫副本，因亟亟謀刊布焉。

去年夏，始定議由商務刊行，余自任校對，又得從頭逐字細讀，因改定其疏謬者十餘處。然以所涉既廣，亦不獲一一覆勘也。回顧夙志，十不一酬，此區區一冊書者，特足供余身世悵觸之感而已。校既竟，因識涯略如此。

其生平師友相識，愛重此書，或謀助刊傳，或曲予獎借，或代之謄錄，凡於此書有益，心感無既，並此誌謝。

考 辨 索 引

（各條目後之阿拉伯數字為考辨之篇次）

二 畫

三 畫

四 畫

五　畫

六　畫

七 畫

八　畫

九　畫

十　畫

十一畫

十二畫

十三畫

十四畫

十五畫

十六畫

十七畫

十八畫

十九畫

二十畫

二十一畫

二十二畫

書 名 人 名 索 引

（各條目後之阿拉伯數字為考辨之篇次）

五　畫

六 畫

七 畫

八　畫

九　畫

十　畫

十一畫

十二畫

十三畫

十四畫

十五畫

十六畫

十七畫

十八畫

十九畫

二十畫

二十一畫

二十二畫

注：本書凡引史記、國策，及史記集解、史記索隱、史記正義各條，以文繁，均不編入本索引之內。

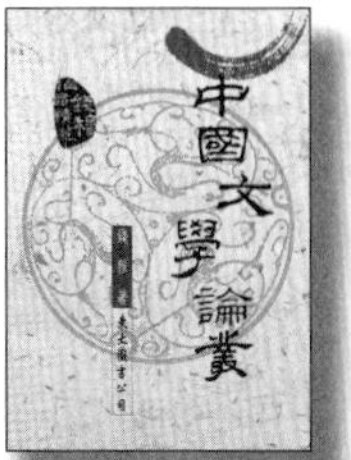

中國文學論叢

錢穆　著

本書初名《中國文學講演集》，凡十六篇，出版二十年後，續有增補，成三十篇，改名《中國文學論叢》，迄今又已二十餘載。前後四十年刊行不輟，本書之價值可以想見。全書上起《詩經》三百首，下及近代新文學之興，縱論中國文學暨文化之深刻內蘊。有考訂，有批評；有舊規繩，有新標準；有古今中西之比較，有振聾發聵之褒貶。雖各篇陳義不同，先後詳略之間亦非有嚴密之排列——蓋皆隨意抒寫，非一氣貫注。惟會通讀之，則中國一部文學演進史，以及中國文學之特性與其各時代各體各家之高下得失，均可略窺而見。尤於作者之深意，更可另有體悟矣！

國家圖書館出版品預行編目資料

先秦諸子繫年／錢穆著.——三版一刷.——臺北市：
東大，2020
　　面；　公分.——（錢穆作品精萃）

ISBN 978-957-19-3212-5（平裝）
1. 先秦哲學

121　　　　109006051

先秦諸子繫年（下）

作　　者｜錢　穆
發 行 人｜劉仲傑
出 版 者｜東大圖書股份有限公司
地　　址｜臺北市復興北路 386 號（復北門市）
　　　　　臺北市重慶南路一段 61 號（重南門市）
電　　話｜(02)25006600
網　　址｜三民網路書店 https://www.sanmin.com.tw

出版日期｜初版一刷 1986 年 2 月
　　　　　二版二刷 2014 年 11 月
　　　　　三版一刷 2020 年 5 月
書籍編號｜E030090
I S B N｜978-957-19-3212-5

東大圖書公司